# 公共财政改革与地方政府治理研究

## ——天津财经大学财政学科与公共管理学科

## 2016年学术年会论文集

主编　杨书文　张　平

南开大学出版社

天　津

**图书在版编目(CIP)数据**

公共财政改革与地方政府治理研究：天津财经大学财政学科与公共管理学科 2016 年学术年会论文集/杨书文，张平主编. —天津：南开大学出版社，2020.9
ISBN 978-7-310-05950-8

Ⅰ.①公… Ⅱ.①杨… ②张… Ⅲ.①地方财政－财政改革－中国－学术会议－文集②地方政府－行政管理－中国－学术会议－文集 Ⅳ.①F812.7－53②D625－53

中国版本图书馆 CIP 数据核字(2020)第 142973 号

公共财政改革与地方政府治理研究
GONGGONG CAIZHENG GAIGE YU
DIFANG ZHENGFU ZHILI YANJIU

南开大学出版社出版发行
出版人：陈　敬
地址：天津市南开区卫津路 94 号　　邮政编码：300071
营销部电话：(022)23508339　营销部传真：(022)23508542
http://www.nkup.com.cn

三河市天润建兴印务有限公司印刷　全国各地新华书店经销
2020 年 9 月第 1 版　　2020 年 9 月第 1 次印刷
260×185 毫米　16 开本　15 印张　294 千字
定价：58.00 元

如遇图书印装质量问题，请与本社营销部联系调换，电话：(022)23507125

# 前　言

2016 年 12 月 10 日，由天津财经大学经济学院财政与公共管理系、公共管理硕士教育中心、公共经济与公共管理研究中心联合举办的天津财经大学财政与公共管理 2016 年年会成功举办，这是这一学术盛会连续第七年举办。本次年会规模盛大，首次开设了财政税收与公共管理两个论坛分会场，方便与会专家展开更加深入的学术交流。本届学术年会的主题是"公共财政改革与地方政府治理"。

十八届三中全会以来，财政改革不断推进，成效逐步显现。同时，由于整个改革进入深水区，加上经济进入新常态和受国际环境因素影响，财政改革面临风险与挑战，比如如何统一国家财权、如何权衡财政风险与公共风险、如何处理民生与发展关系，以及如何形成财政改革合力等都需要进行深入研究；与此同时，地方政府治理作为国家治理体系中的重要一环，正在成为分析国家治理现代化议题的重要切入点。在全面深化改革的背景下，地方政府治理已不适应经济社会发展，急需从地方政府治理理念创新、制度创新方面进行探讨。

来自中国人民大学、吉林大学、南开大学、天津大学、中央财经大学、首都经贸大学、河南理工大学、哈尔滨商业大学、天津师范大学、天津外国语大学、天津商业大学、天津城建大学、天津职业技术师范大学、天津市经济发展研究院、天津市财政科学研究所、天津市行政管理学会、天津滨海发展战略研究院等 17 个单位的专家学者紧跟发展形势，在本届论坛上针对我国公共财政改革与地方政府治理的热点问题作了报告发言和分组研讨。

会议共收到论文 69 篇，现从中选取 24 篇结集出版，与财政和公共管理学界同仁及各界朋友分享研究成果，希望能促进我国公共财政改革的深化和现代化政府治理模式构建的深入研究。

由于篇幅所限，还有一些优秀论文未能编入本书，我们在此深表歉意。在本书出版之际，特别感谢天津财经大学财政与公共管理学科全体老师的辛苦付出。本书的编辑和排版也得到了天津财经大学财政与公共管理系齐文老师和南开大学出版社王冰老师的帮助，在这里一并表示感谢！

由于编者水平所限，不妥之处在所难免，恳请广大读者批评指正。

编者

2019 年 6 月

# 目　录

上编

公共财政改革研究

# 政府或有负债的会计信息披露：
# 基于债务风险的视角[①]

马蔡琛　尚　妍

**摘　要**：或有负债可能引发的债务风险是导致政府财政危机的重要因素。当前我国的政府会计及报告体系未能有效地规范或有负债的信息披露，尤其在政府或有负债的确认、计量和报告上，存在着诸多管理真空。借鉴国际经验，需要从以下方面规范政府或有负债的会计信息披露：依据或有事项发生的可能性、事项性质、能否可靠计量等因素进行分类报告；在负债确认后加以持续关注；结合财务核算能力，对计量方法和报告方式做出具体规定；逐步完善政府会计基础向权责发生制转变；推进将或有负债纳入全口径预算管理。

**关键词**：政府或有负债；政府会计；会计信息披露；债务风险；政府预算

## 一、引言

债务危机对于一国的现实经济运行及长期社会发展具有强烈的破坏性冲击，甚至可能引发全球经济动荡。从 20 世纪末的阿根廷等拉美国家、俄罗斯三大主权债务危机，到 2009 年以来的欧债危机，可谓殷鉴不远。在历次债务危机中，政府或有负债都扮演着不可忽视的角色。

对于新兴经济体而言，其债务水平与国内生产总值（Gross Domestic Product, GDP）之比表面上处于安全水平，主要原因在于甚少考虑或有负债的因素。综合各方对于中国政府负债水平的估测（参见图 1）可知，政府负债占 GDP 的比重从低于 30%到高于 70%不等；就或有负债而言，通常占比为 GDP 的 10%—25%之间。这些

---

① 国家社科基金重大项目"我国预算绩效指标框架与指标库建设研究"（12&ZD198），南开大学百名青年学科带头人培养计划资助项目。

估算结果存在较大差异的主要原因有两点：一是或有负债包含的内容非常广泛，又缺乏统一的严格界定，因此统计口径存在较大差异；二是或有负债不同于直接负债，存在诸多不确定因素，也影响了估值结果的精确度。比如，同样对于 2010 年中国政府或有负债水平的评估，格林等人（Green，Fan & Chen）的研究仅包含了资产管理公司、铁道部及政策性银行的负债，而国务院发展研究中心的研究还考虑了养老金负债，使得其评估结果高出前者约 10 个百分点。国际货币基金组织（International Monetary Fund, IMF）的张和巴内特（Zhang & Barnett）在研究 2012 年中国政府债务时，包含了投融资平台负债，认为政府负债与 GDP 之比约为 45%。虽然诸多研究表明，我国发生债务危机的可能性较小，但债务风险特别是或有负债所蕴含的隐性财政风险却是客观存在的。如果将政府或有负债纳入分析的视野，中国公共财政的安全状况则需要重新加以审视。

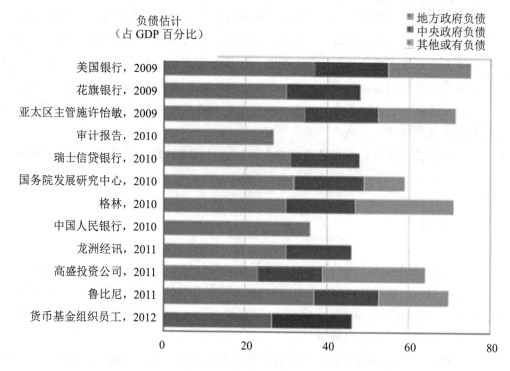

**图 1    我国政府债务估算结果（占 GDP 百分比）**

资料来源：IMF，Fiscal Vulnerabilities and Risks from Local Government Finance in China，2014.

有关政府或有负债的信息——特别是贷款担保的信息在许多国家日益得到更加全面的披露。这些国家包括发达经济体、大多数欧盟成员国、新兴市场国家、转型经济体以及部分发展中国家。长期以来，我国政府会计及报告体系缺乏对或有负债的披露规范。近来出台的《中华人民共和国预算法》《国务院关于加强地方政府性债务管理的意见》《政府会计准则——基本准则》等法律法规，仍难以完全满足或有负债会计信息披露的要求。如果对于或有负债刻意回避，尽管有望经历一段貌似预算平衡及低负债的时期，但其财政可持续性在未来将受到严重威胁。因此，本文从国际经验的视角来考察政府或有负债的信息披露问题，具有重要的理论价值和现实意义。

## 二、文献述评

或有负债最初是企业会计的概念，世界银行经济学家哈娜（Hana）于 1988 年创造性地提出了"财政风险矩阵"理论，并给出了经典的"政府或有负债"界定，他还依据其呈现的法律特征，将其分为显性和隐性两大类型。根据哈娜（Hana）的研究，显性或有负债主要包括针对地方政府及国有企业借款的担保、贸易风险担保以及政府保险计划等；隐性或有负债主要包括地方政府和国有企业信用违约的负债清偿、对银行倒闭的支援以及灾难救援等。格雷姆·惠勒（Graeme Wheeler）进一步指出，当政府的政策信号呈现为风险激励时，或有负债更加容易转化为高额的现实负债甚至诱发债务危机。哈娜则认为，直接负债和或有负债之间的界限，有时也不甚分明，这主要取决于事件发生的不确定性程度。为判定某项资产或负债的属性，某些国家的会计准则采用 50% 的支付可能性作为判别门槛。

关于或有负债与财政风险及可持续性间的关系，克鲁姆和克里斯蒂娜（Krumm & Chrisine，2002）基于政府或有负债的概念，对中国财政可持续性进行了实证检验。福阿德（Fouad）等分析了政府显性、隐性或有负债应如何予以披露，并建议各国公布财政风险的声明。巴尔达奇（Baldacci）等将影响财政可持续性的风险因素概括为三方面，其中之一就是或有负债冲击的不确定性。蔡凯特（Zeikate）研究了低收入国家如何通过或有负债来测度财政风险并发现债务缺陷。

关于政府或有负债会计信息披露的研究，目前主要集中于国际组织、部分发达经济体以及债务危机较严重的国家。这些国家相继在政府会计准则中规范了或有负债的确认、计量、报告方式等内容。IMF 在《财政透明度的良好方法准则》中建议各国在预算报告中披露中央政府的主要或有负债并描述其性质、潜在受益人等。《国际公共部门会计准则》（International Public Sector Accounting Standards，以下简称 IPSAS）在第 19 号文件中对"准备、或有负债和或有资产"的会计信息披露方式提出了建议。在独立研究层面上，孙达山（Sundaresan）提出了运用企业风险分析工具来量化政府或有负债。克莱森斯和金贝尔（Claessens & Kingebiel）考察了测度银行或有负债的方法，用以实现对银行系统的财政风险预警。阿尔帕斯兰和里奥（Arslanalp & Liao）进一步构建了银行部门的或有负债指标，包括银行体系的规模和集中度、市场对于银行倒闭的预期，以及对政府援助银行的评价。

国内的研究最初主要集中于政府或有负债的概念、成因及风险等。阳志勇解读了政府或有负债与金融风险的关系。平新乔分析了财政风险矩阵中的负债类型及相应的预算改革建议。安秀梅从体制性与非体制性缺陷的维度分析了地方政府或有负债的成因。赵志耘、张德勇从地方支出刚性、财政机会主义、收付实现制预算体系、经济波动性等方面考察了或有负债的构成，并提出了计量及管理建议。刘尚希等在明确政府或有负债内涵与机理的基础上，对其正反效应进行了分析。关于政府或有负债会计信息披露的计量方法，余定华、汪会敏从披露原则、方式、内容等方面提出了建议。贾璐分析了风险概率法、期望现金流量法、或有权益分析法等计量方法。王银梅、潘珊比较了传统计量方法、期望现金流量法两种或有负债计量方法。总体而言，国内对政府或有负债会计信息披露的研究，尚处于概念界定和方法介绍的早期阶段，对于政府或有负债确认、计量和报告中的诸多重要技术命题，仍有待进一步研究。

## 三、政府或有负债的衡量标尺：基于确认与计量的考察

在现实的政府预算管理中，或有性债务之所以未能纳入全口径预算管理体系，首要问题来自确认与计量的衡量标尺上，难以找到一个各利益相关主体均能够有效认同的标准。因此，中国政府或有负债管理体系应该从政府或有负债的确认与计量环节来加以完善。

### （一）政府或有负债确认的分歧与选择

政府或有负债是指时间和规模取决于某种不确定的未来事件发生与否的负债，且该事件不受政府控制。其中既包括全部的潜在义务，又涵盖各种不能完全确定的现时义务，从而兼顾了 IPSAS 中规定的"或有负债"与"准备"两个概念，我们不妨称之为广义的或有负债[①]。

IPSAS 建议同时满足以下条件时，可以将债务确认为"准备"：（1）主体具有因过去事项而发生的（法定或推定）现时义务；（2）主体为履行义务而以经济利益或服务形式流出资源的可能性较大；（3）债务的规模能够加以有效测度。如果债务规

---

[①] 本文将 IPSAS 中规定的或有负债界定为狭义或有负债，而将同时涉及狭义或有负债与"准备"两个方面的界定为广义或有负债，并用双引号区分广义与狭义或有负债，或有负债表示广义概念，"或有负债"表示狭义概念。

模难以做出可靠的计量，就应将其作为"或有负债"予以披露（参见表1）。

**表1　IPSAS 关于或有负债确认与披露的规定**

| 可能性及计量 | 很可能发生损失（可能性>50%） | 可能发生损失（可能性较小） | 可能性极小 |
|---|---|---|---|
| 损失能够可靠计量 | 在财务报表中记录并"披露"其性质 | "披露"其性质及金额 | 不予"披露" |
| 损失难以可靠计量 | "披露"其性质 | "披露"其性质 | 不予"披露" |

通常现实偿债义务是否存在，是相对容易辨别的，但个别情况下也存在例外。例如，在诉讼案件中，某些事项发生与否及其现时义务的发生概率往往是存在争议的。针对这种情况，如果现时义务发生的可能性大于（或等于）50%，则可以确认为准备；如果可能性小于50%，资源流出又并非根本不可能，则应作为"或有负债"披露。IPSAS 规定，符合以下两项条件之一的将作为"或有负债"披露：第一，基于过去事项的可能性义务，其发生与否取决于某些公共部门不能完全控制的不确定事件；第二，基于过去事件而形成的现实义务，但又不能直接确认为负债，因为履行该义务而导致的公共部门资源流出仅仅是可能的，或者债务金额目前还难以准确核算。

美国联邦会计准则咨询委员会（FASAB）也规定，同时满足以下条件时，可以将或有事项确认为或有负债：（1）过去的事项或交易已然发生；（2）资源在未来流出或导致其他牺牲是颇为可能的；（3）未来资源的流出或牺牲是可计量的。如果一项或有负债不能完全满足上述确认条件，且有合理预期可能会发生额外的损失，应将其作为或有事项予以"披露"（即基本财务报表的附注中披露）。通过对比可以发现，美国基本上采用了 IPSAS 的建议，只是两者对不同债务的称谓略有不同。此外，美国还对因未决诉讼及未确定索赔产生的或有负债做出了单独规定，要求在或有费用可能发生时立即加以确认，相对于其他类型的或有负债而言，扩大了确认的范围。

总体而言，各国对于政府或有负债的确认虽在细节上略有差异[①]，但基本的确认前提是一致的。对于需在财务报表中记录的"准备"，大体应满足三项条件：一是由过去的事项催生的现时义务；二是未来（很）可能会导致资源的流出；三是债务规模能够充分可靠的计量。而对于导致资源流出可能性较小但存在合理可能性的狭义"或有负债"，或是因无法可靠计量而不能确认为"准备"的或有债务，则通常不予确认，而是直接在财务报表附注中披露相关信息（参见图2）。

---

① 如法国中央政府会计准则在对风险与负债准备及承诺进行区分时，特别强调中央政府是否期望获得同等的回报，实际上是从另一视角考察了资源流出的可能性。

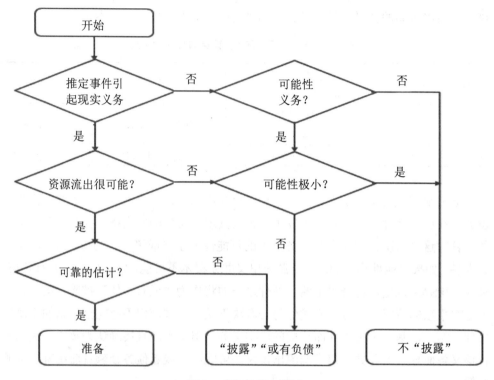

**图 2　或有负债决策树**

根据我国财政部于 2015 年 11 月发布的《政府会计准则——基本准则》规定，未来发生的经济业务或者事项形成的义务不属于现时义务，不应当确认为负债。也就是说，我国的政府会计核算总体上包含属于现时义务的"准备"类负债，但不包含会计上的狭义或有负债。然而，基于债务风险预警的考虑，对狭义政府或有负债进行披露无疑是十分必要的。IPSAS 对于"准备"及"或有负债"的会计核算规定已然在各国实践中被广泛应用，我国可以考虑参照相关规定适时将其纳入核算范围。

随着时间的推移和事态的进展，早些时候确认为"或有负债"的事项，可能会以预期之外的形式演化，因而应在后续时期适时进行重估，以动态判定经济利益流出的可能性。在期初不完全符合"准备"的确认要求而作为"或有负债"披露的事项，随着时间的推移，资源流出的概率可能会变大，这就需要在或有事项可能性发生变化的当期财务报表中将其转为"准备"进行报告。美国财务会计准则委员会将或有事项可分为"很可能发生""可能发生"和"发生可能性极小"三个层次，相应的披露方式分别为在资产负债表中披露、在附注中披露、在财务报告中不披露。因而，当"可能发生"的或有负债的可能性变化时，就不宜再作为或有负债来处理，披露方式也应随之改变。如若发现某项或有负债实际上已清偿，或者能够确定不会引起经济资源的流出，则应适时终止对或有负债的确认。

政府或有负债的报告及披露是会计处理的最终环节，也是将相关信息呈现给使用者的最直观方式。"准备"作为已确认的政府负债，自然应在资产负债表（即财务报表主表）中披露。此外，还应在报表附注中对"准备"的具体内容做出尽可能详细的辅助说明，具体包括：期初与期末的准备金额、当期新增的准备金额（包括已有准备的增加额）、当期已实现的金额、当期已撤销的未实现金额、因时间推进或贴现率变化导致的折现额变化。对不属于政府负债的或有事项，则应在财务报表附注中披露。还可以参照国际经验，依据或有事项的归属部门、性质、成因、到期日等因素分类加以报告。对技术上难以量化的或有负债，可以在财务报表附注中明确列示。凡发生可能性极小的或有负债可不予披露，但应保持持续关注，一旦资源流出可能性提升至一定程度，就需在发现当期及时披露。

### （二）政府或有负债的计量

或有负债是否会转化为直接负债以及转化的时间和规模，均具有相当程度的不确定性，这导致对其量化存在较大的难度。这一点在中国全口径政府预算管理体系的建设中显得尤为突出。一方面，或有负债的核算具有主观评价性，其量化可能会掺杂政府公共部门的主观意愿；另一方面，影响政府或有负债规模的信息来源十分广泛，涉及政治、经济、社会等诸多方面，而这些信息的统计通常是不完善的。在实际量化过程中，无论是计量方法的选取，还是计量结果的斟酌取舍（当量化结果为一个值域范围而非具体数值时），都会导致估计结果的差异，进而影响对或有负债及其风险的专业判断。

目前，应用较为广泛的或有负债计量方法是现值法，它对未来风险的估计体现在利率上，风险越大，相应的折现率也就越高。在具体应用中，我们还可将现金流分成若干时间段，不同时段对应不同的折现率。现值法虽然简便易行，但只能通过单一的现金流量和单一的利率来估算或有负债的金额，对折现率的选择要求甚高。而能够充分体现未来风险的折现率，在现实中是很难获取的。有鉴于此，改进的现值法——"期望现金流量法"开始逐渐受到重视，其他方法还包括市场数据（或历史数据）法、期权定价模型、模拟模型等。在实践中，如果能够取得贷款损失的历史数据，那么也可用来估计或有负债组合的预期支出（如住房、教育或农业等部门的贷款担保）。此外，我们还可以借鉴行为经济学的双曲贴现模型，对远期利率与近期利率加以区分。

期权定价模型（Option Pricing）利用担保与看跌期权的相似性，来判断担保的预期成本。通过为企业贷款提供担保，政府相当于发行了公司资产的看跌期权，赋予企业管理者在到期日按贷款面值出售其资产的权利①。政府担保的预期支出，大致相当于看跌期权的价格。其中，期权价格是基于风险中性定价理论估算的，定价过程不必考虑风险溢价。蒙特·卡罗模拟模型（Monte Carlo Simulations）通过模拟估计担保损失的概率分布对担保进行定价，进而做出特定置信水平下最大损失的估值。因此，模拟模型通常比期权定价模型更为灵活，原因在于前者需要考虑更多的因素。

实际中，各国采用的计量方法大多以现值法为主。澳大利亚和新西兰采用的就是 IPSAS 推荐的计量核算方法。其中，澳大利亚对于特殊规定的财务担保合同采取面值计量法，并酌情考虑相关收益和费用。法国中央政府会计则规定，风险及负债准备应以最能代表资源流出量的数值计量。评估过程应考虑两个因素：一是未来事件的影响，只有在截止到财务报告起草之日可获得的数据才能被用于评估可能的资源流出量；二是充分体现"无补偿"的原则，"准备"的数额不得减去可能得到的偿还资产的价值。在捷克，使用未结清的担保余额乘以违约概率得出的结果，估算担保性债务的规模，违约概率分为四档：很高（90%）、高（30%）、中等（15%）和低（5%）。

## 四、政府或有负债的报告

政府预算具有预测性和法定性的特点，受或有负债计量精度和发生概率的局限，在现实中，往往难以将其纳入法定的预算收支表格之中。在各国实践中，根据政府或有负债发生的可能性大小及量化的难度，分别采用四种报告或披露方式：在财务报表主表（资产负债表）中报告、在专有附表中披露、在财务报表附注中披露以及不披露。结合各国政府预算管理的现实，这四种报告或披露方式往往不应该单独采用，而应是若干种方式的相互结合。

在财务报表主表中报告的或有负债至少应具备两个特征：一是资源流出的可能性较大，二是或有负债的规模能够相对可靠的计量。美国联邦政府会计中，或有事项分为"很可能发生""可能发生"和"发生可能性较小"三种类型，对应的披露方式分别为在资产负债表中报告、在附注中披露以及在财务报告中暂不披露。在报告期内，或有负债的变化也应作为费用的一部分加以持续追踪。相似地，加拿大按发生的可能性将或有事项分成三种："很可能"——发生（或不发生）的可能性大

---

① 当资产的市场价值低于约定价值时，看跌期权的持有者可以要求发行者以低于协定价格的价格接受资产；同样，受到担保的出借人也可在市场价值低于面值时，行使期权要求付清担保，迫使政府按照面值偿还贷款。

于 70%；"不太可能"——发生（或不发生）的可能性小于 30%；"无法判断"——未来事项发生（或不发生）的可能性在 30%—70%之间。其中，很可能发生且能可靠计量的需在财务报表中报告。澳大利亚将很可能引起资源流出的现时义务确认为"准备"，作为负债下的一类，在资产负债表内进行报告，并在报表附注中做出详细说明。

在专有附表中报告或有负债的国家并不多，主要是新西兰等"新公共管理"改革较为成功的国家。在报表附注中披露的国家则相对较多，如美国、加拿大、法国等。美国联邦政府财务报告采用完全的权责发生制计量基础，如果某项或有负债不符合负债的确认条件，且损失可能已发生，则应在基本财务报表附注中加以报告。加拿大将很可能发生但不能可靠计量和无法判断的或有负债在报表附注中披露，披露的内容包括或有负债的性质、最优估计值或值域范围、不能披露估计结果的原因、估值的基础。澳大利亚则规定，对于可能性极小的或者无法量化的或有负债（如对房屋贷款公司的担保、恐怖行为担保等）在报表附注中予以适当说明。法国中央政府会计准则规定，对于规模可确定的承诺，可以在报表附注中披露其金额，规模不能确定的则应揭示详细信息及债务风险。

## 五、我国政府或有负债信息披露的问题与改进

### （一）我国政府或有负债信息披露的主要问题

自 1998 年起，我国开始实行《财政总预算会计制度》《行政单位会计制度》以及《事业单位会计制度》三者分立的预算会计制度。除事业单位经营业务的核算及总预算会计的部分内容可以采用权责发生制外，其他内容基本都采用收付实现制。一段时间以来，政府会计准则体系的缺位，一直是公众关注的热点问题，权责发生制财务报告的概念也不断地被提出与探讨。2014 年 7 月，我国成立了政府会计准则委员会，同年 12 月 31 日国务院批转财政部《权责发生制政府综合财务报告制度改革方案》，并提出"力争在 2020 年前建立起具有中国特色的政府会计准则体系和权责发生制政府综合财务报告制度"。

在过去传统的预算会计制度下，负债的定义为主体"所承担的能以货币计量、需以资产偿付的债务"。预算会计披露的是政府持有的直接显性负债，即构成国家支出责任的那部分债务，而未能体现直接隐性负债和或有负债的内容。根据《政府会计准则——基本准则》，负债的定义为"政府会计主体过去的经济业务或者事项形成的，预期会导致经济资源流出政府会计主体的现时义务"。这一定义已经基本涵盖了国际上作为"准备"报告的政府负债，相对于既往收付实现制基础的预算会计，也

算取得了长足的进步，但我们仍旧需要注意政府会计对于负债的披露仍存在一些问题。

首先，缺乏政府或有负债的披露制度。《政府会计准则——基本准则》规定，"未来发生的经济业务或者事项形成的义务不属于现时义务，不应当确认为负债"，它对于"或有负债"的披露也未能做出单独规定，因而"或有负债"的会计信息是相对缺失的。理想情况下，政府会计准则应对或有负债的确认、计量与报告方式做出详细规定，包括或有负债确认的条件、将其转为负债的条件、计量方法及计量结果的取舍、报告的方式及内容等基本准则。对不同类别的或有负债，若对政府财政运行影响较大，也应酌情单独做出特殊的规定。

其次，难以满足债务风险预警的需求。在不影响报告赤字和负债数额的情况下，政府可通过担保和预算外财政活动形式的或有负债支持企业、公共投资和公共服务。或有负债的这种隐蔽性需要引起足够的重视。目前已有为数不少的国家通过政府财务报告（澳大利亚、新西兰、美国、加拿大等）、政府预算文件（澳大利亚、奥地利、加拿大、捷克、丹麦、法国等）、中期财政框架（哥伦比亚、秘鲁）、债务管理报告（日本、捷克、土耳其）、财政风险报告（澳大利亚、巴西、智利、哥伦比亚、印度尼西亚、新西兰）等方式实现或有负债的有效披露。其中，政府会计与财务报告体系作为披露政府财务信息的核心工具，其重要性也是不言自明的。而政府会计中部分负债信息的缺失，特别是或有负债的缺失，使得政府会计难以发挥其预警债务风险的作用。

最后，政府会计与财务报告中负债信息的不完全，使得政府会计难以和政府审计动态协调、相互促进。政府预算、政府会计与政府审计三者作为政府管理工具，本应形成一个彼此监督、相互促进的支撑网络。而我国的现状是政府预算和政府会计在政府负债信息披露方面均存在一定的信息缺失，难以与政府预算及政府会计相互配合，使得政府债务审计工作缺乏充足的依据。

（二）相关借鉴与启示

第一，依据或有事项发生的可能性、事项性质、能否准确计量等因素，对或有负债进行科学分类。政府会计核算应体现增进会计主体诚信水平和减少合规性差距的宗旨和原则。体现在政府或有负债的核算上，首先就是结合中国政府或有负债生成机制上的特殊性，对政府或有负债进行科学的分类。根据国际经验，或有事项发生的可能性，即资源以经济利益或服务形式流出的可能性，是决定其会计披露方式的首要因素。只有达到一定可能程度时（通常为 50%），才考虑将政府或有负债确认为现实负债，并在财务报表主表中予以适当披露。此外，能否可靠计量也是区别会计披露方式的重要因素，对于某些无法依据事实可靠计量的或有负债，尽管发生可能性较大，但往往也只能在财务报表附注中加以说明。因此，需要尽快明确中国政府综合财务报告和预算报告的报表附注部分的披露规范和详细指南，尽可能通过财务和预算报表附注的制度规范，进一步推进政府全口径预算管理体系的建设。

第二，在或有负债确认后需保持继续关注。由于或有事项在报告期后可能发生新的变化，导致最优的会计处理方法也应随之改变。如果或有事项发生的概率，从之前的低于界定值（譬如50%）变成高于界定值，则应将其从狭义或有负债转为准备，在财务报表中报告，反之亦然。那些已确定不会发生的或有事项，则应从前期披露的内容中取消；另外一些或有事项可能已经发生，则应将前期作为或有负债披露的内容取消，并将新的债务按规定进行报告。

第三，政府或有负债的计量存在较高的技术难度，应结合政府部门的财务核算能力，对其计量方法和报告方式做出具体规定。由于或有负债的不确定性，在实际计量中可以根据其具体风险概率分布划分为若干档次，也可参考前文所述捷克等国的经验，对风险概率做出相对明确的等级划分，并据此对全部或有负债进行统一核算。

或有负债的报告方式通常取决于或有事项发生的可能性。当发生可能性较高（超过设定的临界值）且能可靠计量时，政府可将或有事项作为一项负债在财务报表中报告，也可在专属或有负债表中报告；可能性较低或难以准确计量时，通常在财务报表附注中进行披露；如果或有事项发生的可能性过低，可在本报告期暂不披露，但应在后期继续关注。

第四，适时将或有负债纳入政府预算的系统化报告审批体系。尽管政府或有负债的披露场合可能有所不同，但都应遵循财政透明度准则，以便对财政状况做出综合评价。虽然在某些情形下，政府不希望披露一些或有负债的具体规模与构成，但这不应作为拒绝披露的借口。

参考艾伦·希克的建议，或有负债纳入预算可以通过如下途径实现：（1）编制预算时，增列或有负债的相关信息。这一点在当前我国正在推进的中期财政规划改革中显得更加重要，因为政府或有负债的存在，进一步加剧了跨期预算决策的不确定性。（2）在准备现金制预算的同时，单独编制或有负债预算，并限定或有负债的上限。在实际操作中，也可以将该上限纳入整体政府预算总规模的控制上限之中。（3）将或有负债整合纳入传统的现金制预算。在这种模式下，政府需从预算中预留一定资金，用以支付未来可预测的债务损失，或者利用此预算额度，来限制政府性担保的总规模（或下一年度新增担保项目的规模）。（4）实行完全权责发生制的预算，编制预算时需要估计全部政府或有负债的成本，并将其统一纳入预算。就现实国情而言，按照由易到难的原则，我们建议我国先从第一种方法起步，在编制常规预算的基础上，附加政府或有负债预算表，至少是增加较为详细的有关政府或有负债的报表附注信息。在此基础上，随着权责发生制政府综合财务报告改革的推进，逐渐从第二、第三种方式，过渡到完全的权责发生制预算，从而将政府或有负债全部纳入全口径预算管理，实现政府预算、政府会计、政府审计三位一体的或有负债信息披露与监督机制。

## 参考文献

（1）Yu and Wei. A Study on China's Fiscal and Financial Risks. DRC Research Series, 2012: 09-26.

（2）Zhang Y S, Barnett S A. Fiscal Vulnerabilities and Risks from Local Government Finance in China［R］. IMF Working Paper, 2014: 14(4).

（3）Lusinyan L, Cebotari A, Velloso R. Fiscal Risks：Sources, Disclosure, and management［R］. International Monetary Fund, 2009.

（4）Hana P. Contingent Government Liabilities: A Hidden Risk for Fiscal Stability［R］. World Bank Publications, 1998.

（5）Wheeler G. Sound Practice in Government Debt Management［M］. World Bank Publications, 2004.

（6）Hana P B. Avoiding Fiscal Crisis［J］. World Economics, 2012, 13(1): 27-52.

（7）Krumm K L, Wong C P. Analyzing Government Fiscal Risk Exposure in China［M］//Hana P B, Sehick A . Government at Risk. The World Bank and Oxford University Press, 2002: 235-250.

（8）Fouad M, Martin E, Velloso R. Disclosing Fiscal Risks in the Post-Crisis World［R］. International Monetary Fund, 2010.

（9）Baldacci E , McHugh J, Petrova I. Measuring Fiscal Vulnerability and Fiscal Stress: A Proposed Set of Indicators［R］. International Monetary Fund, 2011.

（10）Zeikate S. Contingent Liabilities—How well do we capture the scope of potential fiscal and debt vulnerabilities in LICs？［R］. The World Bank Debt Management Facility, 2013.

（11）Sundaresan S M . Institutional and Analytical Framework for Measuring and Managing Government's, Contingent Liabilities［M］//Hana P B, Schick A .Government at Risk. Oxford University Press, 2002.

（12）Claessens S, Klingebiel D . Measuring and Managing Government Contingent Liabilities in the Banking Sector[R]. Financial Sector Strategy and Policy, World Bank, 2000.

（13）Serkan A, Liao Y. Banking Sector Contingent Liabilities and Sovereign Risk[J]. Journal of Empirical Finance, 2014(29): 316-330.

（14）阳志勇. 政府或有负债和金融风险[J]. 预测，1999（04）：28-30.

（15）平新乔. 道德风险与政府的或然负债[J]. 财贸经济，2000（11）：5-11.

（16）安秀梅. 地方政府或有负债的形成原因与治理对策[J]. 当代财经，2002（05）：34-39.

（17）赵志耘，张德勇. 论地方政府或有负债[J]. 财贸经济，2002（12）：20-27.

（18）刘尚希，郭鸿勋，郭煜晓. 政府或有负债：隐匿性财政风险解析[J]. 中央财经大学学报，2003（05）：7-12.

（19）佘定华，汪会敏. 规范地方政府或有负债会计信息披露的几点建议[J]. 财务与会计，2011（11）：51.

（20）贾璐. 我国地方政府或有负债会计问题分析[J]. 会计之友，2012（09）：21-23.

（21）王银梅，潘珊. 应用现值理论计量我国地方政府或有负债探究[J]. 财政研究，2014（02）：62-65.

（22）Cebotari A. Contingent Liabilities：Issues and Practice[R]. IMF Working Paper, 2008.

（23）Hana P B，马骏. 财政风险管理：新理念与国际经验[M]. 梅鸿译. 北京：中国财政经济出版社，2003.

（24）应益华. 政治信任、合法性和政府会计改革研究[J]. 湖南财政经济学院学报，2015（01）：5-13.

**作者简介：**马蔡琛，南开大学经济学院教授，博士生导师，南开大学中国财税发展研究中心主任，主要研究方向为公共预算与财税管理；尚妍，南开大学经济学院研究生，主要研究方向为财政金融理论与政策。

# 转型时期我国地方税体系构建研究

李兰英　刘　帅　徐　晶

**摘　要**：1994 年的分税制改革使我国的财权上移、事权下移，导致地方财权与事权的不匹配，同时在"营改增"的背景下，地方主体税种缺失，财政收入不足。党的十八届三中全会又进一步提出经济发展的"新常态"，面对经济转型，现行的地方税体系已经不能满足经济发展的新需求，因此地方税体系的改革势在必行。本文分析了我国地方税体系的现状及存在的问题，如中央、地方财权事权不匹配，税权划分不合理，地方主体税种的缺失，税制结构的不合理及产业结构转型困难等，在此基础上提出改革我国地方税体系的建议。

**关键词**：经济"新常态"；地方税体系；地方主体税种

## 一、转型时期我国经济发展面临的新需求

经济发展"新常态"的提出，预示着中国经济发展需要转型、需要改变，进入一种全新的、可持续的、相对理性的状态。经济"新常态"模式要求经济发展不能一味追求高速增长，而要更多地关注经济持续健康发展。具体表现在以下方面：

首先，经济发展从高速增长转为中高速增长。中国经济发展之初，是以工业为主导地位的，想要提高本国的经济产出，提升国家在国际上的地位，就需要大力发展生产力。而中国主导产业是第二产业——工业，在发展过程中，工厂林立，污染环境的废气、废水层出不穷，导致环境受到了极大的破坏，如京津冀地区的雾霾现象。"新常态"要求经济发展速度减缓，实则是要进行经济体制的改革，让环境与经济发展相协调，国家在发展经济的时候，要统筹经济与环境的关系，适当放慢经济增长速度，还祖国一片蓝天。

其次，经济从高速增长转为中高速增长。国家财力主要依靠中央及各级政府的税收，当经济发展水平高的时候，税收的数量自然是可观的；但如果经济下行，导

致国家财政紧缺。"新常态"要求经济发展从高速增长转为中高速增长，势必会导致经济增长下滑，进而产生税收下降。

最后，经济从高速增长转为中高速增长有助于资源配置。衡量经济发展的指标是国民生产总值（GDP），而中国是一个工业大国，各级政府为了追求 GDP 的高速增长以及税收的增长，就会鼓励工业企业的发展，甚至是对环境污染大的企业（如造纸厂等）也采取鼓励政策。税收收入、GDP 等是增长了，但导致企业产能过剩、环境被破坏等消极影响。"新常态"要求放慢经济增长速度，重新审视经济发展方向，科学地进行资源配置，符合宏观调控。

在此背景下，地方税体系的建设不仅仅是税收问题，是经济问题、社会问题，也是一个政治问题。由于经济增长放缓，地方为了刺激经济发展，保持地方发展活力，在建立地方税体系过程中是否应重点考虑结构性减税问题；在环境污染日益严重的背景下，地方在发展经济的同时，是否应该重点关注环境治理问题等。基于我国处于经济转型期的背景，在构建地方税体系的过程中，应该综合考虑地方税构建对经济、政治、社会等各方面的影响[①]。

## 二、我国地方税体系存在问题分析

1994 年我国实行了分税制财政管理体制，该体制的实施为我国构建地方税体制提供了理论基础。分税制对于经济的发展，调节中央与地方的财政关系都起到了积极的促进作用。此次改革形成了事权下放、财权上收的态势，使得改革在推进中，财权与事权不匹配的现象逐渐显现。同时随着经济的转型，要求经济发展从高速增长转化为中高速增长，不可避免地会使地方财政收入增速放缓，而面对支出的刚性需求，进一步加大地方财政危机。

（一）中央、地方财权与事权不匹配

实施分税制之后，我国形成中央财多事少，地方财少事多的格局，地方政府仅依靠自身的财政收入根本无法满足本层级的财政支出。

首先，从事权划分角度看，中央政府主要负责国家层面及跨国层面的一些事物，比如说国防支出、中央财政科学技术支出、中央财政公共安全支出等，而地方政府主要负责与地方经济利益息息相关的事务，比如说地方财政教育支出、地方财政社会保障及就业支出、地方交通运输支出等。从中华人民共和国财政部预算司 2014

---

①王金霞. 转型时期我国地方税体系的构建[J]. 瞭望，2014（34）：44-45.

年公布的数据可推断，中央财政支出项目相对比较集中，一部分是国防支出，另一部分是其他国家事务及国际事务支出；而地方财政支出项目相对较复杂，占比最大的教育支出仅为17%，社会保障及就业、农林水事务、城乡社区事务、一般公共服务、医疗卫生等支出均在 10%左右，占比不分伯仲[①]。因此从事权划分项目角度来看，地方政府承担的事务相对较多、较杂，需要投入更多的人力、物力、财力。

由于地方政府负责的项目多且杂，因此地方政府在财政支出金额上也比中央政府要多。图 1 为 2010 年—2014 年中央财政与地方财政支出金额的对比图。

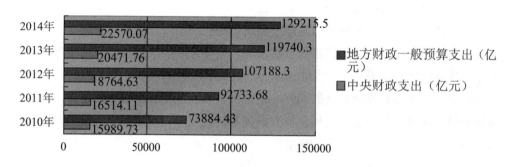

**图 1　2010 年—2014 年中央财政与地方财政支出金额**

资料来源：根据财政部官网 2015 年数据制作。

从图 1 可以很明显地看出，中央财政支出与地方财政支出的差距很悬殊。仅以 2014 年为例，中央财政支出为22570.07 亿元，地方财政支出为 129215.5 亿元，地方财政支出是中央财政支出的 5.7 倍。

总的来说，我国事权的划分还是比较清晰的，只是地方政府负责的事务过多，地方财政支出占全国财政支出的比重过大，因此有必要稍作调整，平衡中央政府与地方政府的职责。

其次，从财权划分角度看，税源比较充裕、增长较快、发展较好的税种一般是归中央或者中央与地方共享的，而那些零星的、不便于征收的税种一般是归地方的。比如占我国税收收入比重较大的增值税、企业所得税等都是共享税，并且统一由国税局征收，而对于零星的小税种，比如说城镇土地使用税、耕地占用税等，都是地方政府负责征收的。构成地方税收收入的税种有很多，增值税的 25%、企业所得税的 40%、个人所得税的 40%、原营业税（不包括铁道部门、各银行总行、各保险公司总公司集中缴纳的部分）、车船税、土地增值税、契税、房产税、耕地占用税、城镇土地使用税、烟叶税、海洋石油资源税以外的资源税、部分印花税等税种，从税

---

① 中华人民共和国财政部预算司. http://yss.mof.gov.cn/2014czys/201507/t20150708_1269691.html.

种看占比将近 80%归对方，而地方税收收入占全国税收收入的比重仅为 50%左右。图 2 为 2006 年—2014 年地方财政收支情况。

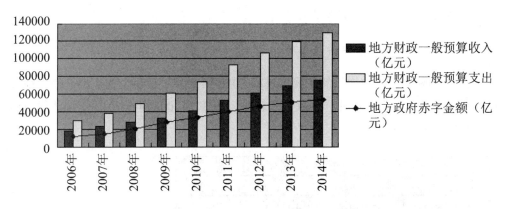

**图 2　2006 年—2014 年地方财政收支情况**

资料来源：根据国家统计局官网 2015 年数据制作。

从图 2 可以看出，我国地方财政总体上一直处于收不抵支的状态，并且地方财政赤字的规模在逐年上升。对于这部分赤字，地方政府主要依靠中央政府的转移支付来弥补，如若中央政府的补贴不能满足地方政府的需求，地方政府往往会以收费、发债、利用土地财政等办法来增加收入，从长远看不利于地方可持续发展。

（二）税权划分不合理

我国税收法律级次低，在我国现行的十几个税种中，仅有车船税、企业所得税、个人所得税三个税种是以全国人大颁布的法律形式进行规范的，其余税种如增值税和消费税等都是以暂行条例形式进行税收约束。税收的法律级次较低，直接造成税收在执行过程中的法律约束力下降。同时，我国税收立法是高度集中在中央的，而且税收要素的具体方案也由中央统一规划，地方几乎没有调整权。面对中国地域辽阔、地区发展不均衡的现状，此种税权划分不仅不会促进地方经济的发展，相反还会抑制地方经济发展活力。区域发展不均衡是我国一个重要国情，总体上东部发展较快，中部次之，西部发展较慢。由于地区经济发展的不均衡，导致地区间税收差异较大，外加地方财政支出的刚性，导致经济发展较慢地区财政收入状况窘迫。根据国家统计局公布的资料显示，东部地区的财政支出中有 73.63%的份额是由地方税收收入提供的，而西部地区的财政支出由地方税收贡献率仅为 35.03%。也就是说，西部地区的财政支出仅依靠地方税收收入远远达不到支出的刚性需求，因此不得不依靠中央政府的财政补贴，而过分依赖中央政府的财政补贴，会使得地方政府失去对本地区经济发展的关注度，进一步抑制地方的经济发展。

基于我国区域经济发展不平衡的国情，应该适当赋予地方政府一定的税收管理权限，从而带动地区经济的发展。

### （三）地方主体税种缺失

2012年随着"营改增"的全面推进和2016年5月1日后全面实施，使得地方税体系面临着地方主体税种严重缺失的窘境。图3为2008年—2014年营业税占地方税收收入的比重。

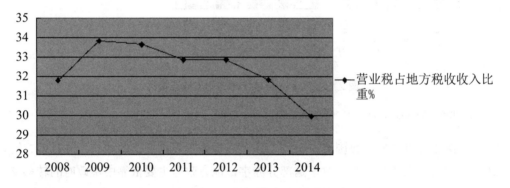

**图3　2008年—2014年营业税占地方税收入的比重**

资料来源：根据国家统计局官网2015年数据制作。

"营改增"作为结构性减税的一个重要措施，会促进现代服务业的发展，进而有利于提振消费和改善民生，给纳税人带来较大实惠，但同时也会对地方经济、税收带来深度影响，一是"营改增"直接导致地税收入总量大幅度下降。营业税在地税收入中具有举足轻重的地位，营业税改征增值税后，原营业税税源将由地税收入变成国税收入。二是"营改增"后地方税收失去主体税种，将造成地税随主体税种附征的税收难以控管的局面。如何保证在地方利益不受损失的前提下顺利推进"营改增"，是一道严峻的考题。因此我国急需寻找新的税种作为地方主体税种，来弥补营业税的缺失。

### （四）税制结构不合理

首先，共享税占地方税收收入比重过大。地方税收收入过分依赖共享税，使得地方政府更多关注如何与中央进行博弈争取得到更多的资源，时有忽视地方经济的健康稳定发展。因此在保证中央财政收入的同时，也需要保证地方有足够的财政收入，满足公共服务的需要。

2014 年各税种对地方税贡献情况如图 3 所示。

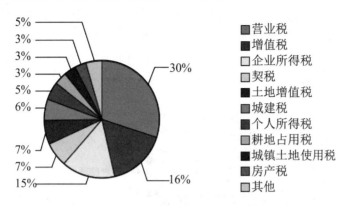

图4　2014 年各税种占地方税收收入的贡献率

资料来源：根据国家统计局官网 2015 年数据制作。

当地方政府的关注点更多放在与中央的博弈中，就会分散地方政府对发展本地区经济、提高本地区公共产品质量的关注度，不利于地区经济的发展。

其次，地方政府财政收入过分依赖中央的转移支付。图 5 为 2009 年—2014 年我国转移支付占地方政府本级财政收入的比重。

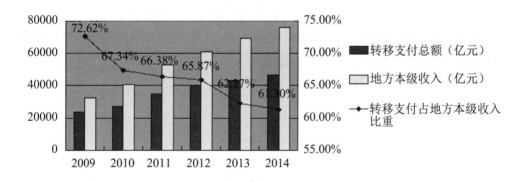

图5　2009 年—2014 年我国转移支付占地方政府本级财政收入的比重

资料来源：根据财政部官网数据制作。

由图 5 可以看出，虽然近些年我国转移支付占地方政府本级收入的比重有所下降，但是截至 2014 年，转移支付占比仍然高达 61.30%，足见我国地方政府对转移支付的依赖程度。而当纵向转移支付实行时，资金要从中央一层一层往下划拨，在拨付的过程中，时间成本、资金的损失等都会导致资金的使用效率低下。

最后，地方非税收入占比过高。地方财政收入的主要来源是税收收入，但是税收收入并不能完全满足地方财政支出，因此不得不依靠非税收入。但与此矛盾的是，地方收入中非税收入的占比又不能过高，因为非税收入的制度不够完善，如果过分依赖非税收入，会导致一系列社会问题，比如说土地财政、地方政府不合规发债等。图6为2007年—2014年我国地方财政非税收入变化情况。

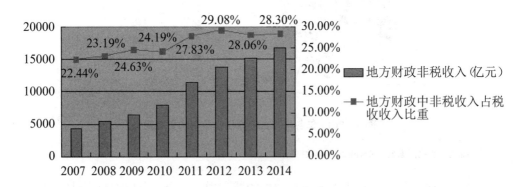

**图6　2007年—2014年我国地方财政非税收入**

资料来源：根据国家统计局官网2015年数据制作。

从图6可以看出，我国地方财政中非税收入逐年增多，且从整体上看占地方税收收入的比重具有上升趋势，这不利于我国地方税体系的构建。

此外，现行税收体系在环境保护、促进产业结构转型和优化升级等方面也存在较大问题，不适应经济"新常态"的发展。

## 三、构建地方税体系的建议

### （一）明确中央与地方的财、事、责

为解决地方财政收入过分依赖中央政府的转移支付和税收返还的问题，关于"财"的方面，一是加大增值税的地方分享比例。随着"营改增"的全面扩围，地方税收收入将会大幅减少，对政策影响最小、最简单的方式就是提高增值税的分享比例。从目前来看，六四分成的比例比较适中（现行制度为五五分成）。二是积极主动寻找地方主体税种，以此来支撑地方的财政收入。随着营业税的消退，一时间很难找到与营业税在税收贡献上相当的税种，因此地方主体税种的建立对我国来说是个艰巨的任务。但是从经济的长久发展来看，构建地方主体税种以保障地方财政收入势在必行。

关于"事"的方面，合理划分中央与地方的事权势在必行。现实中，对比中央财政支出与地方财政支出事项会发现，各级政府交叉管理事项较多，比如科学技术支出、教育支出、交通运输支出、社会保障及就业支出、农林水事务支出、环境保护支出等。当事权存在交叉时，各级政府就容易出现推诿扯皮现象。建议将科学技术、高等教育、交通运输的事权上移，这不仅可以使公共产品的提供更有效率，而且有助于缓解地方财少事多的困境。

关于"责"的方面，需要特别注意的是，中国行政体制的特点。中央和地方之间财权、事权划分相对明确，而地方政府之间财权、事权的划分就比较困难了。地方政府之间，由于行政等级，易出现资金在转移支付过程中效率低下、各级政府间推诿扯皮等现象。具体改进措施有以下两点：其一，完善相关的法律法规，以法律的形式对各级政府的行为进行限制，合理划分各级政府的职责，彻底杜绝各级政府推诿扯皮的现象。其二，适当缩减地方政府层级。从国际经验借鉴中发现，政府层级一般控制在三级比较合理，可以将我国的五级政府缩减为三级政府，实现县财省管，乡财市管。

## （二）构建地方主体税种

构建地方主体税种在地方税体系的建设中至关重要，地方主体税种不仅可以保障地方的财政收入，而且有助于税制结构的优化。结合国际经验以及我国经济转型的需求，建议整合财产税并作为地方主体税种。同时由于我国区域发展不平衡，地区间自然资源差异较大，因此建议将资源税作为地方主体税种的补充。

梳理财产税是站在产业结构调整角度提出的，这也是经济结构转型的客观要求。我国目前地方税系中的房产税、城镇土地使用税、耕地占用税、契税、土地增值税、车船税都属于财产税的范畴。在初步改革时不建议将其统一为一个税种，建议尽量不改变其基本构造，只是从细节上进行变动。随着改革的进行，使财产税成为地方主体税种变得顺理成章。针对房产税，首先是要加快房产税的立法，从法律层级上进行房产税的改革；其次是要改变房产税的计税基础，扩大房产税的征税范围，使保有环节的房产征税与房价上涨相联系。当然还要考虑房产的具体情况，进行合理的减免税优惠。

近年来土地增值税对地方税收收入的贡献是比较显著的，并且逐年攀升，能够保障稳定的税源，符合经济发展趋势。但值得注意的一点，国家政策要求的是简化税制，而土地增值税的税制结构——超率累进税率太过复杂，不仅税负过重，而且计算繁琐，征收麻烦。建议将土地增值税改为稍许简单的超额累进税率，将增值额作为税率调整的基数，不仅能起到简化税制的功效，还可以抑制过高的增值额带来的暴利。

鉴于我国各地自然资源的差异，建议：一是完善资源税制度，使其作为地方税辅助税种。国家应该适当放开对资源税的约束，赋予地方政府有关资源税的管理权限，让各级政府可以依据地方具体情况，合理征收资源税。有效的资源税不仅可以成为地方政府一项稳定的财政收入，还可以实现资源的有效利用，符合"新常态"发展的需求。二是先从改变资源税的征管方式入手，将从量计征改为从价计征，这有助于提高资源的利用效率。三是拓宽资源税的征税范围，将水资源、森林资源、土地资源等列入资源税的征收范围内，从而起到节约资源、保护资源、改善生态环境的作用。

建议开征环境保护税，并实行专款专用制度，将其作为地方税辅助税种。首先，要确定环保税的征收范围。目前我国仅对固体污染排放物进行收费，而导致环境问题的不仅包括固体污染排放物，还包括大气污染、水污染、噪音污染等，因此需要扩大污染物的征收范围。其次，在计征方式上，可以考虑实行简单的从量计征，针对污染物的排放量征税；同时取消污染排放收费，实行费改税，进而规范地方财政收入。

需要强调的是，还需加强对环境保护行为的税收优惠政策，如对于购买环境保护专用设备的企业，可以在税前进行加计扣除；对污染物进行循环再利用的企业可以进行税收抵免等。通过开征环境保护税，用相对规范的方式来限制企业行为，减少环境污染，共建青山绿水。

（三）完善转移支付制度

转移支付是把双刃剑，一方面，它可以有效缓解地方财政收入的不足，平衡区域间经济发展不平衡的状态，实现地方公共服务均等化；另一方面，由于中央政府的转移支付，使地方政府产生依赖心理，将财政收入寄托于中央政府，不利于地区经济的发展，使得资金的使用效率降低，形成预算软约束。因此，中央转移支付收入不能作为地方财政收入的主要来源，只能作为地方财政收入的补充。

转移支付包括一般转移支付和专项转移支付，相对于专项转移支付，地方对一般转移支付的支配权更大。关于对转移支付方式的选择，具体建议如下：对于事权划分给地方的事务，应使用地方本级的财政收入，如果地方本级的财政收入不足以维持该项事务的支出，可以利用中央政府的一般转移支付；对于事权划分给中央的事务，中央委托给地方执行，对于此类事务，中央政府应该采用专项转移支付方式。

2015 年实施新《预算法》，增加的第十六条规定：国家实行转移支付制度。为落实《预算法》的要求，应该提高转移支付立法层级，由全国人大牵头制定"转移支付法"，在法律层次上对中央与地方之间的转移支付行为进行规范，同时以法律形式对中央与地方的财权、事权进行明确划分，使得中央与地方政府可以各司其职，各尽其责，中央与地方之间的转移支付行为有法可依，有章可循。另外，需要完善转移支付的监管体系，让每一笔资金均有其合法合理的去处。建立资金使用监管机制，减少资金使用的随意性和盲目性，建立专项转移支付绩效评价机制，提高专项资金的使用效率。

## 参考文献

（1）刘佐. 中国地方税制概览（第三版）[M]. 北京：中国税务出版社，2012.

（2）许建国. 中国地方税体系研究[M]. 北京：中国财政经济出版社，2014.

（3）安体富. 优化税制结构：逐步提高直接税比重[J]. 财政研究，2015（02）：41-44.

（4）白景明. 进一步理顺政府间收入划分需要破解三大难题[J]. 税务研究，2015（04）：3-8.

（5）樊慧霞. 初探国家治理视角下的地方税体系重构[J]. 国际税收，2015（02）：74-77.

（6）谷成，曲红宝. 发展中国家政府间税收划分：理论分析与现实约束[J]. 经济社会体制比较，2015（02）：32-43.

作者简介：李兰英，管理学博士、教授；刘帅，硕士研究生；徐晶，硕士研究生。

# 我国影子银行风险助推了地方政府债务风险吗
## ——风险的传导机制及溢出效应[①]

张 平 刘 灿

**摘 要：** 本文基于以防范系统性风险为主要目标的宏观审慎金融监管原则将我国影子银行中与地方政府债务有关联的业务归纳为受"三会"、受各部委和地方政府监管以及受到交叉监管的业务，分析这些影子银行业务的风险特征，研究影子银行风险向地方政府债务风险传导的载体和路径，利用 GARCH-CoVaR 模型实证分析风险溢出效应。研究发现，我国影子银行业务以信托产品、融资租赁业务、银行理财产品和城投债为载体向地方政府债务传导风险，影子银行对地方政府债务有正的风险溢出效应。其中，证券公司和信托公司的产品对地方政府债务风险溢出效应最大，综合类金融业务对地方政府债务风险影响较高，地方政府债务受到融资租赁行业的风险溢出影响较大，受民间资本风险影响较少。城投债由于有地方政府信用背书，对地方政府债务风险溢出程度较低。

**关键词：** 影子银行；地方政府债务；基建信托；城投债


## 一、引言及文献回顾

金融风险与财政风险从来都是犬牙交错的关系。随着国家对地方政府债务管理的加强和银行对地方融资平台信贷投放的收紧，一些地方开始通过信托贷款、发行理财产品等影子银行方式举债融资。地方政府债务依托影子银行的金融创新越来越隐性化，而影子银行本身就缺乏监管，加之金融市场互联互通，单体金融机构风险可能引发整个金融系统风险，最终波及地方政府财政安全。因此分析影子银行向地

---

① 基金项目：国家社会科学青年基金"我国'影子银行'风险和地方政府财政风险间的交叉传染机制及其监控政策研究"（14CJY063）。天津财经大学优秀青年学者项目。

方政府债务风险传导的机制，实证分析风险溢出效应，有利于深入剖析地方金融和财政风险的形成机理，并为实务部门及时识别和监测风险提供有效依据。

### （一）国外针对欧美等发达国家影子银行体系的研究

美国太平洋投资管理公司的保罗·麦考利（Paul McCulley，2009）正式将影子银行体系（Shadow Banking System）定义为游离于监管体系之外，与传统、正规及受中央银行监管的银行体系相对应的金融机构。之后，国际货币基金组织（IMF，2008）、金融稳定委员会（FSB，2011）、真纳约利等（Gennaioli，Shleifer & Vishny，2011）都从功能的角度定义了影子银行体系，并就其基本特征、发展历程与未来前景、与金融危机关系等方面进行研究。IMF、FSB、BCBS、BIS 等国际组织均提出将影子银行纳入宏观审慎监管框架。

### （二）影子银行问题的中国本土化研究

其一，我国影子银行概念从混乱走向清晰。国内学界对我国影子银行界定曾存在长期的争议，易宪容（2009）、袁增霆（2011）、李杨（2011）、卢川（2012）、李若愚（2013）、刘煜辉（2013）从影子银行界定的最窄口径、较窄口径、较宽口径和最宽口径做出过不同研究。2014 年 1 月国务院办公厅发布《关于加强影子银行业务若干问题的通知》，即所谓"影子银行基本法"，首次从官方层面厘清我国影子银行的概念与监管。

其二，关于我国影子银行特征、风险及发展的研究。近年来，部分国外学者和研究机构也在关注中国影子银行问题。国际经济研究所（Peterson Institute for International Economics）的博斯特（Borst，2014）绘制了中国 32 个省、自治区、直辖市的影子银行风险地图。夏尔玛（Sharma，2015）指出了中国影子银行风险与"雷曼"案例的不同。张和巴内特（Zhang & Barnett，2014）论述了中国财政脆弱性和地方政府的影子银行风险。国内相关研究首先规范分析了我国影子银行的风险成因和监管对策，如王浡力、李建军（2013），中国人民银行营业管理部课题组（2016）；其次，部分学者基于国外的教训与启示分析我国影子银行问题，如巴曙松（2015）、李建军、乔博、胡凤云（2015）等；最后，部分学者逐渐深入实证性研究，如王守贞和于明（2013）评估了影子银行系统的总体风险，孙国峰和贾君怡（2015）用扣除法对中国影子银行规模进行测度。

### （三）我国影子银行风险和地方政府债务风险的交叉性研究

国内外目前能够搜集到的这方面成果尚不多见，散见于民生证券（2013）、王永钦（2013）、吕健（2014）。另有招商证券（2012）、世行《东亚太平洋经济半年报》（2013）、穆迪（2016）指出我国影子银行规模激增（尤指城投债和基建信托）助力地方举债变化；王梅、贾康和樊纲（2013）指出影子银行负债短期化和地方公益投资长期化形成错配风险，使融资方更加倚重融资渠道的畅通度，存在"庞氏风险"。

综上所述，现有研究虽已认识到我国影子银行扩张与地方政府举债融资有关，但零散的应用研究还未从二者结合的视角明晰当前影子银行风险向地方政府债务风险的传导路径，并对风险溢出效应做出实证评估，这些方面正是本文力求实现的突破。

## 二、我国影子银行业务分类及其风险特征

### （一）基于宏观审慎监管原则的我国影子银行业务分类

美国金融危机之后，微观审慎监管在对抗系统性风险中的无能为力是主要经济体和国际组织的共识，以防范系统性风险为主要目标的宏观审慎监管成为各经济体金融监管的重要改革点。受金融危机影响而催生的"巴塞尔协议Ⅲ"的实施更是要求我国立足于国内银行业的发展现状，践行利于自身发展和金融稳定的宏观审慎监管原则，加强金融机构、主管部门和地方政府、中央政府在监管中的协同合作机制。

有鉴于此，按协同合作机制中具体监管主体的不同，本文在研究影子银行风险传导和风险溢出效应时将我国影子银行业务分为四类：第一类，受"三会"（中国银行业监督管理委员会、中国证券监督管理委员会和中国保险监督管理委员会）监管，主要包含各金融机构理财产品，如银行理财、信托理财等；第二类，受各部委和地方政府监管，主要包括融资租赁公司、担保公司、典当公司、金融资产交易所、小额贷款公司、私募股权投资公司等；第三类，受到交叉监管，即受到国家发改委、证监会和银监会监管的城投债业务；第四类，完全不受监管，包括互联网金融、民间融资和小规模中介理财顾问等，业务上包含金融市场的各类新型业务，如资产证券化、融资融券等。

鉴于我国基金业协会于2014年12月起将地方政府作为直接或间接债务人的资产以及以地方融资平台公司为债务人的基础资产，列入资产证券化负面清单。以地方政府债务为基础资产的证券化业务受到约束，因而上述第四类影子银行业务已不存在与地方政府债务直接或间接的业务关联，在风险波动上也不再具备明显联动性。本文是关于影子银行和地方政府债务风险交叉性的研究，故而只分析与地方政府债务有业务关联的前三类影子银行业务。

（二）影子银行业务与地方政府债务相关联时的风险特征

按照上述影子银行业务的分类，前三类影子银行业务已成为地方政府债务资金的通道，其风险表现具备以下特征。

1. 期限错配与流动性风险

地方政府举债进行的投资多为基础设施和公益性项目建设，这些项目周期长、回报少，与通过银政信合作模式发行的信托产品和理财产品等影子银行业务要求短期回报的特点形成了鲜明的期限错配风险。由于金融机构获得短期借款、偿还前期借款和利息的行为是连续的，所以资金在资产池内是连续滚动的，直到长期投资到期。若到期收益低于预期收益或出现损失，会造成短期借款无法偿付本息，则流动性风险暴露。流动性风险是指存在存款人可能随时提取存款，而金融机构不能及时兑付的风险。

2. 高杠杆风险

净负债在期限转换和流动性转换的不断反复中推高了信用创造，形成了高杠杆。在自有资本一定的情况下，地方政府负债规模的增加和方式的创新会形成高杠杆。高杠杆是信用扩张，能以小博大，具有明显顺周期性。当资产价格处于上升期时，债务人在抵补债务本息后还能获利，就会吸引更多的社会资本入场，杠杆率水平不断增高，造成资本市场泡沫；在资产价格下降期，债务人出现成倍损失造成资不抵债的后果，会导致投资者丧失信心而迅速赎回资金，加速资产价格下跌。当前地方政府借助影子银行业务融资多以地方土地使用权或收益权作为抵押或质押担保，而土地资产价格及其收益极易受到宏观经济运行、市场波动、中央政策调控等因素影响，一旦走跌，会使地方政府面临偿债风险，甚至出现资不抵债，地方政府面临破产的危机。

3. 信用风险

在新预算法赋予地方政府发债之前，各地均采取成立地方融资平台公司，以公司为举债融资主体，筹集地方社会经济发展资金的办法。各地方融资平台公司大多以土地作为质押，获得银行贷款，然后再投入到项目建设中。所投项目多为投资回报周期长、信贷占用额大的基础设施建设项目，且作为信贷质押品的土地价格波动性难以预期，从而加大了融资平台贷款的信用风险。随着银行对地方融资平台公司信贷额度的收紧，各平台公司开始转向信托贷款、理财产品等偿还利率更高的融资渠道，在处于经济紧缩期时，融资平台公司盈利情况总体恶化，偿债利息费用高昂，借款人因各种原因不能及时足额还款的信用风险增加。

### 4. 系统性风险

系统性风险是不可分散的，它不同于以上各类风险，上述任意一种风险过度积累，出现风险外溢，都有可能导致系统性风险。地方政府为解决本地城镇化过程中的资金困难，依托影子银行融资的金融创新活动越来越隐性化，而影子银行本身被监管程度不够或者游离于监管体系之外，加之金融风险与财政风险互联互通，其结果是我国影子银行风险和地方政府财政风险不可避免地要交叉传导，稍不注意即可引发系统性风险。

## 三、我国影子银行风险向地方政府债务风险传导的机制

### （一）风险传导载体

#### 1. 信托产品

（1）房地产信托。房地产市场作为载体，通过房地产市场价格波动，连接了影子银行中房地产信托和地方政府债务。在地产价格上行空间中，预期地上建筑规划项目完成会带来土地的升值，所以对土地资产的估值较高，政府会提高土地抵押贷款杠杆比例，投资方承担了较多风险；另外，房地产信托产品的预期收益率会偏高，产品到期时债务人按高息偿付的违约风险增加。相反，地产价格的下跌会导致土地出让收益的减少，可能导致地方政府出现债务偿付困难，而抵押的土地未来收益将会演变为贷款机构的不良贷款。

（2）政信合作信托。在信托公司理财产品中，所占比重较大且受投资者青睐的产品之一就是政信合作信托。这类产品的运作模式是地方政府联合其他资本组织基础产业投资基金等 SPV（Special Purpose Vehicle，特殊目的载体），地方政府向其注入土地收益或项目特许经营权，然后 SPV 作为融资主体向信托公司融资。地方政府间接通过信托公司举借的债务，主要也是用于基础设施建设。

表 1 统计了 2012 年—2015 年政信合作信托募集规模和信托产品实际募集规模。根据 Wind 的数据，2012 年合肥建信信托发行了一只募集规模 4.8 亿元的政信合作信托，所有信托产品中有募集金额记录的只有 19 家。2013 年是政信合作信托规模暴增的一年，募集规模高达 212.9 亿元，同比增长 43.4 倍。2015 年 1 月 1 日起新预算法规定地方政府可以举借债务，明确提出剥离融资平台的政府职能，对通过融资平台开展的政信合作业务造成一定影响。2015 年政信合作信托占信托产品总的募集规模的比例降低，达 7.01%。2015 年政信合作信托实际募集规模 191.4 亿元，与 2013 年规模不相上下。可见，我国政信合作信托规模庞大，对于信托产品的监管措施还不够完善，使得属于影子银行的信托机构成为风险传导载体。

**表 1　政信合作信托与信托实际募集规模**　　　　　　单位：万元、%

| 年份 | 政信合作信托 | 信托实际募集规模 | 政信合作信托占实际募集规模比例 |
|------|-------------|-----------------|------------------------------|
| 2012 | 48110 | 182784 | 26.32 |
| 2013 | 2129414 | 19152579 | 11.12 |
| 2014 | 418312 | 2733876 | 15.30 |
| 2015 | 1913831 | 27305100 | 7.01 |

数据来源：根据 Wind 数据整理。

2. 融资租赁业务

融资租赁业务凭借其融物的优势在地方政府融资中占有不可或缺的地位，因此与政府有业务关联的融资租赁公司也成为风险传导的直接载体。2016 年初，由我国银行业协会统计，我国资产规模超过 1000 亿元的金融租赁公司为 7 家，由银行参股或控股的金融租赁公司不仅资本规模大，而且在数量上占据了行业优势为 30 家。融资租赁公司作为风险传导的载体，连接着地方政府债务，地方基础建设项目中需要的大型设备大多依靠融资租赁的方式获得，在 2013 年的审计结果中，地方政府债务中融资租赁部分为约 2300 亿元[①]。地方政府融资租入的设备使用年限长，受到市场利率波动以及技术设备更新影响较大，如果市场利率上升或设备更新过快，会使地方政府债务成本增加。另外，融资租赁公司购买重型设备的资金同样是通过发行债券、融资租赁资产证券化等方式由影子银行融资而来，资金信用状况堪忧，某一链条出现风险暴露都会使风险迅速传递，出现多米诺骨牌效应，从而影响地方政府债务信用状况。

3. 银行理财产品

银行由于代发理财产品或发售自行开发的理财产品，成为风险传递的载体。银行理财产品是不影响银行资产负债总额的表外业务，不受巴塞尔协议约束，但影响银行当期损益，具有影子银行的风险特征。银行理财产品资产池中，地方政府债务占据一定比例，产品募集的资金投向了地方基础设施建设或用于公共事业。因此，银行作为载体连接了理财产品和地方政府债务，为风险传导"搭桥铺路"。表 2 和表 3 搜集了上市银行理财产品（包括银行理财产品、券商集合理财产品、代销基金、代为推介信托类理财产品、代为募集有限合伙人理财产品）的发行数据。2014 年在有理财产品存续余额记录的 9 家上市银行中，有 5 家规模都在 8000 亿元以上，工行、农行、建行的理财产品存续金额达到万亿规模。2014 年在有年度累计销量的 6 家上市银行的记录中，交行累计销量最高，规模达 15.41 万亿，除宁波银行外的 5 家银

---

① 国家审计署，全国政府性债务审计结果，2013 年 12 月 30 日公告。

行，年度累计理财产品销量都在万亿规模以上。由此可见，理财产品规模庞大，其自身风险不容忽视，银行作为风险传递的载体的角色，不容小觑。

表2    9家上市银行年度理财产品存续余额                    单位：百万元、%

| 上市银行 | 年份 | | 年增长率 |
| --- | --- | --- | --- |
| | 2013 | 2014 | |
| 光大 | 502300 | 854632 | 70.14 |
| 兴业 | 500553 | 835125 | 66.84 |
| 华夏 | 105694 | 162123 | 53.39 |
| 工行 | 1339516 | 1982483 | 48.00 |
| 宁波 | 76381 | 111933 | 46.55 |
| 农行 | 1261901 | 1830480 | 45.06 |
| 民生 | 331596 | 477181 | 43.90 |
| 中信 | 426841 | 583034 | 36.59 |
| 建行 | 1154400 | 1146739 | -0.66 |

数据来源：上海证券交易所各银行年报。

表3    6家上市银行年度理财产品累计销量                    单位：百万元、%

| 上市银行 | 年份 | | 年增长率 |
| --- | --- | --- | --- |
| | 2013 | 2014 | |
| 浦发 | 2460000 | 3490000 | 41.87 |
| 华夏 | 669698 | 1013841 | 51.39 |
| 光大 | 1500000 | 2130000 | 42.00 |
| 招商 | 3398800 | 4801900 | 41.28 |
| 交行 | 11090536 | 15410300 | 38.95 |
| 宁波 | 314979 | 301670 | -4.23 |

数据来源：上海证券交易所各银行年报。

4. 地方政府融资平台——城投债

地方融资平台公司是连接影子银行与地方政府债务最为紧密的一环，一方面，其自身具备投融资中介的性质，属于影子银行机构；另一方面，又充当为地方政府建设项目融资的角色。因而，我国地方融资平台发行的城投债成为影子银行风险向地方政府债务风险传导的载体。我国对地方融资平台公司及其城投债的管理，目前处于剥离地方政府融资职能的加速转型阶段。地方融资平台未来发行的公司债、企业债、项目收益债中只有项目收益债依然具备一定的政府信用，能够获得地方政府的背书，继续充当风险传导的载体。

## （二）风险传导路径

依托影子银行向地方政府债务传导风险，其路径一是房地产信托通过房地产市场的价格波动，影响土地未来收益，关系到地方政府收入及举债能力，影响地方政府债务偿还情况。政信合作信托通过信托市场影响到地方政府基础项目融资及偿债能力。二是融资租赁业务自身风险和融资租赁公司信用等级会对地方政府债务风险产生影响。三是银行理财产品暗中输血地方政府债务，如地方政府债券、企业债、中短期票据和短期融资券等。四是城投债风险会通过地方融资平台公司，传导给地方政府债务。每种路径都离不开担保业务的增信服务，所以担保公司的资本风险状况也会影响到其他影子银行风险和地方政府债务风险。图1自上而下描述了地方政府通过地方融资平台从影子银行体系融资以及信用创造的过程，又自下而上描述了影子银行末端将风险传导到上端地方政府的路径。

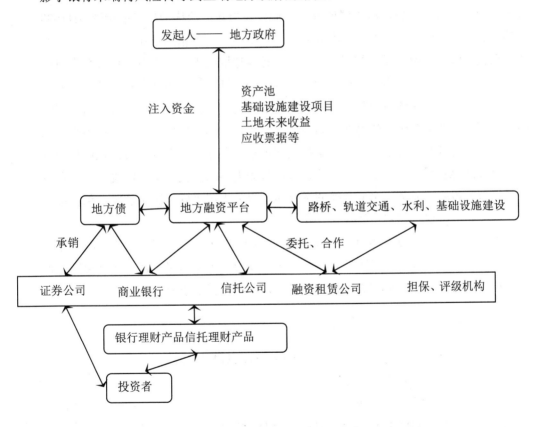

**图1　影子银行风险传导路径**

资料来源：作者编制。

## 四、我国影子银行风险向地方政府债务风险溢出效应实证研究

### （一）样本数据

我国地方政府举债形式多样，公开的债务统计数据有限，根据数据的完整性、实用性和代表性，本文选取中国债券信息网中央结算公司公布的数据。根据我国地方政府债（AAA）的收益率曲线，选取 1 年到期的收益率整理成收益率时间序列。1 年到期的地方政府债收益率相较多于 1 年到期的地方政府债收益率更接近市场价格，相较少于 1 年期的地方政府债收益率更少受到极端事件的影响，可以作为我国地方政府债务的代表。

对于影子银行业务，按照前述对影子银行的分类，选取城投债和具有代表性的证券公司、租赁公司、投资公司、信托公司以及民间金融机构等影子银行机构来分析影子银行风险。其中，城投债选取上证城投债指数，简称沪城投债指数 H11098 作为代表。该指数样本选取在上海证券交易所上市的，剩余期限在一年以上，债券评级在投资级（BBB）以上的城投债。证券行业选取上市公司中总市值排名靠前的光大证券、广发证券、海通证券、西南证券、中信证券、招商证券和长江证券为代表。信托行业选取国内目前仅有的两家整体上市的信托投资公司——安信信托和陕国投。民间金融机构中香溢融通公司资金实力雄厚，具有担保、租赁、典当等金融牌照，并经营此类融资业务；渤海金控是国内租赁业龙头，涉及路桥、轨道交通等公共设施的融资和经营租赁业务。投资公司代表为鲁信创投、中天城投，主要业务包括担保等投融资业务。多元金融服务公司代表为中国平安、民生控股，包含银行理财、保险、担保、融资租赁等。

本文研究的时间段为 2010 年 8 月 1 日至 2015 年 12 月 31 日。这段时间，地方政府债务经历了从规模暴增到受到控制，该时间段内也正是影子银行从规模迅速扩张到相对稳定的时期，都积累了相当的风险，具有较强的研究价值。

### （二）数据检验与模型构建

为了平滑收益率时间序列，对股票价格进行取对数处理。

$P_t$：股票收盘价或债券收盘指数

$R_t$：收益率序列 $R_t = P_t - P_{t-1}$ $\qquad$ （1）

1. 对时间序列 $R_t$ 进行平稳性检验——ADF 检验

ADF 检验的 P 值接近于 0，拒绝单位根假设，说明收益率序列平稳，如表 4 所示。

**表 4　ADF 检验结果**

| 名称 | ADF 值 | 概率 Prob | 名称 | ADF 值 | 概率 Prob |
|------|--------|-----------|------|--------|-----------|
| 沪城投债指数 | −6.329359 | 0.000 | 地方政府债务 | −13.81842 | 0.000 |
| 中信证券 | −33.94117 | 0.000 | 中国平安 | −34.57166 | 0.000 |
| 招商证券 | −34.05537 | 0.000 | 民生控股 | −31.96357 | 0.000 |
| 广发证券 | −34.30496 | 0.000 | 香溢融通 | −34.26548 | 0.000 |
| 光大证券 | −32.29231 | 0.000 | 渤海金控 | −31.40499 | 0.000 |
| 海通证券 | −34.44186 | 0.000 | 安信信托 | −31.34276 | 0.000 |
| 西南证券 | −31.97541 | 0.000 | 陕国投 | −35.87553 | 0.000 |
| 长江证券 | −34.35694 | 0.000 | 鲁信创投 | −33.96786 | 0.000 |
|  |  |  | 中天城投 | −32.88736 | 0.000 |

注：Eviews7.0 统计结果。

**2. 序列自相关、偏相关分析和序列异方差效应检验**

自相关和偏相关检验概率接近于 0，说明渤海金控收益率序列无相关性，如图 2 所示。

**Correlogram of RBH**

Date: 05/16/16　Time: 01:11
Sample: 1 1143
Included observations: 1142

| Autocorrelation | Partial Correlation | | AC | PAC | Q-Stat | Prob |
|-----------------|--------------------|---|------|------|--------|------|
| | | 1 | 0.072 | 0.072 | 5.9092 | 0.015 |
| | | 2 | −0.044 | −0.049 | 8.0868 | 0.018 |
| | | 3 | −0.024 | −0.017 | 8.7217 | 0.033 |
| | | 4 | 0.050 | 0.051 | 11.538 | 0.021 |
| | | 5 | −0.020 | −0.029 | 11.987 | 0.035 |
| | | 6 | −0.054 | −0.047 | 15.348 | 0.018 |
| | | 7 | 0.009 | 0.017 | 15.434 | 0.031 |
| | | 8 | 0.008 | −0.002 | 15.506 | 0.050 |
| | | 9 | −0.056 | −0.056 | 19.144 | 0.024 |
| | | 10 | −0.035 | −0.022 | 20.588 | 0.024 |
| | | 11 | 0.079 | 0.077 | 27.788 | 0.003 |
| | | 12 | 0.045 | 0.026 | 30.091 | 0.003 |
| | | 13 | 0.023 | 0.030 | 30.717 | 0.004 |
| | | 14 | −0.019 | −0.015 | 31.134 | 0.005 |

**图 2　渤海金控收益率图**

注：Eviews7.0 统计结果。

图 3 左侧收益率波动性大，右侧波动性变小，说明收益率具有集聚性。GARCH 模型能有效解决金融数据中由于波动率的集聚性造成的异方差问题。

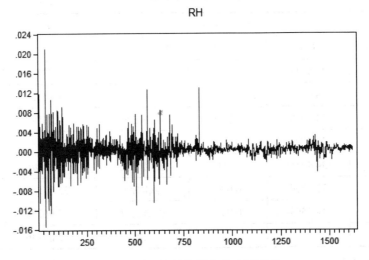

**图 3 沪城投债指数收益率折线图**

注：Eviews7.0 统计结果。

图 4 具有明显的集聚性。左侧波动较大，右侧波动较小，可能存在 ARCH 效应。为了更准确检验 ARCH 效应，证明误差项存在条件异方差，对自回归残差数据进行 LM 检验，如表 5 所示。

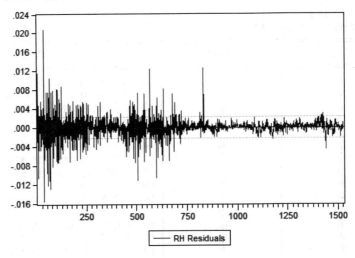

**图 4 沪城投债指数日收益率的回归残差图**

注：Eviews7.0 统计结果。

**表 5　沪城投债指数 LM 检验结果**

| Breusch-Godfrey Serial Correlation LM Test： | | | |
|---|---|---|---|
| F-statistic | 32.32957 | Prob.F（2，1523） | 0.0000 |
| ObsxR-squared | 62.14800 | Prob.Chi-Square（2） | 0.0000 |

注：Eviews7.0 统计结果。

F 统计量为 32.32957，对应的 P 值为 0.0000，拒绝原假设，说明残差序列存在 ARCH 效应。用 GARCH（1，1）拟合，可以消除条件异方差即 ARCH 效应的影响。

3. 峰度、偏度检验

对上市机构的对数收益率时间序列的均值、峰度、偏度和 J-B 统计量进行计算，以下为检验式：

$$偏度： S = \frac{1}{n} \sum_{t=1}^{n} (R_t - \frac{R}{\sigma})^3 \tag{2}$$

$$峰度： K = \frac{1}{n} \sum_{t=1}^{n} (R_t - \frac{R}{\sigma})^4 \tag{3}$$

$$Jarque\text{-}Bera（J\text{-}B）检验统计量： J\text{-}B = \frac{n-m}{6} \left[ S^2 + \frac{1}{4}(K-3)^2 \right] \tag{4}$$

由表 6 可以看出，偏度（Skewness）均不为 0，不满足正态分布的对称性。峰度（Kurtosis）K>3 处于尖峰态，K=3 处于长峰态，K<3 处于低峰态。时间序列的峰度均大于标准数值 3，具有尖峰厚尾的特征，J-B 检验的概率均接近于 0，拒绝正态分布的假设，所以在 GARCH 模型中，各收益率时间序列分布选取具有尖峰厚尾、不对称的 Student-t 分布。

**表 6　各上市机构对数收益率序列统计性质**

| 名称 | 均值 | 偏度 | 峰度 | J-B | J-BPro | 观测值 |
|---|---|---|---|---|---|---|
| 地方政府债务 | 0.000003 | 0.004015 | 5.112568 | 40.20042 | 0.00 | 1225 |
| 沪城投债指数 | 0.000246 | 0.105789 | 16.45209 | 12210.2 | 0.00 | 1619 |
| 中信证券 | 0.000399 | 0.057703 | 5.507077 | 344.5942 | 0.00 | 1313 |
| 招商证券 | −0.000031 | −0.400952 | 12.44341 | 4872.793 | 0.00 | 1302 |
| 广发证券 | −0.000412 | −6.785216 | 146.1874 | 1122259 | 0.00 | 1302 |
| 光大证券 | 0.000217 | 0.086652 | 5.562576 | 356.5038 | 0.00 | 1297 |
| 海通证券 | 0.00033 | 0.234858 | 5.774856 | 431.3350 | 0.00 | 1307 |
| 西南证券 | −0.000291 | −6.517934 | 130.9903 | 791021.5 | 0.00 | 1147 |

| 名称 | 均值 | 偏度 | 峰度 | J-B | J-BPro | 观测值 |
|------|------|------|------|-----|--------|--------|
| 长江证券 | 0.000006 | −6.632679 | 140.7802 | 1032211 | 0.00 | 1293 |
| 中国平安 | −0.000234 | −12.48373 | 318.6604 | 5368348 | 0.00 | 1285 |
| 陕国投 | 0.000271 | −5.186786 | 98.67682 | 497042.7 | 0.00 | 1288 |
| 安信信托 | 0.000859 | 0.021244 | 4.649012 | 149.771 | 0.00 | 1321 |
| 鲁信创投 | 0.000475 | −4.413959 | 79.87990 | 326370.6 | 0.00 | 1308 |
| 香溢融通 | 0.000203 | −0.210166 | 5.059073 | 241.2491 | 0.00 | 1311 |
| 民生控股 | 0.000154 | −0.021300 | 5.904344 | 415.5235 | 0.00 | 1183 |
| 渤海金控 | 0.0000546 | −6.298755 | 116.5665 | 621250.1 | 0.00 | 1142 |
| 中天城投 | −0.000174 | −8.524785 | 182.3138 | 1701966 | 0.00 | 1259 |

注：Eviews7.0 统计结果。

### 4. 模型构建

根据上述检验结果，选取合适的模型——GARCH 族模型。其中 GARCH（1，1）模型是 GARCH（p，q）的一种特殊情况，能够消除金融序列常见的异方差，且具有较好的拟合性，本文选用 GARCH（1，1）对收益率序列进行建模。模型由均值方程和方差方程组成：

均值方程：$R_t^i = \alpha_0 + \alpha_1 R_{t-1}^i + A(L) R_{t-1}^i + B(L)\mu_t$　　　　　　　（5）

$\mu_t = \sigma_{it}\varepsilon_t$　　　　　　　　　　　　　　　　　　　　　　　（6）

方差方程：$\sigma_{it}^2 = \beta_0 + \beta_1\mu_{t-1}^2 + \beta_2\sigma_{it-1}^2$　　　　　　　　　（7）

VaR 的数学表达式：$Prob(\Delta P < -VaR) = 1-\alpha$　　　　　（8）

其中，$R_t^i$ 和 $\sigma_{it}^2$ 表示各金融机构 i 在 t 时期进行对数平滑后得到的收益率和方差，$\mu_t$ 是残差项，$\varepsilon_t$ 是随机扰动项，Prob 表示概率，$\alpha$ 表示置信水平。A（L）和 B（L）在这里取值为1。

CoVaR 的公式为：$Prob(X_i \leqslant CoVaR_{i,j} X_j = VaR_j) = q$　　　　（9）

表示影子银行 j 的风险损失为 $VaR_j$ 时，地方政府债 i 可能的最大损失为 $CoVaR_{i,j}$，q 表示置信水平。

Eviews 中单位资产 VaR 的计算公式为：$VaR_{it} = \hat{R}_{it} - Q(q)\hat{\sigma}_{it}$　　　（10）

$\hat{R}_{it}$ 为一步向前预测的均值，$\hat{\sigma}_{it}$ 为一步向前预测的条件方差，Q(q)为置信水平下的分位数。

$R_t$ 表示收益率序列，$\mu_t$ 为残差项，$\varepsilon_t$ 为扰动项，在这里服从 Student-t 分布。方差方程反映均值方程中残差项的波动情况。

CoVaR 模型与 VaR 模型只是均值方程有些改动：

均值方程：$R_t^i = \alpha_0 + \alpha_1 VaR_{q,jt} + A(L)R_{t-1}^j + B(L)\mu_t$ 　　　　　（11）

$\mu_t = \sigma_{it}\varepsilon_t$ 　　　　　（12）

方差方程：$\sigma_{it}^2 = \beta_0 + \beta_1\mu_{t-1}^2 + \beta_2\sigma_{it-1}^2$

用 GARCH 模型拟合，可求得 CoVaR 值。

公式为：$CoVaR_t^{i,j} = \hat{R}_{it} - Q(q)\hat{\sigma}_{it}$ 　　　　　（13）

若 i 取值于地方政府债，j 取值于影子银行，$CoVaR_t^{ij}$ 表示影子银行风险向地方政府债务风险溢出程度。

风险溢出值：$\Delta CoVaR_t^{i,j} = CoVaR_t^{i,j} - VaR_t^i$ 　　　　　（14）

$\Delta CoVaR$ 表示条件风险价值 CoVaR 与风险价值 VaR 的差值。

风险溢出比重：$\%CoVaR_t^{i,j} = (\Delta CoVaR_t^{i,j} / VaR_t^i) \times 100\%$ 　　　　　（15）

风险溢出比重反映了风险溢出的程度，消除了量纲影响。

5．GARCH-CoVaR 模型求解

以渤海金控残差分布图（参见图 5）为例，渤海金控收益率序列作回归时，残差分布符合正态分布，说明模型设定的回归方程有意义。

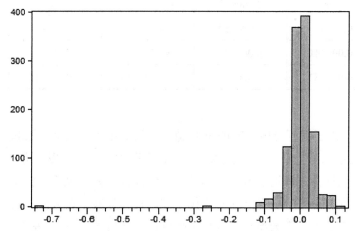
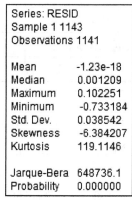

**图 5　渤海金控残差分布图**

注：Eviews7.0 统计结果。

以置信度 95% 为标准，根据收益率序列用 GARCH（1，1）模型求解出各股票和指数的 VaR 值序列（单位：%），如表 7 所示。

表7　各上市机构 VaR 值

| 名称 | 预测均值 | 预测方差 | VaR 中位数 | VaR 均值 |
|---|---|---|---|---|
| 安信信托 | 0.000143 | 0.001813 | −6.5146 | −7.6645 |
| 西南证券 | −0.000223 | 0.001301 | −6.2833 | −7.1518 |
| 鲁信创投 | 0.000192 | 0.001272 | −6.6298 | −7.1483 |
| 中天城投 | −0.000203 | 0.001476 | −6.0675 | −6.9413 |
| 渤海金控 | 0.000939 | 0.00131 | −5.9398 | −6.8467 |
| 广发证券 | −0.001087 | 0.001199 | −6.0425 | −6.7809 |
| 陕国投 | 0.000438 | 0.001226 | −6.119 | −6.7323 |
| 民生控股 | 0.000227 | 0.000842 | −5.413 | −5.8762 |
| 海通证券 | −0.001279 | 0.000729 | −5.4324 | −5.7663 |
| 香溢融通 | 0.000203 | 0.000816 | −5.2878 | −5.6691 |
| 招商证券 | −0.00139 | 0.000718 | −4.4835 | −5.6638 |
| 光大证券 | −0.000831 | 0.000733 | −5.0868 | −5.4316 |
| 中信证券 | −0.000771 | 0.000582 | −5.8933 | −5.031 |
| 长江证券 | −0.000923 | 0.000907 | −4.4748 | −4.7687 |
| 中国平安 | −0.00084 | 0.000459 | −4.0933 | −4.3119 |
| 沪城投债指数 | 0.000341 | 0.000344 | −0.3846 | −0.401 |
| 地方政府债务 | 0.000362 | 0.000325 | −0.349019 | −0.370618 |

注：Eviews7.0 统计结果。

由实证结果可以看出，影子银行金融机构的 VaR 值水平远高于沪城投债指数和地方政府债务。由 VaR 均值来看，在 95% 置信水平下，证券公司（包括广发证券、中信证券、招商证券、光大证券、海通证券、西南证券、长江证券）的风险价值均值水平在 5%—7% 区间，综合金融类业务（包括中国平安、民生控股）在 4%—6% 区间，投资公司（包括鲁信创投、中天城投）自身风险价值的均值水平在 7% 左右，民间资本（包括渤海金控、香溢融通）自身风险价值的均值区间在 5.6%—6.8%，信托行业（包括安信信托、陕国投）自身风险价值的均值水平在 6.7%—7.7% 区间。影子银行各行业自身风险价值水平较集中，处于 4%—7.7% 区间，风险程度较高。影子银行内在高杠杆和波动性使其容易受到市场冲击，从而引发系统性风险，威胁地方政府债务的安全。

　　根据求解出的 VaR 均值，利用 GARCH（1，1）模型求解出 CoVaR 值，继而求出 ΔCoVaR、%CoVaR，如表 8 所示。

**表 8　各上市机构 CoVaR 值、ΔCoVaR 值及%CoVaR 值**

| 地方政府债务 | VaR 中位数 | VaR 均值 | CoVaR 中位数 | CoVaR 均值 | ΔCoVaR 中位数 | ΔCoVaR 均值 | %CoVaR 中位数 | %CoVaR 均值 |
|---|---|---|---|---|---|---|---|---|
| 光大证券 | -0.348613 | -0.375562 | -0.349272 | -0.375937 | -0.000506 | -0.000116 | 0.1485 | 0.6763 |
| 渤海金控 | -0.348344 | -0.374762 | -0.349232 | -0.375954 | -0.00097 | -0.000937 | 0.2821 | 0.4533 |
| 陕国投 | -0.347811 | -0.373935 | -0.349349 | -0.37595 | -0.001554 | -0.00176 | 0.4132 | 0.4352 |
| 海通证券 | -0.348414 | -0.374517 | -0.348899 | -0.375414 | -0.00104 | -0.00063 | 0.2928 | 0.4166 |
| 招商证券 | -0.347421 | -0.373758 | -0.349326 | -0.375949 | -0.001644 | -0.001924 | 0.5032 | 0.4148 |
| 中信证券 | -0.346675 | -0.373469 | -0.349259 | -0.002215 | -0.002123 | -2.936511 | 0.6351 | 0.4116 |
| 安信信托 | -0.349019 | -0.370618 | -0.371904 | -0.35174 | -0.001696 | -0.001437 | 0.266 | 0.4086 |
| 鲁信创投 | -0.347826 | -0.373986 | -0.349186 | -0.375766 | -0.001331 | -0.001514 | 0.3835 | 0.3877 |
| 香溢融通 | -0.348225 | -0.374053 | -0.349129 | -0.375727 | -0.000918 | -0.00141 | 0.2408 | 0.2517 |
| 民生控股 | -0.348389 | -0.374179 | -0.349242 | -0.000896 | -0.001389 | 1.323847 | 0.2375 | 0.242 |
| 长江证券 | -0.348121 | -0.374076 | -0.349188 | -0.375782 | -0.00103 | -0.001442 | 0.2855 | 0.2388 |
| 西南证券 | -0.348141 | -0.37414 | -0.349061 | -0.375651 | -0.000992 | -0.001247 | 0.2991 | 0.2311 |
| 中国平安 | -0.34842 | -0.37409 | -0.349011 | -0.000801 | -0.001242 | 0.786628 | 0.2264 | 0.2105 |
| 广发证券 | -0.34827 | -0.374094 | -0.348986 | -0.000772 | -0.001222 | -0.000772 | 0.2228 | 0.1937 |
| 中天城投 | -0.348757 | -0.374014 | -0.349052 | -0.375614 | -0.000948 | -0.001336 | 0.2814 | 0.1691 |
| 沪城投债 | -0.34860 | -0.374258 | -0.349131 | -0.375732 | -0.000775 | -0.001209 | 0.2126 | 0.1937 |

注：Eviews7.0 统计结果。

　　6．实证研究结论

　　综合表 7 和表 8，除城投债以外的影子银行机构 VaR 值水平均在 4%以上，影子银行风险对地方政府债务风险溢出的平均贡献率（%CoVaR）在 0.17%—0.68%区间，具有正的风险溢出效应。其中，证券公司和信托公司对地方政府债务风险溢出效应最大，综合类金融业务对地方政府债务风险影响较高，以渤海金控为代表的租赁行业风险溢出影响较大，而我国民间资本介入地方政府项目程度较低，以香溢融通为代表的部分民间资本风险溢出程度较小。城投债自身 VaR 值水平低，自身风险较低，因而对地方政府债务风险溢出程度也较低。

## 五、结论及启示

本文立足于从影子银行与地方政府债务结合的视角研究风险传导机制和实证分析风险溢出效应。理论分析发现：（1）由于经济发展的原因和政策约束的导向，致使现今影子银行业务与地方政府债务有着复杂的联系，业务交叉面广、风险相关度高。（2）基于宏观审慎监管原则，与地方政府债务有关联的影子银行业务包括三类，具备期限错配与流动性风险、高杠杆风险、信用风险和系统性风险的特征。（3）影子银行业务通过房地产信托、政信合作信托、融资租赁业务、银行理财产品、城投债等与地方政府建立了密切的风险传导联系。

实证研究发现：（1）影子银行风险价值远高于地方政府债务风险价值，并且对地方政府债务风险产生了正的溢出效应，使得地方政府债务风险波动加剧。（2）证券公司和信托公司自身险值水平很高，收益率波动相对剧烈，较易对外溢出风险。另外，证券公司设计的各类投资产品与信托理财业务和地方政府债务联系密切，造成后者风险水平对前者风险波动更敏感。（3）投资公司涉及的行业包括水电、交通、能源等，与地方政府投资项目有交叉。投资公司也进行股权投资和债券投资，购买公司债券和城投债，其风险水平无论间接还是直接都影响着地方政府债务风险水平。（4）综合类金融业务对地方政府债务风险影响较高，主要关联业务有银行理财产品、保险担保业务。（5）渤海金控主要业务包含路桥建设、轨道交通、飞机租赁等，我国交通行业近年来发展迅速，地方政府债务受到以渤海金控为代表的租赁行业的风险溢出影响较大。（6）我国民间资本介入地方政府项目程度较低，这也是实证结果显示受到以香溢融通为代表的部分民间资本风险溢出影响较少的原因。（7）城投债因有地方政府信用背书，自身风险较低，对地方政府债务风险溢出程度也较低。

综合理论分析和实证研究结论的政策启示是：（1）影子银行涉及的机构和业务不是单纯分属某一部门管辖，各监管部门各成系统的方式显得不再适宜，需建立统筹信托产品、银行理财产品、基金、股票、保险、融资租赁和金融衍生品管理的统一监管模式。（2）监管部门要根据影子银行风险传导的路径，进行各业务链条的风险防控措施。针对银行理财产品、政信合作信托产品、城投债以及融资租赁等，要控制杠杆率和规范信用创造次数，压缩信用链条长度，精简链条中牵涉的中介机构。（3）对于高杠杆高风险的影子银行业务，要严格禁止地方政府担保，要严控地方政府债务资产在产品设计中的资金比例。（4）涉及高杠杆风险的私募股权、结构化基金和信托，建议将地方政府资产列入负面清单。对信托理财、银行理财等产品，要严格限制地方政府资产的杠杆率，严控地方政府债务资产的信用风险。

## 参考文献

（1）易宪容. 美国次贷危机的信用扩张过度的金融分析[J]. 国际金融研究，2009（12）：14-23.

（2）袁增霆. 中外影子银行体系的本质与监管[J]. 中国金融，2011（01）：81-82.

（3）李杨. 影子银行体系发展与金融创新[J]. 中国金融，2011（12）：31-32.

（4）卢川. 中国影子银行运行模式研究——基于银信合作视角[J]. 金融发展评论，2012（01）：55-62.

（5）李若愚. 中国式影子银行风险评估[J]. 财经界，2013（25）：25-28.

（6）刘煜辉. 中国式影子银行[J]. 中国金融，2013（04）：57-59.

（7）王浡力，李建军. 中国影子银行的规模、风险评估与监管对策[J]. 中央财经大学学报，2013（05）：20-25.

（8）巴曙松. 经济结构转型与金融风险防控——影子银行体系"在线修复"的全局意义[J]. 人民论坛·学术前沿，2015（06）：21-30.

（9）李建军，乔博，胡凤云. 中国影子银行形成机理与宏观效应[J]. 宏观经济研究，2015（11）：22-29.

（10）王守贞，于明. 对当前我国影子银行系统风险的评估[J]. 区域金融研究，2013（07）：24-28.

（11）孙国峰，贾君怡. 中国影子银行界定及其规模测算——基于信用货币创造的视角[J]. 中国社会科学，2015（11）：92-110.

（12）民生证券研究院宏观研究中心. 地方政府债务规模、分布及风险化解思路——民生宏观债务问题系列报告之六，2013-08-08.

（13）王永钦. 影子银行视角下的中国地方政府债务[N]. 东方早报，2013-08-07.

（14）吕健. 影子银行推动地方政府债务增长了吗[J]. 财贸经济，2014（08）：38-48.

（15）王梅，贾康，樊纲. 以阳光化地方政府债券取代影子银行融资[N]. 第一财经日报，2013-07-04.

（16）McCulley P. The Shadow Banking System and Hyman Minsky's Economic Journey. Research Foundation of CFA Institute, May 2009.

（17）Manmohan Singh, James Aitken. The (Sizable) Role of Rehypothecation in the Shadow Banking System. IMF Working Paper, No.WP/10/172, 2010.

（18）Shalendra D. Sharma. China's Debt Woes: Not Yet a "Lehman Moment".

Journal of East Asian Economic Integration，Vol. 19, No.1, March 2015, 99-114.

（19）Yuanyan S Zhang, Steven A Barnett. Fiscal Vulnerabilities and Risks from Local Government Finance in China. IMF Working Paper, No.WP/14/4, 2014.

**作者简介**：张平，天津财经大学经济学院财政与公共管理系副主任、教授；刘灿，天津财经大学经济学院财政与公共管理系级硕士。

# 基于可持续的养老保险基金筹集、运营与支付环节的制度优化①

郭彦卿

**摘　要：** 在个人账户空账运行和人口老龄化不断加剧的背景下，我国养老保险基金可持续发展面临巨大压力，借鉴国际经验，在建立多支柱养老保险体系基础上，在基金筹集环节，可考虑开征社会保障税，明确财政的养老保险责任边界，夯实费基，降低费率；在运营环节，可放松养老保险基金投资的制度性约束，优化投资运营模式；在支付环节，可延长退休年龄，并降低平均替代率。从三个环节入手对养老保险制度进行顶层设计，确保养老保险基金可持续发展。

**关键词：** 养老保险基金可持续；基金筹集；基金运营；基金支付

## 一、引言

在我国养老保险个人账户空账运行和人口老龄化加剧的双重压力下，维持养老保险基金可持续发展问题迫在眉睫，引起了学术界及社会的广泛关注。

养老保险基金可持续，不仅体现在养老保险基金在长期运作过程中能够实现收支平衡，还体现在养老保险基金的可负担性与待遇的充足性，甚至可以说后两点是实现收支平衡的前提。

养老保险基金可持续面临的风险需要从制度顶层设计进行化解，一个完整的养老保险基金运作周期要经过基金筹集、投资运营及支付三个环节，因此，可以从这三个环节对如何实现养老保险基金可持续发展进行制度优化。首先，在资金筹集环节，影响到可持续的因素包括是以税还是费的方式进行资金筹集、财政投入比例以

① 基金项目：天津市艺术科学规划题要"行为经济学视角下天津市公共文化服务体系财政保障机制创新研究"（课题编号：E16018）。

及当前养老保险缴费率的高低；其次，在资金运营管理环节，涉及投资运营方式以及监管问题；最后，在支付环节，涉及替代率高低、支付时间长短等问题。

要实现养老保险基金可持续发展必须要做到以上三个环节的统一，稳定且充足的资金来源是养老保险基金可持续发展的前提，通过合理的运营管理使养老保险基金保值增值是养老保险基金可持续发展的保障，适度的支付水平是实现养老保险基金可持续发展的基础。

## 二、我国养老保险基金可持续发展面临的风险

无论是从养老保险基金收支现状还是发展趋势来看，养老保险基金可持续压力巨大。

### （一）个人账户空账运行致使养老保险基金缺口越来越大

由于制度设计和历史原因，在实行部分积累制养老保险制度之初，一方面，由于对"老人""中人"在转制之前视同缴费，形成巨额隐性债务；另一方面，统筹账户资金不足，国家只能将参保人员的个人账户资金用来支付已退休人员养老金，这便出现了个人账户"空账运行"问题。养老保险基金既有尚未处理的历史债务，制度设计本身又出现收支失衡，因此基金缺口越来越大。

继 2007 年城镇基础养老保险个人账户空账额突破万亿大关之后，养老保险基金余额均低于当年空账额，且呈现愈演愈烈之势。截止到 2014 年，城镇职工基本养老保险的个人账户累计记账额达 40974 亿元，即使把 31800 亿元基金累计结余额全部用于填补个人账户，也仍然存在近 1 万亿的空账。如果只考虑征缴收入，即扣除财政补贴后，2014 年全国城镇职工基本养老保险基金已经出现了高达-1321.09 亿元的当期赤字。从各省数据来看，23 个省份都出现了当期扣除财政补贴养老保险收不抵支的情况[①]。巨大的养老保险基金缺口制约着未来养老保险基金持续支付能力，影响着养老保险基金的可持续发展。

### （二）不断加速的人口老龄化加剧了养老保险基金收不抵支风险

我国早在 2000 年就已进入老龄化社会[②]，之后，老龄化趋势不断加剧，65 岁及以上老人占总人口比重一直呈现上升趋势，2014 年 65 岁及以上老人占总人口比重

---

[①] 郑秉文.中国养老金发展报告 2015——"第三支柱"商业养老保险顶层设计［M］. 北京:经济管理出版社，2016.
[②] 根据联合国的统计标准，如果一个国家 60 岁以上老年人口达到总人口数的 10%，或者 65 岁以上老年人口达到总人口数的 7%，那么这个国家就已经进入人口老龄化。2000 年我国 65 岁及以上老年人占总人口比重为 7%。

已高达 10.1%，老年抚养比也从 2000 年的 10.1% 上升到 2014 年的 13.7%[①]。据《中国老龄产业发展报告（2014）》预测，2050 年全世界老年人口达到 20.2 亿，其中中国老年人口将达到 4.8 亿，几乎占全球老年人口的四分之一。老年人口的急速增长以及不断加速的人口老龄化不仅使养老压力加大，也加剧了养老保险基金收不抵支的风险。

### 三、养老保险基金可持续的国际经验借鉴

（一）创新养老保险制度

许多国家面对人口老龄化及养老保险支出压力，都对养老保险制度进行了创新，力图确保养老保险基金可持续发展，主要做法包括建立多支柱养老保险体系，以及建立个人名义账户制。

第一，多支柱养老保险体系，是指一国的养老保险体系中除了基本养老保险之外，还包括多种形式的养老保险制度。"三支柱"养老保险体系是世界各国的普遍选择，其中包括基本养老保险、企业补充养老保险和个人储蓄型养老保险。"五支柱"是在"三支柱"基础上增加了非缴费型的、待遇形式为普惠型的国民养老保险，即所谓的"零支柱"，以及以家庭养老、住房资助为主要内容的非经济性的"第四支柱"。"五支柱"模式能有效将养老保险覆盖面扩展到所有老年人，且可以做到不同性质老年人保障待遇水平区别对待。

第二，名义账户制，是在社会缴费直接用于当前退休者的养老支出基础上，又为劳动者建立"名义的"个人账户，进行"模拟的"资金积累，即只是一种"记账"的管理方式，无须实际存入资金。名义账户制不仅可以避免从现收现付制向完全基金制转型的巨额成本，它对个人账户"名义资产"的年金化设计也可以有效应对人口老龄化冲击。瑞典、拉脱维亚、波兰、意大利、蒙古、吉尔吉斯斯坦等六国先后建立了名义账户制。但瑞典的名义账户制度设计忽略了劳动力市场就业状况的波动，且对实际工资率的低估和对投资收益率的高估导致其自动平衡机制提前启动，财务可持续性受到冲击，个人账户的激励作用和效率目标与设立初衷背道而驰，制度运行未达到设计预期效果。但名义账户制度中以预防短期内出现收支不平衡状况的自动调节功能以及储备基金的设计是值得借鉴的。例如，瑞典的名义账户制度设计了一个特殊的"中断"功能，当赤字超过一定的水平时可以自动启动，还设立了一个储备基金，其中包括在紧急时可以变现的资产；波兰在 2002—2008 年每年从工薪税

---

① 中华人民共和国国家统计局. 中国统计年鉴 2015. 北京：中国统计出版社，2016.

中提取 1 个百分点用于建立一个应付紧急情况的特殊储备基金。每个国家设计的储备基金情况不太一样，应对紧急情况的机制也不尽相同，但它们都为随时请议会介入预留了空间。①

### （二）财政投入制度化

从世界范围看，很多国家都将财政对养老保险基金的投入作为财政预算的一项重要任务，还有一些国家通过立法方式明确财政对养老保险投入的比率。实践表明，尽管各国财政对养老保险的投入模式不同，政府承担的比例高低有别，但都明确了财政对养老保险的投入责任。

### （三）投资运营引入市场机制

为了实现养老保险基金的保值增值，许多国家在基金运营环节都引入了市场机制。不管是资本市场成熟的发达国家，还是尚不成熟的发展中国家，将养老保险基金投资运营引入市场机制都有成功范例。如美、英等国通过资本市场实行多元化投资，以实现基金收益最大化；智利委托私营基金管理公司进行基金投资与运营，以提高管理效率，降低管理成本。

### （四）提高缴费率与降低替代率

提高养老保险缴费率是增加基金收入的有效手段，不少国家为了增加养老保险基金收入，选择了适度提高法定缴费率，或者通过免税等手段鼓励参保人多缴费，尽可能提高参保人的实际缴费率。当然，缴费率要与未来给付水平联系起来，这样才能具有激励机制。

降低替代率在一定程度上也可以起到改善养老保险基金收不抵支现状，促进养老保险基金可持续发展的作用。国际劳工组织建议养老金替代率最低标准为 55%，达到此水平便能维持退休后的基本生活。但是，如果替代率高于 55%，养老金制度将有可能因入不敷出而不可持续。

由于提高缴费率会减少劳动者税后所得，造成可支配收入的减少，会削弱劳动者的工作积极性，因此实施这种改革的国家一般都比较谨慎。在调整替代率方面，澳大利亚的做法值得借鉴，它不是普遍调低所有收入群体的替代率，而是通过调低高收入群体的替代率，而不降低低收入群体替代率的方法，实现降低养老金制度的平均替代率。

---

① E James and S Brooks, "The Political Economy of Pension Reform", in Robert Holzmann and Joseph Stiglitz, eds., *New Ideas about Old Age Security*, Washington D C: World Bank,2001,pp.133-170.

（五）推迟退休年龄

推迟退休年龄不仅可以增加养老金收入，还可以通过延迟给付时间减少养老金支出，从而缓解养老金给付压力。一些人口老龄化比较严重，养老金负担较重的国家或地区，采取了诸如"弹性退休""分类延迟退休""分段延迟退休"等措施。

在"弹性退休"制度下，政府可以规定一个退休年龄段区间，公民可以根据自身情况在这个区间内自愿选择退休时间，养老金水平与退休年龄密切挂钩。由于养老保险的缴纳时间、缴费金额与退休后领取的退休金水平三者之间呈正相关关系，所以大多数人会选择延迟退休。"分类延迟退休"是指区分不同的工作岗位和不同的劳动者，分先后、分批次提高退休年龄。"分段延迟退休"也就是分阶段逐步将退休年龄提高到某一个年龄点。

从延迟退休年龄的实践经验来看，由于养老保险制度改革涉及的利益复杂，所以不适宜在短期内就将退休年龄提高，否则会引发劳动者的不满及社会动荡。美、德等国"循序渐进"提高退休年龄的方案，大大缓解了改革推行的压力，值得借鉴。美国在 1983 年决定将退休年龄从 65 岁推迟到 67 岁，但直到 2000 年才开始实施，并按出生年份逐年延长两个月。德国是从 2012—2029 年间，逐步将退休年龄由 65 岁提高到 67 岁，每年仅延迟退休 1 到 2 个月。这种步骤缓慢的方式减轻了对劳动者和社会的冲击，保证了延迟退休政策的顺利实施。

根据国际经验，合理的顶层制度设计是养老保险基金可持续发展的制度基础，明确养老保险制度责任主体的权利与义务是基金可持续发展的重要前提，费率调整和延迟退休是缓解养老保险基金收支不平衡的有效手段，引入市场机制进行基金投资运营是提高养老保险基金管理运作效率的有效方式。

# 四、养老保险基金可持续发展的制度设计

（一）多支柱养老保险体系设计

不同区域、职业人群需求不一样，统一的制度覆盖全体居民显然是不具可行性的。在我国传统家庭养老保障功能萎缩、人口老龄化快速发展、养老保险收不抵支紧迫压力下，建立多支柱养老保险体系是符合我国国情的政策选择。

第一支柱方面，基本养老保险制度中的个人账户可以转为"名义账户制"。从本质上看，"名义账户制"是一种不必对个人账户"做实"的"模拟运行"模式，所以，适合我国已建立"个人账户"但"空账运行"的现实，它可以将转型成本分散到各代人之中。首先，明确产权，体现"高义务、高保障"特点，凸显激励机制。

其次，将个人账户资金进行年金化设计，既要考虑通货膨胀进行指数化处理，还要结合劳动力市场就业状况以及寿命预期变化进行机制调节设计。再次，养老金支付标准与缴费年限挂钩，与延迟退休年龄政策相对应，这样，无论是愿意接受较低养老金而提前退休的劳动者，还是愿意获得更高水平养老金而选择继续留在劳动力市场的劳动者都拥有合法选择权，又有利于延退政策的顺利实施。最后，可以借鉴欧亚六国名义账户制度的做法，从个人账户资金中提取 1 个百分点用于建立一个应付紧急情况的特殊储备基金。

基于个人账户"高义务、高保障"的设计初衷，应降低其在养老保险制度中的权重，这样才能不改变社会保障分散风险的本质。但"名义账户制"实施的一个难点也是必要前提，即政府需要偿还历史债务，保证制度实行精算平衡。目前我国机关、企事业单位养老保险已并轨，为解决在并轨之后由"老人"和"中人"产生的"隐性债务"问题，可借鉴智利的做法，由政府向原体制下机关事业单位的职工发放特种债券，每个职工得到的债券计入个人账户，等退休时可向政府兑付。

合理的"名义账户制"设计不仅可以解决"隐性债务"问题，还有利于延迟退休年龄和降低替代率政策的实施。它是养老保险制度改革过程中一个可行的过渡形式，借助这个较为缓和的、现实的过渡形式，不断探索现行"社会统筹和个人账户相结合"的基本养老保险制度模式如何发展。

第二支柱方面，根据国际经验，企业年金和职业年金已经成为养老保险不可或缺且愈发重要的组成部分。首先，政府应给予高度重视，以立法形式将其固定下来，并通过优惠政策，强制并鼓励职业年金和企业年金的建立。其次，可以将职业年金与企业年金一并纳入"名义账户"进行管理与运营。最后，在缴费率与替代率设计上，应逐渐高于基础养老保险，无论是从减轻财政负担考虑，还是从加强劳动者社会责任角度，该措施都是一种必然趋势。总之，在缴费率、替代率、资本市场的构成、投资运营与管理等诸多方面，基本养老保险与补充养老保险应呈现出相辅相成、相互交融的趋势（郑秉文，2003）。

第三支柱方面，积极发展商业保险。政府可以通过完善政策环境，提供政策支持商业保险发展，鼓励发展全民自愿性养老储蓄。

此外，强化家庭养老责任，通过道德宣传传承并强化家庭养老保障，家庭养老不仅可以减少社会养老的压力，也是代际之间互惠互利的体现，具有较好社会效益。

（二）养老保险基金筹集环节设计

1. 开征社会保障税

在我国，养老保险基金是以费的形式，主要由社会保险部门的经办机构收缴，由于这种方式法律保障层次不高，拖欠、漏缴、少缴甚至是拒缴等现象屡见不鲜，导致实际参保率、基金筹集率较低。

从国外养老保险基金筹集的实践经验来看，通过开征社会保障税来筹集养老保险基金已经被证实是一种行之有效的方式。一方面，税收的强制性与固定性特征为养老保险基金的筹集提供强有力的保障，可以提高实际参保率与资金筹集率；另一方面，通过税务机关进行社会保障税征缴，可以精简机构，降低征管成本，提高征缴效率。

2. 明确财政的养老保险责任边界

财政的养老保险责任是无可厚非的，但财政不应承担无限责任，有必要明确其责任定位。财政责任若定位于养老保险基金"出口"，不仅会加大财政负担，对劳动者及企业也没有激励作用，因此，财政的养老保险责任应定位于"入口"。

首先，划拨国有资产充实养老保险基金。养老保险基金缺口的形成主要是由于"转制成本"和"隐性债务"，其实质是对"老人""中人"在旧制度下积累的预期给付的全部养老金权益的负债，这正是在养老保险制度改革之初应当由政府与国企承担却未承担的责任，因此，这部分缺位政府与国企应该补足。2009年6月，《境内证券市场转持部分国有股充实全国社会保障基金实施办法》明确提出，要多渠道筹措和增加养老保险资金，其中重要的方式之一是变现部分国有资产。因此，可以按照市场可接受的方式积极稳妥地划拨国有资产来充实养老保险基金。

其次，强化政府对养老保险投入的责任，明确并提高财政投入比例。虽然《社会保险法》规定了政府在养老保险基金中的责任，但责任并不明确，且针对财政对养老保险基金投入具有明显随意性的现实，应加强制度化建设，使财政对养老保险基金投入更具法制性与规范性约束。2015年各级财政补贴城镇职工基本养老保险基金4716亿元，财政投入水平仅为2.68%，与发达国家相比还处于较低水平，且立法也未明确各级政府财政投入的比例和增长幅度。立足于养老保险基金可持续发展，有必要从立法高度提高投入比例，并明确财政投入增幅与经济发展速度、平均工资增长幅度等要素之间的联动关系。

3. 夯实费基，降低费率

与养老保险制度较成熟的国家相比，我国养老保险的政策性费率相对较高，但费基不确定，这就给居民和企业带来缴费过重的感受。一方面，作低缴费参数、漏缴、少缴行为愈演愈烈，从而导致缴费数额的相对不足；另一方面，政府补贴金额逐年递增，政府责任边界愈发模糊。因此，在夯实费基的基础上，相对降低费率是具备可行性的，这样不仅不会使征缴数额减少，反而会降低居民和企业负担，也可以减少"搭便车"现象，从长远看有利于保证养老保险制度的公平性与可持续性。

### （三）养老保险基金运营管理环节设计

我国社会保障已建立独立的预算体系，这为养老保险基金的运营管理奠定了良好的基础，但目前我国社会保障的投资较为保守，存入银行或购买国债是其主要投资渠道，一方面银行利率和国债利率较低，另一方面通货膨胀压力不断加大，导致养老保险基金保值增值率较低。

从国际经验来看，养老保险基金多元化投资运营已是社会保障制度较为完善国家的共同选择。社保基金的投资运营需要完善的制度安排，首先，应改革养老保险基金投资的制度性约束，通过法律法规，保障养老保险基金投资运营的合法性，拓宽养老保险基金的投资领域，并调整相应投资比例。其次，优化投资运营模式。不同支柱养老保险基金设计不同的投资模式，对于基本养老保险可以选择具有固定收益的投资项目和国家重点开发项目为投资对象，中央集中管理；职业年金和企业年金可以选择多渠道投资方式，以地方政府为主进行分散化管理；商业保险则可以完全进行市场化运作，通过市场竞争选择最优运营方式。最后，为解决官僚主义、资金低效运行等问题，有必要将基金投资运营机构与监管机构分开设置。

### （四）养老保险基金支付环节设计

#### 1. 延长退休年龄

目前人社部出台的渐进式延退方案主要体现了如下特点：第一，循序渐进，每年延长几个月退休年龄，到 2045 年实现男女 65 岁同龄退休，此做法可以减少对劳动者和社会的冲击。第二，分段推进。基于我国男女退休年龄相差较大的现实，前一阶段以缩小男女退休年龄差距为目标，后一阶段以普遍提高法定退休年龄为目标。第三，区别对待，分类推进。由于我国目前男职工、女职工及女干部这三个群体退休年龄不一致，在调整过程中，各自的调整速度和幅度也有所差别，最终达到统一退休年龄。但对于某些特殊工种劳动者，尤其是从事繁重体力劳动及工作环境对身体有害的劳动者，也应体现区别对待特点。但对于这类劳动者，其养老金待遇水平不应严格遵守与退休年龄相对应原则，应保证其在早退休情况下的养老金待遇水平不降低。

与此同时，延退政策如果能够体现"弹性"原则与"区域差别对待"原则将更具人性化及公平性特征。所谓"弹性"原则，是指在政府规定的退休年龄段区间，允许部分劳动者（例如工作强度高、身体不适或工作、缴费年限长的劳动者等）根据自身情况选择合适的时间退休，并将待遇水平与退休年龄密切挂钩。另外，考虑到不同地区人均寿命的差异，延退政策应结合区域差异特点区别对待。

#### 2. 降低平均替代率

目前我国不同职业群体养老保险替代率水平差距较大，过高的支付标准影响着基金可持续性。因此，在保证退休待遇绝对值增长的前提下，适当降低平均替代率，可以缓解支出增长压力。

机关、企事业单位养老保险制度并轨之后，养老金替代率也应做相应调整。可借鉴澳大利亚的做法，相应降低高收入者的替代率，这样不仅能够缓解收支压力，还有助于收入再分配调整。

替代率的调整应注意两点：第一，不应使劳动者利益受损，如果政策的实施导致"多缴少支"，则损害了劳动者利益，不具可持续性，应在权利与义务相对应的前提下进行制度设计。第二，替代率的调整可以和延迟退休政策统筹进行，形成激励机制，并防止养老金"倒挂"现象产生。此举措也有国际经验可循，例如瑞典在进行改革后，62 岁退休替代率为 46%，推迟到 65 岁替代率则提高到 62.6%，68 岁退休替代率则可以达到 82%[①]。

（五）其他政策的配合实施

如果说延退及降低替代率是从"出口"缓解养老保险基金可持续风险，那么"二胎政策"则是从"入口"对该问题的解决；另外，户籍制度改革也可以从基金统筹角度缓解养老保险基金可持续风险。对于养老保险基金全国统筹学界观点不一，但从长远看应是必然趋势，只是目前实施存在阻力，而户籍制度改革可以为未来全国统筹奠定基础，创造条件。

## 参考文献

（1）李珍，黄万丁. 城镇职工基本养老保险个人账户向何处去[J]. 国家行政学院学报，2016（05）：49-54.

（2）郑秉文. 欧亚六国社会保障"名义账户"制利弊分析及其对中国的启示[J]. 世界经济与政治，2003（05）：56-61.

（3）章萍. 城镇养老保险基金可持续发展对策研究[J]. 经济体制改革，2011（03）：136-140.

**作者简介**：郭彦卿，天津财经大学财政与公共管理系，经济学博士，研究领域涉及财政理论与政策、社会保障理论与政策等。

---

① 郑秉文. 欧亚六国社会保障"名义账户"制利弊分析及其对中国的启示[J]. 世界经济与政治，2003（05）：56-61.

# "营改增"后地方税体系建设的问题研究

李　丹　　刘秀丽

**摘　要**：随着营业税改征增值税的全面推开，作为地方税主力的营业税退出了历史舞台。本文通过分析"营改增"后地方税主体税种缺失、税收收入不足、地方税收征管体制不完善、地方税的征收管理面临考验等方面的问题，提出了重构地方税体系的主体税种、适当开征某些新税种、应向地方适当分权、建立健全地方税收法律制度等方面的针对性建议。

**关键词**："营改增"；地方税；税制改革

营业税改征增值税（以下简称"营改增"），是将以前缴纳营业税的应税项目改成缴纳增值税，而增值税只对产品或者服务的增值部分纳税，这样就达到了避免营业税重复纳税的目的。"营改增"自 2012 年在上海试点以后，先后逐步扩大至北京、天津、江苏等 10 个省市，涉及行业也由原来的交通运输业和部分现代服务业扩大至广播影视服务业、铁路运输和邮政服务业等，总体上试点效果明显，税制改革红利得到不断释放。自 2016 年 5 月 1 日起，我国全面推开"营改增"试点，将金融业、房地产业、建筑业和生活服务业全部纳入试点。至此，营业税退出历史舞台，截至 2015 年年底，"营改增"累计实现减税 6412 亿元。

但是，随着经济与社会的不断发展，自 2016 年 5 月 1 日"营改增"全面实施后，作为地方税主力的营业税退出了历史舞台，地方税体系丧失了主体税种，构建什么样的地方税体系、地方税体系在地方财政总收入中的贡献程度以及哪些税种能够承担起支撑作用等问题亟待解决，地方政府的财权和事权也越来越不匹配，在"营改增"的大背景下，迫切需要完善我国地方税体系的建设。

# 一、"营改增"后地方税体系的现状及问题

## （一）地方税体系的现状

地方税体系是国家税收体系以及财税体制的重要组成。科学规范的地方税体系在为地方政府筹集必要的税收收入时，也发挥着调节分配和促进结构优化方面的职能作用，同时在协调中央和地方政府之间的税收分配关系、调动地方政府的积极性方面尤为关键。现行的地方税体系是建立在 1994 年中央与地方的分税制度基础上的。该财税体系的核心内容是在划分中央与地方事权的基础上，把税种分为中央税、地方税、共享税，按照税种来划分中央与地方的收入，并初步形成了地方税体系。

目前我国的税收征管体系中，由地税局征收管理且税收收入归地方政府的税种包括 7 种：土地增值税、房产税、城镇土地使用税、契税、耕地占用税、烟叶税、车船税[①]；地方征收管理且大部分收入归地方政府的税种包括：营业税（"营改增"之前）、资源税、印花税和城市维护建设税；由国税局征管且收入一部分归中央、一部分归地方的税种有：增值税；由地税局征管且大部分归中央、小部分归地方所有的税种有：个人所得税（60%归中央，40%归地方）；既有国税局征管又有地税局征管且收入大部分归中央、小部分归地方的税种有：企业所得税[②]。

以往营业税是我国地方税制中的第一大税种，2015 年营业税占全国税收收入的15.46%，在地方税收中营业税所占的比重一直保持在 30%以上。全面"营改增"试点的启动，是继 1994 年分税制改革以来最大的税制变动，在地方政府债务问题凸显、财政压力增加、土地财政乏力的情况下，将重塑我国地方税制的大格局。

## （二）地方税体系存在的问题

### 1. 地方税主体税种缺失

虽然国家划给地方政府的税种多达十多种，但这些税种普遍具有税源分散、征管难度大、税收收入少的特点。从分税制改革至今，营业税一直是地方的主体税种。随着营业税全面改征增值税以后，地方的主体税种需要重新确立。而以往营业税具有收入稳定、税源集中、征管难度小、征收成本低的特点，且在地方税中占比较大，对地方财政收入来说，它发挥着极其重要的作用。

"营改增"全面实施后，营业税一去不返，变成中央和地方共享的增值税，中央分享 50%，地方分享 50%。增值税取代营业税之后，地税征收管理部门的征管范

---

① 李遥驰. 浅析"营改增"后地方税体系的建设[J]. 今日财富，2016（11）：174.
② 韩晓琴，曹永旭."营改增"背景下地方税体系建设的路径选择[J]. 哈尔滨商业大学学报，2016（01）：90-98.

围必然有所减少，税收收入也会随之减少，这将进一步加剧地方税体系单薄、缺少主体税种的问题。地方的财政收入，除了依靠土地财政以外，还要更多依赖于中央税的征收返还和中央财政的转移支付。

以往营业税、企业所得税和个人所得税是主要地方税种，也是地税收入的主力军，以 2013 年的情况看，这三者的占比超 50%[①]。在"营改增"后，归地税部门征收的企业所得税也变为国税部门征收，这导致地方税收增长乏力。另外，随着地方主体税种征管权限的转移，跟随主体税种附征的一些税费也会有流失的风险而难以控管。

2. 地方税收入下降

"营改增"之前，营业税作为地方税的主体税种，因其收入的稳定性、管理的可控性、对相关税种的带动性一直在地方财政收入中起着极其重要的作用，从 2010 年到 2014 年近五年统计数据资料显示，在地方税收入中，营业税所占的比重一直保持在 30%以上（见表 1），"营改增"后地方税面临的重要问题之一就是收入下降。而地税征收的税种虽然种类繁多，但大多量小、面散，从目前地方所得税、财产税、资源税和行为税的税收收入规模来看，大部分很难担负起营业税曾经承担的税收收入重任。

表 1　2010—2014 年我国地方营业税收入情况

| 年份 | 地方税收入（亿元） | 营业税收入（亿元） | 营业税占地方税比重（%） |
| --- | --- | --- | --- |
| 2010 | 32701.49 | 11004.57 | 33.7 |
| 2011 | 41106.74 | 13504.44 | 32.9 |
| 2012 | 47319.08 | 15542.91 | 32.8 |
| 2013 | 53890.88 | 17154.58 | 31.8 |
| 2014 | 59139.91 | 17712.79 | 30.0 |

说明：数据来源于国家统计局数据查询网站，比重为作者计算所得。

3. 地方税收征管体系不完善

从地方税制本身来看，地方税收征管体制需要进一步完善。目前的纯地方税种中，除车船税是人大制定的税法外，其余都是国务院制定的暂行条例。除营业税、土地增值税和资源税外，多数税种制定于 20 世纪 80 年代。

除营业税外，地方税收只剩下房产税、土地增值税、耕地占用税、契税、城镇土地使用税、车船税、烟叶税。这些地方税税种数量虽多，但大多规模较小，征管

① 韩晓琴，曹永旭."营改增"背景下地方税体系建设的路径选择[J]. 哈尔滨商业大学学报，2016（01）：90-98.

难度大。在"营改增"后，伴随着营业税发票的自然消失，地税部门以往最有效的"以票控税"手段就会失去基础，从而造成对其他相关税种联动征收上的不便。目前急需根据各地方税税种特点及时创新征管措施①。

4. 地方税的征收管理面临考验

"营改增"后地税部门以票控税的手段将随之失去功效。由于不再对各行业的营业税进行征管，同时对伴随营业税征收的企业所得税、个人所得税、城市维护建设税、教育费附加等税费也达不到有效监管。

目前我国国税、地税征管自成体系，两大系统缺乏有效沟通，造成各自征管系统无法对接，基础信息数据不能共享，这样很可能会造成部分零散纳税人在国税部门取得增值税发票有意或无意地避开申报地方税费环节，实质是削弱了地税部门的管理职能，而使得相关的所得税、城建税等地税收入征缴困难。另外，企业所得税是按照企业主营业务归属划归国税、地税分别征收，"营改增"后，地税的企业所得税征管权限也将受到冲击。

## 二、完善地方税体系建设的思路

### （一）重构地方税体系的主体税种

关于重构地方税主体税种，许多学者从不同角度提出了各种方案。从学者们的研究来看，构建地方税的主体税种是一个长期的过程，不可能一蹴而就。从目前我国的情况来看，应当首先改革消费税作为地方税的短期主体税种，以应对当前地方财权与事权不平衡的局面，并不断完善房产税的相关措施，实现房产税作为地方主体税的长期目标。

1. 短期内，将消费税作为地方税主体税种，可缓解地方财权与事权的不平衡

将消费税征税环节由生产环节改为零售环节，这样可扩大征收范围，实行普遍征收，从而扩大税收基数。另外，可将部分严重污染环境的产品、过度消耗资源的产品、高档消费品、高档娱乐产品等进行征税，这样可扩大征税范围，达到既能增加财政收入，又能引导理性消费趋势的目的。

首先，将消费税改为地方税，可以使地方税收收入规模与当地居民消费水平相匹配，使地方政府注重当地居民的消费，加大在居民消费领域、服务业等方面的投资。其次，将消费税改为地方税，在零售环节征收，必然要求企业同时降低增值税税率，有利于促进企业降低生产成本，减轻负担，促进发展。最后，在设定消费税

---

① 刘汉屏. 论我国地方税体系建设[J]. 财政研究，2003（08）：9-12.

税率时，应坚持区别对待和奖惩并用原则，对生活必需品和日常消费行为设置较低税率，对高档消费品和高档消费行为设置较高税率，而对节能减排商品，通过税收优惠等方式给予激励，这样可以促进节能减排产品的发展，同时抑制高能耗、高污染和对健康有害商品的发展[①]。

2. 长期来看，将房地产税作为地方税主体税种，解决地方财权与事权的不平衡

目前，房地产税涉及的税种多，销售转让环节税负重而房地产保有环节税负轻是改革的重点内容。房产税具有税源稳定、易于控制和管理的特点，随着房地产业的蓬勃发展，应税房产的保有量巨大，能有效解决地方税收问题。

首先，急需完善的是将现行涉及房地产领域的房产税、契税、印花税、耕地占用税、城镇土地使用税以及房地产领域的具有税收性质的政府收费等统筹考虑，从而建立统一的且与其他各国房地产税征税范围基本一致的房地产税。

其次，改进房产税的计税依据，以最新房产评估值作为计税依据，这样税收收入会随房产价值的上升而上升，具有一定的灵活性，同样也可以确保地方财政收入的稳定增长。而具体操作时，可参照国际已有经验，按照各地区的经济发展水平设置3—5年的评估周期。在当前形势下，需要进一步建立和实施不动产统一登记制度，完善我国房产登记漏洞，为房产税的全面开征打下良好的基础。

最后，房地产税的征收应改进税率设计，赋予地方根据经济发展的不同情况施行差别税率的权力。

（二）适当开征某些新税种

为有效缓解"营改增"后地方税务体系的问题，需要适当开征某些新税种。

首先，完善资源税改革。目前，我国资源税涵盖范围相对较窄，多数资源税实行从量计征原则，仅原油、天然气和煤炭采取从价计征。因此，今后应将资源税扩大范围，全部改从量计征为从价计征，合理设计税率，并实行阶梯税率，这样可有效促进资源的合理开发与节约利用，促进产业结构升级和经济发展方式的转变，并把资源丰富地区的资源优势变成财政优势[②]，这样对中西部欠发达但资源丰富的区域，资源税可以形成大宗稳定财政支柱[③]。

其次，在适当的情况下开征环境保护税。近年来，以雾霾为代表的环境问题突出，十八届三中全会《中共中央关于全面深化改革若干重大问题的决定》中明确提出"推动环境保护费改税"。2015年6月，国务院法制办公布《环境保护税（征求

① 朱青. 完善我国地方税体系的构想[J]. 财贸经济，2014（05）：5-13.
② 韩晓琴，曹永旭."营改增"背景下地方税体系建设的路径选择[J]. 哈尔滨商业大学学报，2016（01）：90-98.
③ 刘祥和."营改增"之后地方税体系建设的探讨[J]. 学理论，2016（04）：119-120.

意见稿）》。征收环境保护税可有效利用税收手段将环境污染和生态破坏的社会成本转移到生产成本和市场价格中去，再通过市场机制分配环境资源。

对于环境保护税的税率应实行差别化，要鼓励绿色、环保和低碳企业的发展，而对排放超标的高能耗企业则适用较高的税率，真正起到有效的监管作用和引导作用。

## （三）向地方适当分权

中央与地方的财权划分，是"营改增"以后急需解决的一个问题。由于之前营业税属于地方税，而增值税属于中央和地方的共享税，"营改增"全面实施以后，如果不调整增值税分成比例，将加剧中央和地方财权与事权不对称的矛盾。因此，应按照事权与财权相匹配的原则，在中央和地方现有财政收入格局不变且不增加纳税人负担的前提下，重构中央与地方的收入体系。适度给予地方税收立法权，提高资源的配置效率。从某种程度讲，向地方适度分权是完善财税管理体制的核心，地方相对于中央来说更了解当地的经济情况和税源分布情况，更能有针对性的合理的通过税收立法组织财政收入。

对某些涉及面广，对整个社会的财富分配有宏观调控作用的地方税种，如企业所得税、个人所得税等的税收立法权、解释权等归中央，税收征收权、减免权、支配权下放到地方；对于税源覆盖面广，税基稳定的税种，如房产税、车船使用税、城建税等，应给予地方除立法权以外的其他权限；对税源分散、纳税环节不容易控制、征收成本大的税种，如屠宰税等应将税收立法权下放到地方；在遵守国家税收法律、法规的前提下，地方还可以根据本地区的地域特征开征某些合理的新税种，这样做有助于地方根据自身的优劣势灵活处理地方问题，实现因地制宜。长此以往，能有效促进中央政府与地方政府和谐稳定的发展。

## （四）建立健全地方税收法律制度

税收立法权的划分是税收管理体制的核心问题，也是建设地方税体系的前提[①]。目前，要建立健全地方税收法律制度，应加快推进税收立法。在统一税政的前提下，赋予地方政府适当的税政管理权限，培育地方支柱税源，这样地方政府可以根据本地发展程度和所需财力，在国家财政法规政策的大框架下，适当调整区域内的地方税体系，确保通过税收收入筹集到足够的财力。尽快完善现有的地方税收法律规定，对适用于当前经济发展的税收法律法规应当在立法上给予支持，可以提请有关立法部门审批将之上升到法律的层面。改革不恰当、不合理的税收制度与政策，提高地

---

①张京萍. 我国地方税体系建设若干问题探析[J]. 税务研究，2000（01）：61-64.

方税收法律法规的级次。在法治化的进程中，实行税种法定、税收要素法定以及程序法定。

## 三、结语

营业税改征增值税的全面推开,使得作为地方税主力的营业税退出了历史舞台。在新形势下,应进一步推进地方税体系建设。第一,应重构地方税体系的主体税种,短期内将消费税作为地方税主体税种,缓解地方财权与事权的不平衡;长期内将房地产税作为地方税主体税种。第二,应适当开征某些新税种,如完善资源税改革和在适当的情况下开征环境保护税。第三,应向地方适当分权,重构中央与地方的收入体系。第四,需要进一步建立健全的地方税收法律制度。

## 参考文献

（1）李遥驰. 浅析"营改增"后地方税体系的建设[J]. 今日财富, 2016（11）: 174.

（2）刘祥和."营改增"之后地方税体系建设的探讨[J]. 学理论, 2016（04）: 119-120.

（3）朱青. 完善我国地方税体系的构想[J]. 财贸经济, 2014（05）: 5-13.

（4）张京萍. 我国地方税体系建设若干问题探析[J]. 税务研究, 2000（01）: 61-64.

（5）刘汉屏. 论我国地方税体系建设[J]. 财政研究, 2003（08）: 9-12.

（6）贾康. 新时期中央和地方税体系建设[J]. 经济, 2012（10）: 17.

（7）韩晓琴,曹永旭."营改增"背景下地方税体系建设的路径选择[J]. 哈尔滨商业大学学报, 2016（01）: 90-98.

（8）肖晓兰. 地方税体系建设探讨[J]. 税务研究, 2000（07）: 52-55.

*作者简介*：李丹, 天津财经大学税务专业硕士研究生；刘秀丽, 博士, 天津财经大学副教授。

# 促进我国中小企业发展的税收政策研究

黄　珊　　高树兰

**摘　要**：从世界范围看，无论是发达国家还是发展中国家，中小企业都是促进经济发展的主要力量。如何促进中小企业发展依然是世界各国的焦点，亦是国家经济政策的重点。本文从中小企业的概念与界定入手，揭示了目前我国中小企业发展面临的诸多难题，并对近期我国最新出台的一系列扶持中小企业生存与发展的政策做了简要说明。通过分析百家上市公司的数据对中小企业税负做了研究。最后借鉴国外推动中小企业发展的税收政策，提出一些具体的改进建议，从而建立起一个完整的、具有中国特色的财税支持体系。

**关键词**：中小企业；税收政策；税收优惠方式

从世界范围看，无论是发达国家还是发展中国家，中小企业都是国家经济增长的重要推动力量。但是与中小企业对社会经济发展的作用与贡献极不相符的是，由于抗风险能力差、融资难、成本高、缺乏高科技人才等原因中小企业在我国的竞争市场上很难立足。我国近几年高度重视中小企业发展问题，先后出台了《中小企业促进法》《国务院关于进一步促进中小企业发展的若干意见》《关于进一步支持小微企业增值税和营业税政策的通知》等。如何强化政策效应，进一步优化中小企业税收优惠政策，是税务人员面临的重要问题。

## 一、中小企业的概念与发展现状

### （一）中小企业的界定

关于中小企业的界定，早在 1988 年就有对于中小企业标准的界定，随着各个时期经济的不断发展，中小企业的界定标准也随之不断变化。2003 年我国颁布《中小企业促进法》，2005 年出台了《国务院关于鼓励支持和引导个体私营等非公有制经济发展的若干意见》（国发〔2005〕3 号），2009 年又颁布了《国务院关于进一步促进中小企业发展的若干意见》（国发〔2009〕36 号）。为贯彻落实法律法规，工业和信息化部、国家统计局、国家发展和改革委员会、财政部于 2011 年 6 月 18 日印发《关于印发中小企业划型标准规定的通知》。根据该规定，具体行业划分标准如表 1 所示。

表 1　中小企业划型标准规定表

| 行业类型 | 中小企业划分标准 | | | |
|---|---|---|---|---|
| | 营业收入 | 关系条件 | 入职人员 | 资产总额 |
| 农、林、牧、渔业 | <20000 万元 | — | — | — |
| 工业 | <40000 万元 | 或 | <1000 人 | — |
| 建筑业 | <80000 万元 | 或 | — | <80000 万元 |
| 批发业 | <40000 万元 | 或 | <200 人 | — |
| 零售业 | <20000 万元 | 或 | <300 人 | — |
| 交通运输业 | <30000 万元 | 或 | <1000 人 | — |
| 仓储业 | <30000 万元 | 或 | <200 人 | — |
| 邮政业 | <30000 万元 | 或 | <1000 人 | — |
| 住宿业 | <10000 万元 | 或 | <300 人 | — |
| 餐饮业 | <10000 万元 | 或 | <300 人 | — |
| 信息传输业 | <100000 万元 | 或 | <2000 人 | — |
| 软件和信息技术服务行业 | <10000 万元 | 或 | <300 人 | — |
| 房地产开发经营 | <200000 万元 | 或 | — | <10000 万元 |
| 物业管理 | <5000 万元 | 或 | <1000 人 | — |
| 租赁和商业服务业 | — | 或 | <300 人 | <120000 万元 |
| 其他未列明行业 | — | — | <300 人 | — |

### （二）我国中小企业发展现状

根据国家统计局统计，截止到 2015 年我国中小企业的数量近 5000 万户，其中个体工商户 4000 多万户，中小企业占全国工商登记注册企业总数的 99%，就业人口占 80%左右，在新增就业机会中占 90%。由此可以看到，在我国国民经济中，中小企业正在迅速发展，在数量上已处于绝对优势，并逐步发挥越来越重要的作用。据统计数据显示，截止到 2015 年，我国中小企业生产的产品和提供的服务价值约占国内生产总值的 60%左右，缴纳税额占 50% 左右，此外，我国每年的发明专利、技术创新成果、新产品开发项目，分别有 65%、75%、80%是由中小企业完成的。这足以说明中小企业对经济增长的贡献非常大，并已经成为我国经济发展的重要增长点，也是未来带动我国市场经济活力的主要力量。[①]

同大企业相比，中小企业在发展的各个阶段，无论是创业者自身具备的整体素质，还是面临的创业环境都存在较大的差异，以下四个方面是目前阻碍中小企业发展的主要因素。

一是发展资金不足。中小企业发展资金不足，很大程度上是因为中小企业融资困难，融资渠道狭窄，融资成本过高。

二是运营成本上升。中小企业面临着各种成本价格的上升趋势，物价上涨使得中小企业基本物料价格提升，劳动力成本较大，经营成本增加。

三是产品单一，订单量少。中小企业主要经营产品加工，产品单一固定，订单量较少，企业利润偏低，这极大地影响了中小企业在市场上的竞争力。

四是创新能力不足。中小企业面临的一大重要问题就是创新能力不足，其原因包括：（1）科技创新研发投入不足，中小企业自身资金薄弱，金融机构和国家财政对中小企业创新的资金支持很少，造成了中小企业技术创新资金紧张。（2）人才流失，中小企业人员流动比率最高，仅普通员工年流动比率就达到 20%—50%，具有专业知识的管理人员和技术人员流动比率达到 20%以上[②]。

## 二、中小企业发展现行税收优惠政策分析

综观我国现行促进中小企业发展的税收政策，大多是主体税种制度制定的一些带有优惠性质的扶持中小企业发展的税收政策，还有部分优惠政策是 2014 年国家税务局和国务院专门针对扩大小型微利企业发展而制定的一系列政策。其中最大程度体现税收优惠的便是在增值税和企业所得税方面。

### （一）增值税优惠政策

自 2011 年 11 月 1 日起，根据《关于修改<中华人民共和国增值税暂行条例实施细则>的决定》（〔2011〕第 065 号），大幅度提高增值税起征点：销售货物和销售应税劳务的，由原来月销售额 2000—5000 元和 1500—3000 元统一提高到 5000—20000元；按次纳税的，每次（日）销售额由 150—200 元提高到 300—500 元。省、自治区、直辖市财政和国税部门，可以在上述幅度内，根据本地区经济发展情况，确定

---

[①]数据来自中国统计年鉴、中国中小企业蓝皮书和中国中小企业发展报告。
[②]数据来自中国中小企业信息网的统计。

确用的起征点。从起征点来看，比以往抬高的起征点，可以有效减轻销售额低的中小企业的增值税税负，促进与支持中小企业的发展。

2016 年 5 月，全面开展实施"营业税改为增值税"，并保证所有行业税负只减不增。

### （二）企业所得税优惠政策

根据《中华人民共和国企业所得税法》，符合国家规定的小型微利企业，减按20%征收企业所得税。

自 2010 年 1 月 1 日至 2010 年 12 月 31 日，根据《国务院关于进一步促进中小企业发展的若干意见》（国发〔2009〕133 号）规定，对年纳税所得额低于 3 万元（含 3 万元）的小型微利企业，其所得减按 50%计入应纳税所得额，按 20%的税率缴纳企业所得税。中小企业因有特殊困难不能按期纳税的，可依法申请在三个月内延期纳税。

自 2011 年 1 月 1 日至 2011 年 12 月 31 日，根据《财政部、国家税务总局关于继续实施小型微利企业所得税优惠政策的通知》（财税〔2011〕4 号）规定，2011 年继续实施小型微利企业所得税优惠政策：对年应纳税所得额低于 3 万元（含 3 万元）的小型微利企业，其所得减按 50%计入应纳税所得额，按 20%的税率缴纳企业所得税。

自 2012 年 1 月 1 日至 2015 年 12 月 31 日，根据《财政部、国家税务总局关于小型微利企业所得税优惠政策有关问题的通知》（财税〔2011〕117 号）规定，对年应纳税所得额低于 6 万元（含 6 万元）的小型微利企业，其所得减按 50%计入应纳税所得额，按 20%的税率缴纳企业所得税。

自 2014 年 1 月 1 日至 2016 年 12 月 31 日，根据《财政部、国家税务总局关于小型微利企业所得税优惠政策有关问题的通知》（财税〔2014〕34 号）规定，对年应纳税所得额低于 10 万元（含 10 万元）的小型微利企业，其所得减按 50%计入应纳税所得额，按 20%的税率缴纳企业所得税。

## 三、基于百家企业的数据分析与调研

本研究的对象为上市公司中的中小企业。选择上市公司中的中小企业的原因有：（1）上市公司各方面受国家严格监督，会计报表完整，数据精确。本文所有数据均来自上市公司的年度财务报表，上市公司的年度财务报表均由专业的会计事务所审计。本文采用这样的数据，力求精准和可靠。（2）上市公司在竞争市场上备受股民关注，如何促进中小企业的发展也是被公众时刻关注的焦点。

（一）近5年国家税收优惠政策的实施效果

1. 样本选择

我国中小企业税负受不同税种的影响各有不同，其中流转税占税收收入比重为56.3%，所得税占税收收入比重为26.0%，其他税收占税收收入的比重为17.7%。可见，在国家税收收入中，流转税和所得税为其重要组成部分。中小企业上缴的流转税和所得税中主要税种是增值税和企业所得税，而制造业企业上缴的增值税和企业所得税在所有行业企业中占比最高，所以研究2010—2014年制造业企业的增值税和企业所得税的税负变化情况，可以有效表明近5年制造业企业税负变化走向。

本文从上市公司A股中的中小板块符合中小企业划分标准的公司的年度财务报表中，选取制造业企业200家在2010—2014年5年内的发展情况作为研究样本。

2. 增值税

增值税是在我国境内对货物提供加工、修理修配劳务以及进出口的单位与个人就其实现的增值额征收的一种税。与纳税人有关的固定资产的购入或物料材料的购入部分可以计入进项税额，允许当期全部抵扣。增值税的征收范围从从事商品经营活动到提供加工、修理修配劳务的所有单位及个人，在商品和劳务流通的各个环节都需要征收增值税，可以说公司的发展与运营，增值税是其所需缴纳的第一大税种。

增值税应纳税额=当期销项税额-当期进项税额，上市的中小企业的财务报表中增值税一项数据为零或负值，其原因是：进项税额≥销项税额。若进项税额等于销项税额，则当期不需要缴纳增值税；若进项税额＞销项税额，当期不足抵扣的部分结转至下期继续抵扣销项税额。财务报表中增值税为零或负值则说明当期不需要缴纳增值税，因此增值税统一记为零。

在企业财务报表的附注中会披露每年企业实际缴纳的增值税和营业收入。搜集200家制造业企业2010—2014年每一年的增值税和营业收入两项数据，计算增值税负担率=实际缴纳增值税/当期实际营业收入，并计算200家制造业企业各年度增值税负担率平均值。

3. 企业所得税

企业所得税是对我国内资企业和经营单位的生产经营所得和其他所得征收的一种税，是除增值税以外国家目前对中小企业发展税收优惠力度最大的一种税。

计算企业所得税负担率。在企业财务报表的附注中会披露每年企业实际缴纳的企业所得税和营业收入。搜集制造业200家企业分别在2010—2014年每一年的企业所得税和营业收入两项数据，计算企业所得税负担率=实际缴纳企业所得税/当期实际营业收入，并计算200家制造业企业各年度企业所得税负担率平均值。

### 4. 制图

2010 年至 2014 年 200 家制造业企业固定，不发生删减，所以制造业近 5 年税负变化趋势可以表示税收优惠政策在制造业的中小企业税负方面是否有减轻负担的作用。用 EXCEL 统计各年度制造业平均增值税负担率和平均企业所得税负担率，如图 1 所示。

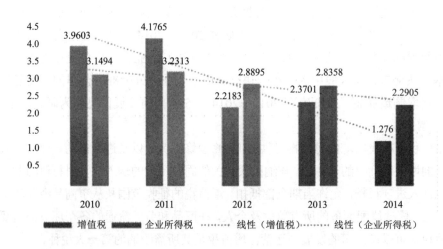

**图 1 2010—2014 年制造业税负变化时间走向**

### 5. 结论

仅就制造业而言，增值税负担率由 2010 年的 3.9603% 下降到 2014 年的 1.276%，企业所得税由 2010 年的 3.1494% 下降到 2014 年的 2.2905%，总体呈下降趋势。得出结论：2010—2014 年，制造业企业增值税负担率和企业所得税负担率逐年减少，因此，我国税收优惠政策在促进中小企业发展方面效果显著。

### （二）中小企业与大企业的综合税负比较

### 1. 样本选择

从 2014 年上市公司 A 股中符合中小企业划分标准的中小企业随机选取 200 家，符合规定的大企业 200 家，其中涉及的行业有制造业、建筑业、房地产业、交通运输业、农林牧渔业、信息传输业、批发业和零售业。

### 2. 计算税负率

从财务报表中选取应交税费合计、实际销售额、主营业务收入和营业利润四项指标，分别用三个不同公式计算综合税负率：$\dfrac{\text{本期实际缴纳税额}}{\text{本期实际销售额}} \times 100\%$，

$\dfrac{\text{本期实际缴纳税额}}{\text{本期实际主营业务收入}} \times 100\%$，$\dfrac{\text{本期实际缴纳税额}}{\text{本期实际营业利润}} \times 100\%$。

2014 年中小企业与大企业综合税负比较如表 2 所示。

表 2　2014 年中小企业与大企业综合税负比较

| 公式 | 中小企业 | | 大企业 |
|---|---|---|---|
| $\dfrac{\text{本期实际缴纳税额}}{\text{本期实际销售额}} \times 100\%$ | 7.8412% | > | 3.7255% |
| $\dfrac{\text{本期实际缴纳税额}}{\text{本期实际主营业务收入}} \times 100\%$ | 17.4706% | > | 16.5434% |
| $\dfrac{\text{本期实际缴纳税额}}{\text{本期实际营业利润}} \times 100\%$ | 65.7692% | > | 54.3405% |

3. 结论

中小企业三种综合税负率为 7.8412%、17.4706% 和 65.7692%，分别大于大企业，可见 2014 年中小企业的税负高于大企业。虽然目前我国针对扩大中小企业发展制定了一系列税收优惠政策，但中小企业税负仍旧普遍偏高。

## 四、中小企业税收政策存在的问题

### （一）没有形成完善的税收优惠政策体系

一是当前对中小企业实施的税收优惠政策散落在不同文件中，大部分是以补充通知形式对外发布，至今税收优惠税种和各项制度没有形成法律条文。二是税收优惠政策在制定过程中，一直关注中小企业税收负担，关于融资、人才培训、自主创新等税收优惠政策鲜有探讨。三是有些政策缺乏系统性和稳定性，而且税种调整过于频繁，没有相关的法律条文，致使税收优惠政策在执行过程中缺乏法律效力。

### （二）企业所得税优惠政策受众范围窄

《中小企业划型标准规定》中划分了小微企业、中型企业、大型企业三种类型。

在所有中小企业中只有近10%的小型微利企业可以享受税收优惠政策。尽管目前我国正在逐步扩大税收优惠政策的主体范围，但仍旧适用范围小、受众主体窄，享受不到税收优惠政策的中型企业很难在竞争市场上与大企业相抗衡。

### （三）税收优惠方式简单低效

目前，我国中小企业适用的税收优惠政策主要有：减免税和税率优惠。然而发达国家所制定的税收优惠方式有提取特别准备金、投资抵免、再投资退税等间接性优惠措施。相比发达国家，我国税收优惠方式直接、单一且力度太小，这种单一的税收优惠政策就会制约享受税收优惠的中小企业的企业性质和数量。现今经济发展不稳定，加之中小企业本身规模小，资金少，抗风险能力差，使得目前中小企业很难立足于竞争市场。在金融危机的背景下，中小企业营利能力差，利润少，时常有很大损失，而我国促进中小企业的税收优惠政策不能扶持中小企业的发展。

### （四）税收优惠政策时限短，缺乏连续性

政策从指定实施到产生效果，需要长时间才能实现，但我国目前税收优惠政策层次低，时限短，连续性差。一是起点层次低，近期国家发布的税收优惠政策，往往都是受经济压力或者出现紧急情况时，由财政部和国家税务总局以通知或补充通知的形式发布，带有明显的临时性和应急性特征。二是政策缺乏连续性。我国现有的中小企业扶持政策有效期限多数都是2—4年，平均期限为3年，时效性短，致使投资者在心理上产生一种短期行为，这不仅不利于投资者制定长远的发展战略，也很难激发投资者将资金投向中小企业。三是非常容易造成纳税主体的短期行为，中小企业为享受短期内的税收优惠政策而采取短期行为。

## 五、完善中小企业发展的税收优惠政策建议

### （一）调整流转税

流转税与企业所得税是与企业经营发展最为密切的两大税种。针对目前中小企业涉及流转税的税收政策建议，其一，应该进一步扩大增值税征收范围，发挥增值税的税收中性作用，为目前仍然缴纳营业税的中小企业减轻重复征税造成的税收负担。其二，完善出口退税政策，我国中小企业出口比重较大，在实行增值税扩围的基础上，根据国际贸易状况，适时调整退税税率，逐步实现完全退税，提升中小企业在国际市场上的竞争力，扩大市场份额。其三，调整增值税政策，比如，属于小

规模纳税人的中小企业，由于不能使用增值税专用发票进行抵扣，有时可能出现税负高于一般纳税人的现象，那么应对这些企业进一步降低税率，或者通过制定相应的法规来适当进行进项税额的抵扣以减轻其税收负担就显得十分必要，也更能够体现税收的公平原则。

### （二）完善企业所得税

企业所得税作为一种直接税，税收的转嫁能力不强，对中小企业的经营与发展产生直接影响。另外，企业所得税优惠政策的税收校正性较强，有利于采取相应的企业所得税税收优惠政策，引导中小企业的投资和经营行为。因此，为了促进中小企业的创业投资和健康成长，可以针对企业所得税优惠政策采取以下措施：

一是对融资机构和信用担保机构实施税收优惠，将信用担保机构面向中小企业的信用担保业务所得予以税收减免；对融资机构和银行向中小企业提供的贷款利息收入予以税率优惠；改变以往对中小企业向非金融机构借款的利息支出在计算所得额时部分扣除的规定，改为按实际支出扣除，降低中小企业的筹资成本。

二是改变以直接优惠为主的税收优惠方式，对中小企业用于员工技术培训的管理费用设置较高比例限额的税前列支，降低中小企业的用人成本；鼓励中小企业加大研发投入的力度，对中小企业用于研发的各项费用进行税前列支；对中小企业进行技术成果转让与科技发明、专利的交易所得进行税收优惠。

三是鼓励中小企业进行初创投资和再投资。关于中小企业所得税的优惠期限，对刚创办一定期限如 3 年或 5 年的中小企业的纳税所得额进行减征或免税，对中小企业的经营利润用于再投资的部分予以免税或税前扣除。

### （三）完善个人所得税

针对中小企业薪资体系不健全、管理制度不完善、人才吸引机制存在问题，国家需要制定相关的税收政策，鼓励人才的择业方向转向中小企业。比如，对中小企业进行科技研发的高科技人才实行较高的个人所得税费用扣除标准，建立中小企业科技研发队伍，为中小企业发展储备人才。个人因科研奖励而获得的股权，在转让时可减半征收个人所得税，同时对个人转让科技成果的收入也减半征收个人所得税，以鼓励科技成果产业化。此外，可借鉴欧美发达国家经验，较小规模的企业不缴纳企业所得税，而缴纳个人所得税，从而减轻中小企业纳税负担。

## （四）健全税收征管模式

中小企业特别是小微企业，相对大型企业而言，其规模小、信息化程度低，对国家扶持政策的认知度低，在税收征纳过程中很多方面都不能达到大型企业的完备程度，因此在税务机关的征管工作中，要充分考虑到这一点，为中小企业提供更多力所能及的便利。比如，对于中小企业的税收征纳周期可以由月变为季度，简化中小企业在预缴、汇算清缴以及享受税收优惠过程中的流程、手续和门槛，切实为中小企业提供帮助。又如，对于采用核定征收方法进行征收的中小企业，税务机关要做好科学的测算和评估，以免给中小企业带来额外的负担，切实维护中小企业的利益。

## 参考文献

（1）何映仪. 营改增对中小企业的积极影响[J]. 财会学习，2017（05）：156.

（2）贾鹏芳. 我国中小企业税收政策优惠研究[J]. 经济研究导刊，2017（04）：61-62.

（3）罗瑜亭，涂永式. 我国中小企业服务机构发展的问题及破解路径[J]. 技术经济与管理研究，2017（01）：71-75.

（4）钟苏华. 我国中小企业融资的瓶颈及突破[J]. 商业经济，2017（01）：116-118.

（5）张信东，王亚丹. 政府研发支持与中小企业创新[J]. 西安财经学院学报，2017（01）：59-66.

（6）施政杰. 税收政策与中小企业发展关系研究[D]. 华东政法大学，2016.

（7）王佳莹. 我国中小企业融资困境及其对策研究[D]. 吉林大学，2016.

（8）马正升. 财政税收制度创新对中小企业的扶持作用[J]. 企业改革与管理，2016（03）：125.

（9）程璨. 国外中小企业税收优惠政策的经验与启示[J]. 中国乡镇企业会计，2016（01）：51-53.

（10）吴群. "互联网+中小企业"的发展致思[J]. 理论探索，2016（01）：103-107.

（11）吕劲松. 关于中小企业融资难、融资贵问题的思考[J]. 金融研究，2015（11）：115-123.

（12）姜丽丽. 经济新常态下我国中小企业税收优惠政策研究[J]. 税务与经济，2015（06）：85-89.

（13）贲立波. 关于中小企业税收优惠政策的研究[J]. 财经界，2015（05）：258-259.

（14）财政部财政科学研究所课题组，苏明. 我国中小企业发展支持政策研究[J].

经济研究参考，2015（08）：3-22.

（15）李黎．论改革和完善我国中小企业财政扶持体系[D]．天津财经大学，2012.

（16）庄佳林．支持我国中小企业发展的财政政策研究[D]．财政部财政科学研究所，2011.

**作者简介**：黄珊，天津财经大学税务专业硕士研究生；高树兰，天津财经大学财政与公共管理系，经济学博士，教授。

# "营改增"后地方税体系建设问题研究

张冬梅　　高树兰

　　**摘　要：** 2016 年 5 月 1 日之后，"营改增"全面展开，营业税正式退出历史舞台，这意味着地方主体税种——营业税自"营改增"之后彻底消失了。然而，地方主体税种的存在是分税制得以保持稳定的重要前提，对地方政府的收入维持以及地方经济的发展有着非常重要的意义。因此重建地方主体税种，就目前而言，可行性比较高的是房产税和消费税，同时也可以将资源税和环保税设定成为地方的辅助性税种。

　　**关键词：** 全面"营改增"；地方主体税种；地方税体系

## 一、我国地方税体系介绍

　　对我国地方税体系的介绍分别从全面营业税改增值税（以下简称营改增）之前和全面营改增之后对比分析来展开。

### （一）营改增之前的地方税体系

　　全面营改增之前，我国共计 18 个税种，主要延续 1994 年分税制确立的中央税、地方税、共享税三个类别。一般而言，中央税由国税局征管，地方税由地税局征管，共享税的征管机构则视情况而定。地方税基本上都是一些小税种。

　　自 1994 年分税制确立以来，营业税在地方税体系中占据主体税种的位置，并且始终保持持续稳定的增长，如图 1 所示。2004 年至 2015 年，地方营业税收入在地方总税收收入中占比一直维持在 30%左右，如图 2 所示。

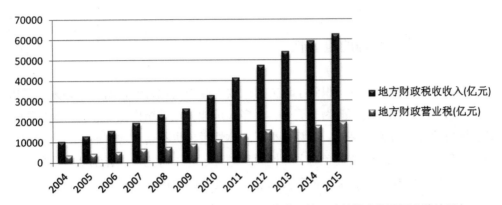

**图1　2004年至2015年地方营业税和地方税收收入情况（数据来源于国家统计局）**

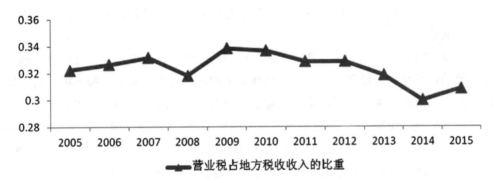

**图2　2004年至2015年地方营业税收入占地方总收入的比重**

注：数据来源于国家统计局，比重由笔者计算。

由上述两个图可以看出，营改增之前我国的地方税体系存在小税种多但收入少、营业税是地方的稳定税源、地方收入很大程度上要依赖共享税等结论。

**（二）全面营改增之后地方税体系的情况**

全面营改增之后，营业税彻底退出税制舞台。这就意味着在地方税体系中发挥主体性作用的税种彻底消失了，地方失去了一直以来最稳定且持续上升的税源。直接后果是地方税收收入减少，间接后果是地方会加大对共享税、发债、土地财政的依赖，同时地方的征管体系可能会逐步崩坏。而其中最迫切需要解决的问题就是地方主体性税种的重建问题。

## 二、地方主体性税种的重要性

在营改增后，国家也意识到了地方财政收入减少的危害性，所以立即采取了措施，将增值税的共享比例改为五五分。很多人可能会觉得这样做很好，在他们看来只要地方的收入得到了保证，就算缺少了主体性税种也不会对地方的税收、财政、经济产生什么影响。但是笔者对主体性税种进行了深入研究，先详细从微观角度分析地方主体税种缺失的后果，再简要从宏观角度介绍主体性税种存在的必要性。

### （一）地方主体性税种缺失的后果

全面"营改增"后营业税的缺失，也就是地方主体税种的缺失，会给地方带来许多负面的影响。

1. 影响地方的财政收入。从上文对营业税的分析可以总结出主体性税种的两个最重要的特征是稳定性和持续性。主体性税种应该是地方最重要、最直接、最稳定的税源，主体性税种缺失了，这个税源也就没有了。而地方的财政支出负担并不会随着收入的减少而减少，反而财政支出压力会加大。2015 年全国增值税收入为 31109 亿元，营业税收入为 19315 亿元，合计为 50424 亿元，其中属于地方的合计为 27092 亿元，若按现行规定五五分账来测算，分成后地方收入为 25211 亿元，减少了 1881 亿元。所以，即使提高了增值税的分享比例，地方收入仍然会降低。而且，据统计，2016 年 1 月至 8 月营改增整体减税共计 2493 亿元①。其中，原增值税行业减税 619 亿元。营改增会带来大幅度的减税效应，不止营改增的部分减税，甚至之前的增值税部分也减税。由于城建税及附加也是地税体系中的一项收入，改革后随着计税依据由营业税改为增值税，所以城建税及附加的收入也会减少。

2. 会造成地税部门和国税部门工作量的不均衡。原属于地方主体税种的营业税变成了增值税，征管任务也主要移交给国税部门，国税部门户管量大幅增加，增加了 30%—40%，造成了国地税征管任务量的不均衡，这必然会影响地税部门的发展前景。近年来的公务员招聘，地税部门的招录规模是超过国税部门的，所以地税部门征管工作量的减少可能会带来公务员的缩招，进而引发一定的就业问题。另外，一些偏远无固定税源的农村地方税务所，会因收入下降而使单独设所的意义大打折扣，发展前景受到限制。

同时，也会导致地方对经济的调节和监督作用减弱。税收的三大职能分别是财

---

① 数据来源于国家税务总局。

政职能、调节职能和监督职能。财政职能在分析第一点影响时已经涉及了，这里不再赘述。主体性税种是地方收入最直接、最稳定的来源，地方可以通过主体税种调节地方经济。而且，主体性税种还对地方经济的发展和主导产业的运行情况具有一定的监督作用。地方政府可以通过税收规模的变化分析经济发展的态势，也可以通过征管掌握纳税人的经营状况和财务管理情况。

3. 会导致以票控税手段的消失。营改增前，交通运输业、房地产业、建筑业等行业纳税人随营业税附征的个人所得税、城建税及附加、水利建设基金，由地税部门通过"以票控税"手段实时控管。营改增后，这部分纳税人改用增值税发票，增值税由国税负责征管，必须使用国税的发票。因此，附征的税费能否向地税足额缴纳，取决于纳税人的纳税意识，地税部门将无法从源头上进行监控。也就是说，地税失去了对其他税费的管控手段，这就会导致税收收入减少，而在财政体制内是没有办法通过其他方式来弥补的。

除此之外，地方的征管体系也会受到较大的冲击。一是随营业税附征的城建设税、教育费附加等附加税，全面营改增后，移交国税随增值税附征。但由于国地税部门的信息无法实时交换，所以地税只能依靠定期比对补征的方式来征管，效率低下且漏征漏管的风险增大。二是按照规定，新办企业的所得税管辖权是随着主体税种走，全面实行营改增后，新办企业的所得税全部划归国税征管，地税部门管辖的户数将大大减少。总之，全面营改增给地税征管体系的调整带来了不小的挑战。

（二）地方主体性税种存在的必要性分析

1. 共享税的缺陷。第一，共享税基本上是由国家税务总局负责征收的，也就是说，占整个税收体系 70%以上的共享税是先由国税系统征收，然后再按照共享比例分给地方。很明显，共享税对地方税务机关和政府部门的激励作用是极其有限的。第二，自分税制实行以来，共享税在地方税收收入中所占的比重是逐渐降低的。增值税最为明显，2004 年至 2014 年 10 年间，占地方税收入的比重下降了7%左右。也就是说，随着我国经济的发展，各项税收收入不断增长，共享税对地方收入的贡献降低了。这就要求地方必须有一个在地方收入中占比均衡且稳定的主体性税种。

2004—2014 年三大共享税占地方税收入比重情况如表 1 所示。

表 1　三大共享税 2004—2014 年占地方税收入比重情况

| 年份 | 增值税（%） | 企业所得税（%） | 个人所得税（%） |
|------|-----------|---------------|---------------|
| 2004 | 23.33 | 15.48 | 6.74 |
| 2005 | 22.58 | 16.89 | 6.62 |
| 2006 | 21.05 | 17.65 | 6.46 |
| 2007 | 20.03 | 16.22 | 6.60 |
| 2008 | 19.33 | 17.19 | 6.39 |
| 2009 | 17.45 | 14.97 | 6.05 |
| 2010 | 15.88 | 15.43 | 5.91 |
| 2011 | 14.57 | 16.41 | 5.89 |
| 2012 | 14.24 | 16.00 | 4.92 |
| 2013 | 15.35 | 14.81 | 4.85 |
| 2014 | 16.48 | 14.92 | 4.99 |

注：数据来源于国家统计局，结果由笔者计算所得。

2. 转移支付在时间上的差异性也要求地方必须要有自己的主体税种。目前，地方政府对转移支付有特别强的依赖。转移支付的确可以弥补地方在财政支出上的资金匮乏问题，但是转移支付毕竟不如直接把自己收上来的税收收入转化为支出来得更为方便、自由、快捷。地方在拥有主体性税种的时候，是完全可以减少对转移支付的依赖度的。

同时，地方主体性税种的存在也是分税制的制度要求。1994 年分税制的改革其实也是有一些问题的，改革分清了中央和地方的财权，却并没有划分好中央和地方的事权，更没有将中央和地方的财权与事权匹配好。据统计，2015 年地方财政收入为 83002 亿元，地方的财政支出为 150336 亿元，二者的差额为 67334 亿元；同时与中央相比较，地方政府的事权约为中央政府的 1.7 倍，事权过大而财权不足导致地方政府约 30%的支出来自中央的转移支付和各种不规范的融资负债，同时也加强了地方政府对土地财政的依赖[①]。在笔者看来，目前要想调整好财权和事权的关系，可以从扩大财权和适度降低事权两个角度来考虑。降低事权不属于税收可以直接掌控的范畴，所以只能从扩大地方财权这个角度来考虑。这又回到了通过确立主体性税种来稳定地方收入的问题上了。除此之外，分税制改革主要确定了中央与省级政府之间的分税方式，但没有具体规定省以下各级政府间的财政关系，这使得地方税体系至今没有成型，省以下没有形成真正的分税制。这主要是因为当地方仅剩一

---

① 数据来源于新浪财经数据库，由笔者计算得出。

些小税种时，省以下政府就无税可分。所以，分税制要求地方必须重建自己的主体税种。

3. 建立地方主体税种也是完善我国税制法律体系的需要。由于地方主体性税种的存在会使得地方在征管过程中或多或少拥有一些微弱的立法权和管理权，这有利于促进我国税收征管权力逐步下放，也会对完善我国的税制法律体系产生一定的作用。除了上述分析之外，地方征管体制的稳定、地方经济的良性发展、地方财政职能的发挥也需要主体税种的支撑。

## 三、地方税体系的重建

### （一）提高地方的收入

就提高地方收入而言，营改增之后，国税局也制定了过渡政策，将增值税的共享比例调整为五五分，这对营改增后地方税收收入的保证有很大意义。但这只是一个过渡政策，过渡期结束后很可能会取消。这就意味着在这两到三年的过渡期内必须通过其他方式解决营业税消失带来的地方收入重新组织的问题。笔者认为，可以通过完善转移支付制度和提高其他共享税的共享比例来解决这个问题。现行的转移支付制度可能存在力度不够以及支付分配不均衡的问题，改革完善后必须确保每一级政府都有足够的财力去提供高质量的基本公共服务。

### （二）地方主体性税种的重建

1. 通过全面开征房产税而将房产税设为地方主体税种

目前，我国尚未全面开征房产税。2011 年，在重庆和上海进行了房产税征收的试点。两个城市都只对增量房征税，且税率极低，以房价为计税依据，还有各种减免税优惠政策。但是，试点的情况并不是很好，尤其是上海，试点期间内房价仍然快速上涨，两地的房产税收入在地方税总收入中的比重都非常低。2015 年，重庆的地方税收收入为 21548300 万元，房产税收入仅为 524600 万元，营业税收入为 4688200 万元，房产税占地方税收收入的 2.4%，占营业税收入的 11.2%；上海的地方税收收入为 55195000 万元，房产税收入为 1238100 万元，营业税收入为 12154900 万元，房产税占地方收入的 2.24%，占营业税收入的 10.2%[①]。可以看出，两地的房产税收入都极低，甚至只占到营业税收入的 10%左右。

---

① 数据来源于新浪财经网数据中心。

就目前我国房产税开征的试点情况来看，如果房产税全面开征了也无法成为地方的主体税种，但是按照英、美、德、日等发达国家的惯例和经验来看，房产税成为主体税种是必然的一种趋势。原因有三：第一，房产税的征税对象是房产，固定性和稳定性很强，这就意味着只要完善了相关的配套登记制度，就会有稳定的税源；第二，从国际上来看，在房产税税制完善之后，房产税收入非常稳定；第三，由于房产价格的地区差异大，房产相关信息的地域性也很强，所以房产税由地方来征管更为合适。

当然，如果要把房产税设置成新的地方主体税种，必须吸取试点地区的经验，对房产税加以改革。首先，最基本的是房产登记制度的健全，这是房产税得以开征的重要基础。其次，完善房产价值评估系统以及征信系统。最后，也是最重要的，在税制的设计上必须科学严谨。具体来说，可以从整合现有的与土地相关的税种（包括房产税）形成新的房地产税，这样做可以简化征管；同时，应先针对增量房征税，等到缓冲期结束之后再开始对存量房征税。另外，大量需要解决的问题，如起征点面积的设定问题，城镇普通住房和农村房屋是否纳入征税范围的问题，是按照现行房价征收还是按照评估价征收，是否可以对豪宅、多套住房、非基本住房单独制定较高税率等，要想顺利开征房产税，必须先解决好以上问题。

国家已经在着手进行的是房产登记制度的完善，虽然这个政策的出发点为了反腐，但是这也可以为以后房产税的开征奠定基础。房产税的全面开征虽然是大势所趋，但是短期内还是有相当多的问题尚未解决，而且老百姓的反对意见也相当大，尤其在房价持续走高的大背景下，从各个方面看，房产税的推行阻力都很大。综合分析，短期内房产税可能无法全面开征。

总而言之，短期内在对增值税五五分的过渡政策结束之前，房产税不太可能成为地方的主体性税种。

2. 将消费税设为地方主体税种

相较于房产税而言，立足于我们国家目前的经济与税收基本情况，将消费税设置为地方主体税种的可操作性和实际性是更大的。

首先，从收入规模上看，图3为2004年至2015年我国消费税收入的整体情况。从图中我们可以看出，消费税的收入一直呈稳定持续增长的态势，2015年收入规模突破1万亿元。很多学者在分析主体税种时提出的收入额度要求就是1万亿元以上，从这个角度来看，消费税作为主体性税种是可以的。假设消费税成为地方的收入，那么按照2015年的数据来计算消费税占地方收入的比重为17%左右，如果将车购税收入2793亿元也计入的话，消费税和车购税的整体占比为21%左右，但是还要考虑到之前按照2015年的增值税营业税收入对营改增后增值税共享比例改变带来

的地方收入减少的 1881 亿元，这样再计算的话，消费税和车购税的整体占比为 22%
左右，相较于营业税的占比要少了 9%左右。尽管如此，消费税的收入规模仍然是
符合主体性税种的要求的。

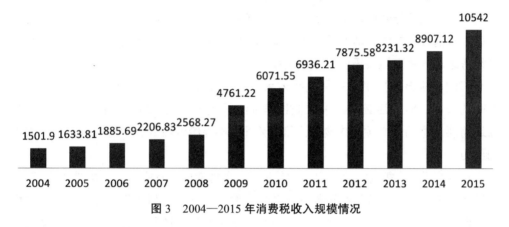

图 3　2004—2015 年消费税收入规模情况

注：数据来源于新浪财经网数据中心。

其次，从开征难易的角度来看，消费税是从 1994 年就全面开征的税种，在做相
应改革的基础上由地方征管的难度相对较小。尤其在当下地方收入不足的情况下，
必然会抓住机会积极规范与完善相关制度，因此将消费税交给地方不会有太多的需
要克服的税制设计上的困难。

最后，消费税税权下放到地方，对地方消费结构的改善、收入差距的调节都有
积极的作用。消费税的优势之一就是调节功能，下放到地方并加以改革后，消费税
一定能得到进一步的发展，其优势也必然会得到更好的发挥。

从目前来看，尽管消费税作为主体税种是非常合适的，但是要想让消费税在短
期内成为地方的主体税种还要对其做一些改革和调整。

第一，将车辆购置税并入消费税。这主要是因为现在随着人均收入水平的提高，
汽车在一定程度上成为一部分人的必需消费品，而且考虑到我国现在的环境情况，
将车购税并入消费税是非常有必要的，这对扩充消费税的税源也非常有帮助。

第二，将消费税的征税环节由生产环节移动到批发零售环节。为什么要移动呢？
因为消费税在生产环节征收虽然简便快捷，但是会造成地方政府对烟酒、能源等项
目的投资，这显然是不利于当地经济的健康良性发展的。消费税的征税环节平移后，
更有利于抑制烟酒等的消费，消费者可以更直观地感受到烟税、酒税之重，进而可
以更好地发挥消费税的"寓禁于征"的导向作用。

第三，消费税进一步扩围，要将奢侈品（私人飞机、游艇、高档时装等）和奢侈性消费行为（赛马、高档娱乐、私人会所等）纳入消费税的范畴。首先，据统计，2015 年我国的消费者买走了全球约 46%的奢侈品，征收消费税可以在一定程度上促进理性消费。其次，目前我国对收入差距的调节主要从所得税角度来调节，力度实际上是比较弱的。例如，很多高收入者通过直接用工资来抵减消费的行为进行避税，而且个人的大部分奢侈性消费还可以记入公司的固定资产账，这是非常不公平的。所以，对消费税扩围从消费的角度辅助调节收入差距问题，尤其是在营改增之后，必须考虑对一些高档娱乐业征收消费税。

第四，应该坚持使用差别税率体系，对高耗能、高消费、高收入的项目制定较高的税率，对生活必需品采取低税率并给予较多的优惠政策。在设计税率的时候还需要注意的是必须考虑物价上涨的水平，不能给低收入和中等收入消费者太大的压力。

总的来看，消费税的改革也是大势所趋，在短期内进行完善的可能性也比较大。所以在笔者看来，消费税很可能在营改增过渡政策结束之后成为地方收入的主体税种。但是消费税也存在一些改革的难点，一是征税环节的移动会造成征管难度的加大，引起消费者的抗拒；二是消费税的地区差异性强，较之于营业税缺乏均衡性。例如，2015 年云南省的消费税收入高达 727 亿元，占消费税总收入的 7%左右，排名全国第三。排名第一的上海市的消费税收入是 825 亿元，占消费税总收入的 8%左右。但是上海和云南的经济显然不在同一个水平上，上海 2015 年的地方收入为55195000 万元，营业税收入为12154900 万元，云南为18081500 万元，营业税收入为3676800 万元，云南的地方收入仅占到上海的 33%左右，营业税收入占上海的 30%左右。云南的消费税收入与上海差不太多，但是营业税却只占上海的 1/3 不到。所以直接用消费税来替代营业税很可能造成地区之间收入差距的拉大。

3. 将资源税和环保税设为地方主体税种的辅助税种

资源税是一个小税种，收入规模占比不到 2%，若进一步扩大资源税征收范围并将水资源试点推广到全国，资源税不可能成为主体税种。但是经过改革，资源税可以成为地方的一项稳定的收入来源。而且环保税开征后，可以和资源税一起助力于地方主体税种，促进地方税体系的完善。

（三）适度赋予地方政府税收立法权和管理权

适度给予地方政府一些税收立法权和征管权，不仅可以调动其积极性，还可以改进征管体制并促进分税制的进一步完善。

## 四、结论

就我国目前地方政府的情况而言，主体税缺失的影响是非常大的，而被众多学者给予厚望的房产税在短期内是无法担此大任的。总体来看，消费税的可行性比较高，但是也存在一定的问题，可以将资源税、环保税作为辅助性税种并通过转移支付来对这些问题进行弥补。地方税体系重建最为根本的是立法权和管理权的下放，否则地方政府面临的一些问题是无法彻底解决的。

## 参考文献

（1）岳红梅."营改增"对地方税收的影响及思考[J].财会学习，2016（16）：173.

（2）卿玲丽，屈静晓，文春晖."营改增"对地方税体系的影响及对策建议[J].商业会计，2016（19）：83-85.

（3）青岛市地方税务局课题组.地方税体系建设的国际比较与借鉴[J].中共青岛市委党校　青岛行政学院学报，2016（02）：24-27.

（4）李兰云，郭鹏飞.地方税主体税种构建的构想[J].中国注册会计师，2016（10）：110-114.

（5）陈弓.对"营改增"后建设地方主体税种的思考[J].商,2016(17)：210-211.

（6）李丽琴.房产税与资源税充当地方主体税种的可行性分析——基于地方财力均衡视角[J].湖北经济学院学报，2016（01）：52-57.

（7）吕敏，张倩.后营改增时代地方主体税种构建研究[J].财政监督,2016(18)：16-19.

（8）孟莹莹.基于地方主体税种重构的消费税改革展望[J].经济纵横，2016（08）：105-109.

**作者简介**：张冬梅，天津财经大学硕士研究生；高树兰，天津财经大学教授，经济学博士。

# 完善地方税体系分析
## ——以天津为例

尚勇利　　刘秀丽

**摘　要**："营改增"全面实施以来，随着营业税退出历史舞台，地方税体系的构建成为急需解决的问题。培育地方主体税种，建立地方税体系是完善我国地方税建设急需解决的问题。本文通过对天津市经济发展现状、地方税收入增长因素的分析，对完善地方税体系提出对策和建议。

**关键词**：地方税体系；化税制

## 一、地方税现状

2004 年至 2014 年，天津市财税收入由 201.2 亿元增至 1486.88 亿元，年均增长率 22.1%，天津市财政收入保持了稳定的增长。2015 年一般公共预算收入 2666.99 亿元，增长了 11.6%。其中，财税收入 1577.94 亿元，增长了约 6.1%，是一般公共预算收入的 59.2%。

从经济运行情况和结构上分析，天津市税收总量稳中有升，人均生产总值处于全国的中高水平， 2015 年全年天津市生产总值为 6538.19 亿元，与上年相比增长了 9.3%。从不同产业结构分析，第一产业的增加值为 210.51 亿元，增长约 2.5%；第二产业的增加值为 7723.60 亿元，增长约 9.2%；第三产业的增加值为 8604.08 亿元，增长约 9.6%。三次产业的比重大约是 1.3:46.7:52.0，服务业增加值比重超过其他产业。三次产业中，科学研究、技术服务业增速最快，与上年同期相比增长了 20.4%，文化、体育和娱乐业，租赁和商务服务业，金融业增速明显，工业和建筑业增速放缓。[①]各产业生产总值如表 1 所示。

---

① 数据来源于天津市统计局网站、天津市财税政务网、天津市国家税务局门户网站。

表 1　各产业生产总值　　　　　　　　　　　单位：亿元

| 年份 | 全市生产总值 | 第一产业 | 第二产业 | | | 第三产业 |
|------|------------|---------|---------|------|--------|--------|
| | | | 总值 | 工业 | 建筑业 | |
| 2011 | 11307.28 | 159.72 | 5928.32 | 5430.84 | 497.48 | 5219.24 |
| 2012 | 12893.88 | 171.6 | 6663.82 | 6123.06 | 540.76 | 6058.46 |
| 2013 | 14442.01 | 188.54 | 7308.05 | 6686.6 | 621.45 | 6945.42 |
| 2014 | 15726.93 | 201.53 | 7766.08 | 7079.1 | 686.98 | 7759.32 |
| 2015 | 16538.19 | 210.51 | 7723.6 | 6981.27 | 742.33 | 8604.08 |

　　从不同税种来看，2015 年，天津市主体税种实现收入 2394 亿元，增值税收入 742 亿元，由于受经济下行压力和结构性减税影响，增值税增幅减慢；营业税收入 501.41 亿元，增长 4.8%，这主要得益于服务业的带动；企业所得税收入 753 亿元。从过去几年各税种占地方税比重分析，营业税约占地方税收的 34.9%，是企业所得税的 2.1 倍，是增值税的 1.9 倍。从税种变化趋势分析，营业税、增值税、企业所得税出现了较大的波动，土地增值税增长势头明显，其余税种大多都是小幅波动，没有明显的变化。

　　从税源角度来看，2015 年，天津市纳税企业约为 34.4 万户，纳税约 2445 亿元，其中有 334 户企业纳税在亿元以上，缴纳税收 1267 亿元。根据不同行业纳税情况来看，天津市的地方税过度依靠房地产等相关行业，而地方税过度依赖少数行业的税收，对经济持续健康发展产生不良影响，税源结构与产业结构的调整成为当务之急。积极发展第三产业，对促进地方税收的收入有着积极的影响。自 2015 年以来，智能机器人、3D 打印、空客 A330 及零部件配套建设、国产操作系统的研发均为税源扩大提供了动力，比亚迪、国能、华泰等新能源汽车在天津逐渐落地，菜鸟物流、服务业和金融服务平台开始慢慢建设。信息技术、新能源汽车、高端装备、生物医药、航空航天等十大制造业集群的雏形已经形成，"营改增"的全面施行，解决了由税制引起的资源配置不公平，资源利用率进一步提高，降低了企业税负，这在一定程度上促进了服务业的发展。这些措施促进了税源发展。

　　从征管角度来看，天津市地税局为了加强税收征管，首先，发布了《天津市土地增值税清算管理办法》《天津市地税局税收管理员制度》《委托代征税收管理办法》等一系列文件。这些文件完善了税收管理制度，规范了税收征管体系，明确了各个岗位的职责，提高了对零散税源的征收效率。其次，对征管体系中的不同管理业务进行优化整合，涉税资料统一报送，规范了征管程序。同时，市地税局为了加强税源管理，对不同税源进行了分类管理。对重点税源采用大企业税收征管体制，该体制通过成立专设机构与非专设机构，以管理部门为指导，对大企业税收进行专业化管理。为了进一步管理好天津市重点企业和税源，成立了地税直属局，专门负责邮政通信、铁路运输、石油化工、石油开采、航空运输、发电供电、海上运输、高速公路、供水供气、银行保险信托等主要行业；对天津港务局、滨海国际机场、天津钢管等大企业，进行针对性税收征管。各区大企业管理部门由税管科负责管理，根据上级指示展开工作，包括税源管理、信息核对、纳税评估等具体工作。为了完善对大企业的纳税管理工作，市地税局设立了大企业税收管理处，负责指导基层部门做好税收管理，完善纳税服务。

## 二、地方税存在的问题

### （一）从税种角度分析

由表 2 可以看出，2010 年至 2014 年营业税、增值税、企业所得税、个人所得税占了很大比重，营业税的税收总量甚至是增值税税收总量的 2 倍左右。全面营改增后，从对地方财政税收的影响来看，由于营业税占比很大，营业税的退出必然导致天津市财政的紧张，中央与地方政府的财政矛盾进一步扩大。

表 2　天津市地方税各税种占比比较

| 年份 | 营业税 | 增值税 | 企业所得税 | 个人所得税 | 土地增值税 | 契税 | 城市维护建设税 | 房产税 | 印花税 | 城市土地使用税 | 耕地占用税 | 车船税 | 资源税 |
|---|---|---|---|---|---|---|---|---|---|---|---|---|---|
| 2010 | 36.6 | 15.3 | 16.2 | 5.5 | 3.1 | 9.1 | 4.8 | 3.3 | 2.3 | 1.5 | 1.6 | 0.6 | 0.1 |
| 2011 | 35.1 | 14.1 | 18.2 | 5.2 | 4.7 | 8 | 6.4 | 3 | 2.2 | 1.3 | 1.2 | 0.6 | 0.1 |
| 2012 | 36.3 | 13.6 | 17 | 4.5 | 5.3 | 7.2 | 6.4 | 3.6 | 2.2 | 1.6 | 1.4 | 0.8 | 0.2 |
| 2013 | 32.4 | 17.2 | 15.6 | 4.5 | 6.3 | 7.7 | 6.5 | 3.7 | 2.2 | 1.7 | 1.2 | 0.8 | 0.3 |
| 2014 | 32.2 | 17 | 15.8 | 4.8 | 7.9 | 6.5 | 6 | 4.4 | 2.1 | 1.7 | 0.8 | 0.7 | 0.2 |

为了研究不同税种对经济的影响，选取了不同税种的占比情况进行回归分析。根据回归分析的结果可以得出：增值税、个人所得税的变化与天津市的经济发展没有显著的相关性，表明这些税种的变化对天津市经济发展没有产生显著的影响。营业税与经济增长呈正相关，由于营业税的征税范围主要来自第三产业，近年来天津市第三产业发展迅速，因此营业税对拉动天津市的经济增长有着积极作用。由于企

业所得税与经济增长呈负相关，表明企业所得税的增加并没有拉动经济增长，这可能是由于政府为了从企业所得税中获取更多的税收，加大了对企业的税收监管力度，降低了企业的积极性，从而对经济发展产生了消极影响。土地是一种存量资产，具有很强的固定性和地域性，土地增值税对天津市经济发展产生了一定的积极作用，这可能是由于近年来天津房地产行业的快速发展，对拉动经济发展产生了一定的影响。

### （二）从税源角度分析

#### 1. 从行业分布角度分析

天津市近几年来的产业升级和结构转型开始起作用，税收结构产生了明显变化，第二产业下降、第三产业上升趋势越来越明显，不同行业也呈现不同的变化趋势。第二产业税收年均下降1%，从2013年的53.1%下降到2015年的48.2%；服务业税收年均增长9.2%，占全市税收的比重由2013年的46.8%增至2015年的51.7%，这表明了天津市经济结构的不断优化，租赁和商务服务业、金融、科研服务、居民服务等现代行业近几年来增势明显，不过房地产、建筑业因市场低迷，增幅缓慢。

#### 2. 从注册类型分析

由于近几年来天津市对中小企业的扶持力度不断加大，中小企业的贷款补偿机制日益完善，积极响应国家的"大众创业、万众创新"号召，自由贸易试验区基本建成，这些措施对民营经济的发展产生积极的推动作用。截止到2015年，民营经济市场主体超过65万户。从民营经济对税收贡献来看，近三年来，民营经济占全市国内生产总值（GDP）的比重由43.1%上升至47%，税收规模从1038亿元增长到1255亿元，年平均增长约10%，对天津市的税收贡献率由38.2%增长至42.8%，民营经济体现了很大的潜力。

#### 3. 从税收级次分析

根据分税制财政体制的要求，税收收入可以分为国家级与地方级。2013—2015年，天津市财税收入由2717亿元增至2933亿元，中央税收由1407亿元减少到1355亿元，地方税收由1310亿元增至1578亿元，地方财税收入的增长速度超过国家税收收入。由于近年来我国原油价格波动较大，经济下行的压力加大，石油、钢铁等拉动中央税收的行业的纳税水平出现下降，这些因素影响了中央税收的增长速度。近年来，天津市积极鼓励服务业的发展，服务业的纳税水平不断提升，拉动了营业税、企业所得税等地方主体税种的发展，地方税收比重也开始相应提升。

#### 4. 税源发展面对的问题

天津市的工业税收出现下跌。多年来天津一直是我国重要的工业基地与石油基地，工业对天津税收有着很大影响，近几年，经济下行、工业产品价格起伏不定，对工业产生了不小的影响。2013—2015 年，天津市的工业税收从 1443 亿元下降到 1414 亿元，随之而来的是，工业税收占全市税收的比重日益下滑，原油开采等行业的年均税收甚至达到 28.3%。通信制造业、冶金业等受此影响，税收增长缓慢甚至出现下降。

天津市的服务业产出率不高。近年来天津市服务业增长迅速，服务业的产值甚至达到全市生产总值的一半以上，但是从产业对税收的产出率来看，2015 年天津市服务业税收总量是产业增加值的 17.6%，但全国的产出率是 21.8%，天津市的产出率与全国相比差距很大。从服务业的主要行业来分析，仅有交通运输业、房地产业的税收产出率相对较高，金融业、批发零售业、住宿餐饮业等行业均低于全国产出率，这在一定程度上反映了天津市服务业技术密集度低，营利能力不高。

地方税收过度依靠建筑业和房地产业。近几年，房地产业、建筑业等相关行业的纳税达到全市税收收入约 30%，而金融业、批发零售业、商务服务业、通信设备制造业、采掘业、汽车制造等行业都低于这些行业的税收比例。从各区的税收来看，过于依赖房地产业、建筑业等相关行业，税收需要多点支撑。

## 三、建议措施

### （一）优化税种结构

首先，根据国家税制改革要求，尽快确定"营改增"后的地方税主体税种，对土地增值税、房地产税、城市建设维护税、契税等税种进行调整优化，从而达到重构税种、拓宽税基、突出主体、调整结构的改革目标。

其次，要加快房地产税改革的步伐，利用第三方信息的共享，把房地产作为税制改革的第一步，研究制定出房地产税的评估方法与制度体系，查清税源、确定税基，为加快房地产税的立法提供支持。

最后，积极推进环境保护税等绿色税基的建设。响应国家对税制改革的指导精神，深入研究环境保护税的征管等一系列问题，加快环境保护税的立法进度，使排污费等各种与环境有关的收费改成环境保护税，不断补充和完善环境保护税的相关政策，努力构建完整成熟的环境保护税制，为环境保护税的立法和实施条例的出台提供成熟的建议与理论支撑。

### （二）扩大税源

一是要积极推进供给侧结构性改革，从企业生产角度入手，加强对资源的优化配置，使经济质量不断提高。对于传统产业要加快改造升级，使石化、冶金等行业通过技术研发，实现信息技术和制造技术完美结合，着重开发具有高附加值的产品。积极推进先进制造业的发展，尤其是集成电路、航空航天等高端行业，加快发展新能源、新材料等新兴行业，扩大财源税源。

二是要加快创新驱动战略的实施，积极推进自主创新示范区的建设，鼓励"众创空间"和"双创特区"的发展，对科技企业尤其是中小企业提供政策扶持，使其成为具有竞争力的创新型企业。

三是要鼓励服务业的发展，近年来服务业成为拉动天津市经济增长、扩大税收收入的重要行业。鼓励金融工具、产品、服务和制度的创新，努力推进金融创新运营示范区的建设，发展物流、科技服务、电子商务等行业，使生产型服务业转化成专业化、高端化服务业，加快推进文化娱乐、休闲旅游、体育健身等行业，让生活型服务业变得品质更高，更加精细化。全面贯彻国家减税降费的政策，尽可能地减轻企业负担，充分发挥贷款风险补偿机制，鼓励金融机构加大对高新技术企业、外贸企业、科技企业等中小微企业的贷款。

## 参考文献

（1）朱春礼. 天津市税源情况分析[J]. 天津经济，2016（04）：51-55.

（2）天津市地方税务局完善地方税体系调研课题组. 完善地方税体系探析——基于天津的实证分析[J]. 天津经济，2016（03）：62-65.

（3）刘健，樊登义，牛丽，刘群，王传成. 强化税源管理提高征管效能——基于天津市的研究情况[J]. 经济研究参考，2013（59）：43-61.

（4）付志宇，敖涛. 营改增后地方税主体税种的选择[J]. 财政监督，2016（18）：12-15.

（5）顾小波. 天津市"十三五"时期国税收入形势展望[J]. 天津经济，2016（10）：11-14.

**作者简介**：尚勇利，天津财经大学税务硕士；刘秀丽，天津财经大学财政与公共管理系，博士，教授。

下编

地方政府治理研究

# 基于新型城镇化发展的服务型乡镇政府职能转变①

**摘　要**：只有走中国特色的新型城镇化道路，才能推进我国城镇化进程，推动以城镇化为主的"四化"协调发展，解决好"三农"问题，提高农业现代化水平和农民生活水平，促进我国经济健康持续发展。乡镇政府在实施新型城镇化战略过程中起着至关重要的作用，只有进一步转变乡镇政府职能，建设服务型乡镇政府，才能加快我国新型城镇化进程。

**关键词**：新型城镇化；服务型乡镇政府；政府职能转变

城镇化是现代化的必由之路。"改革开放以来，中国的传统城镇化取得了瞩目的成就：城镇化水平由 1978 年的 17.92%提高到 2007 年的 44.7%，年均增长 0.89 个百分点"。②中共中央国务院颁布的《国家新型城镇化规划（2014—2020 年）》是指导我国城镇化健康发展的宏观性、战略性、基础性规划，对于推进新型城镇化，解决"三农"问题，提高农业现代化水平和农民生活水平，保持我国经济健康持续发展有着极为重要的现实意义。乡镇政府是新型城镇化发展的推动者和实施者，应该进一步转变职能，使其按照中央、省市的规划，结合本地区实际，树立新型城镇化理念，直面和破解新型城镇化进程中的难题，推动新型城镇化健康有序发展。

## 一、新型城镇化的内涵、目标及现实意义

（一）新型城镇化的内涵

所谓城镇化（或称城市化），是指居住生活在农村的人口不断向城镇或城市转移，与此同时，第二、第三产业也不断向城镇或城市聚集，使城镇或城市数量增加、规

---

① 本文系 2014 年度河北省社会科学基金项目"基于新型城镇化的服务型乡镇政府建设研究"（项目批准号：HB14ZZ006）、2015 年度河北省高等学校人文社科项目"基于新型城镇化发展的服务型乡镇政府建设研究"（项目编号：SD152002）研究成果。
② 吴江，王斌、申丽娟. 中国新型城镇化进程中的地方政府行为研究[J]. 中国行政管理，2009（03）：88-91.

模扩大的一种历史发展过程。城镇化是农村人口向城市或城镇转移的过程。在这个过程中，农业活动的比重下降，而非农业活动的比重上升，导致工业化进程加快，社会经济迅速发展。城镇化是各个国家在实现工业化、推进现代化过程中的必经阶段。

新型城镇化"是以民生、可持续发展和质量为内涵，以追求平等、幸福、绿色、健康和集约为核心目标，以实现区域统筹与协调一体、创业升级与低碳转型、生态文明和集约高效、制度改革和体制创新为重点内容的崭新城镇化过程"。[①]它是引领新型工业化、信息化、现代农业化协调发展，推动城市现代化、集群化、生态化和农村城镇化，全面提升城镇化质量和水平，我国已经根据自己的国情，探索出了一条具有中国特色的新型城镇化发展道路。

### （二）我国新型城镇化的发展目标

1. 以城镇化为主的"四化"协调发展

以信息化推动工业化，以工业化促进信息化，走出一条资源消耗相对较小、环境污染较少、但经济效益相对较高、人力资源得到充分发挥的新型工业化道路是我国工业发展的方向和目标。现代农业化是我国农业发展的主攻方向，应将现代化的科学技术应用到农业发展之中。城镇化道路的发展离不开信息化、工业化和现代农业化的协同带动，只有信息化、工业化、城镇化与现代农业化这"四化"协调发展，才能保证其充分发挥作用，推动我国经济长远、稳定发展。

2. 人口、环境、资源与经济的协调发展

人口总数多、环境压力大以及资源极度短缺是制约我国经济发展的重要因素，只有解决好人口、环境、资源与经济发展的关系问题，我国的经济才能获得长足发展，新型城镇化才能健康发展，人民的生活水平才能稳步提高。因此，发展经济绝对不能以牺牲环境和资源为代价，低碳节能经济是我国主推的经济发展方式，这种经济发展方式既能有效缓解资源和环境的压力，又能促进经济的长远发展。

3. 城市和乡镇的协调发展

城市经济发展迅速，乡镇经济发展相对落后，城乡差距加大是我国面临的具体国情。城乡差距加大严重阻碍了我国全面建成小康社会伟大目标的实现，因此，在新型城镇化进程中要采取先富带动后富、城市帮助农村的发展战略，促进城乡和谐发展，最终实现共同富裕。

---

① 单卓然，黄亚平. "新型城镇化"概念内涵、目标内容、规划策略及认知误区解析[J]. 城市规划学刊，2013（02）：16-22.

（三）新型城镇化的现实意义

1. 新型城镇化是我国现代化发展的需要

纵观世界各国的发展历程，世界上的经济强国无不是经历了工业化和城市化的发展道路，我国要想实现现代化，也必须稳步推进城市化进程。与其他国家不同，中国经济发展有其自身的特点，因此，绝对不能照抄、照搬他国的发展经验，必须要立足中国国情，根据我国的实际，找到适合自身的城镇化发展的路子，即走新型城镇化发展之路。

2. 新型城镇化是我国经济转型发展的必然选择

虽然我国的城镇化处于中期（城市化水平在 30%—70% 之间）的起步阶段，但与发达国家相比，我国的城镇化依然十分落后，主要表现在城镇劳动力剩余、城镇生产效率低下、城镇就业率低、城乡收入差距大等方面，这一系列问题都严重阻碍了经济的发展和社会的进步。新型城镇化可以有效扩大内需，使农村富余劳动力转移到城市，有效地解决农村人口的就业，真正增加农民的收入，缩小城乡居民之间的收入差距，促进我国经济的进一步发展，所以，新型城镇化是我国经济建设的必然选择。

3. 新型城镇化是缩小城乡差距，实现共同富裕的必由之路

新型城镇化的推进，有效地推动了"工业反哺农业、城市支持农村"战略的实施，在这种发展模式下，城市和乡镇都得到了稳定发展，城镇居民收入稳步增加，城乡差距也进一步缩小，实现共同富裕的伟大目标就有了从理想变为现实的物质基础。

## 二、新型城镇化进程中乡镇政府的职能

（一）积极引导乡镇经济发展

政府的行政职能包括政治职能、经济职能、文化职能、科教职能等，经济职能是政府最重要的职能之一，政府经济职能的充分发挥有利于经济发展和社会进步。在积极引导乡镇经济发展过程中，发挥政府经济职能要抓好以下几个方面：一是坚持以公有制为主体、多种所有制经济共同发展的原则，巩固和发展公有制经济，同时，也要加强对非公有制经济的鼓励和引导；二是要合理调整乡镇产业结构，进行产业结构的优化升级，转变乡镇落后的经营方式；三是要坚持走"新型工业化道路"，将信息化与工业化相互融合；四是充分利用现代科学技术，实现劳动密集型产业向技术密集型产业转型，促进我国乡镇经济高效增长。

## （二）加强城镇规划和管理

在乡镇尤其是农村，乡镇政府在推进城镇化进程中处于核心领导地位，必须搞好城镇和农村的规划与管理工作。在进行城镇规划和管理时，乡镇政府一定要坚持一切从实际出发和具体问题具体分析的原则，从本地城乡发展的实际状况出发，总结以往管理经验，以发展城镇经济为出发点和落脚点，借鉴国内外、省内外的先进经验，搞好城镇的规划和管理工作。具体来说，要做到三个方面：一是要搞好规划工作，找到地区发展的优势并充分加以利用。例如，风景优美的地区可以优先发展旅游业，以旅游业带动其他相关产业的发展。二是要对城镇发展的目标和方式进行合理规划，实行"有差异、有重点"的发展模式。三是针对城镇管理问题，依据国家相关法律法规，制定完善相关规章和制度，做到依法行政，依法治政，建设社会主义法治国家。

## （三）加强农村的基层民主建设和文化建设

我国是人民民主专政的社会主义国家，人民是国家的主人，基层民主是我国社会主义民主的有效实现形式。在行使权力的过程中，乡镇政府要担负起促进农村基层民主建设和文化建设的职责。在推进农村基层民主建设和文化建设时，乡镇政府要本着全心全意为人民服务的宗旨和原则，从广大人民的根本利益出发，积极推进基层民主建设和文化建设，建设文明、民主、团结、和谐、互助的社会主义新农村。

## （四）维护城乡社会稳定和公平

城乡社会稳定和公平是城乡经济发展的基础和前提，没有健康、稳定的社会环境，任何发展都是空谈。乡镇政府是中央政府意志最基层执行者和实施者，肩负着维护乡镇和农村的社会稳定，保障社会公平的职责。改革开放以来，我国城乡面貌发生了翻天覆地的变化，由于我国存在着城乡收入差距较大和农村社会稳定问题，因此，乡镇政府工作人员在行政管理过程中，一定要将维护城乡社会稳定和公平放在首要位置，要多深入农村，多深入基层，把问题解决在农村，解决在基层。

## 三、新型城镇化进程中乡镇政府职能转变策略

### （一）加强政治理论和相关业务知识学习

在当今的信息化社会，尤其是"互联网+"的理念已经渗透到我们生活的方方

面面，每一个乡镇政府工作人员都要树立终身学习理念，坚持学习政治理论，学习有关法律、经济、管理，以及新型城镇化、"三农"等方面的知识，拓宽知识面，为做好本职工作，更好地服务于民奠定基础。

（二）树立正确的服务理念

在新型城镇化进程中，乡镇政府工作人员要全心全意为人民服务，做好对广大人民群众的引导和服务，要从群众关心的生活、医疗、教育、社保等涉及民生的各个方面入手，为城乡居民的生产和生活提供服务，确保新型城镇化进程的稳步推进。

（三）完善政府决策管理机制

乡镇政府的决策能力和水平直接决定了其办事效率，在做行政决策时，要利用好上级党委和政府以及相关高校的智库，充分发挥智囊机构和人员的作用，坚持以人为本，始终把人民群众的根本利益作为决策的前提和基础，不断发展和完善决策管理机制。

（四）加强乡镇政府公务员队伍建设

建设服务型政府的关键是要提高政府工作人员特别是领导干部的素质，要加强政府机关的思想建设、制度建设、作风建设、能力建设。要进一步健全规范权力及有效监督权力的制度，认真遵守和落实各项规章制度，做到用制度管人、按制度办事，以保证权力正确、合理、有效地运行。

## 参考文献

（1）中共中央、国务院. 国家新型城镇化规划（2014—2020 年）[Z]. 2014-03-16.
（2）徐绍史. 坚定不移走中国特色新型城镇化道路[N]. 人民日报，2014-03-17.
（3）王艳成. 城镇化进程中乡镇政府职能研究[M]. 人民出版社，2010.

**作者简介**：张霁星，天津市行政管理学会副会长，研究员，研究方向为政府管理；吴明君，邢台学院副教授，研究方向为行政管理与思想政治教育。

# 构建"互联网+公共服务":

# 网络化协同治理模型和设计方法框架研究①

何继新

**摘　要:** 公共服务供给侧改革和互联网技术嵌入公共服务供给范畴,为公共服务供给建设创新转型提供了新的发展空间。本研究分析了"互联网+公共服务"建设中面临的多元主体间协同供给乏力和公共服务资源整合能力薄弱两种挑战,立足亟须通过提升不同供给主体间供给协同能力并支撑公共服务便利高效及信息化发展的现实需要,通过设计科学合理的"互联网+公共服务"网络化协同治理体系,构建便捷、共享、安全、高效、持续的公共服务。重点分析的问题是:在已有文献中提炼了对"互联网+公共服务"网络化机制、协同作用和影响因素的研究,依据复杂适应系统理论和网络化理论,基于"资源—利益"双元框架,以"互联网+公共服务"网络化协同治理系统主体间协同能力和协同效率为核心任务目标,建构一个有效描述和分析"互联网+公共服务"的网络化协同治理模型,结合此模型开展"互联网+公共服务"网络化协同治理系统动态分析,提出"互联网+公共服务"网络化协同治理设计方法框架。

**关键词:** "互联网+公共服务";网络化;协同治理;设计方法

## 一、引言

现阶段,我国公共服务信息化、智能化建设快速发展,国家"十三五"规划纲要在满足多样化公共服务需求中提出了"积极应用新技术、发展新业态,促进线上线下服务衔接,让人民群众享受高效便捷优质服务"的具体任务。然而,以"互联网+公

---

① 本文系 2013 年度国家社科基金年度一般项目"价值链视域的城市社区公共物品供给困厄与解围机制研究"(13BGL151)阶段性研究成果。

共服务"为主要形式的公共服务信息化建设存在主体协同弱化、网络环节割裂、资源整合乏力、运作管理低效等问题，供给主体往往基于自身利益和资源禀赋考量，按照当前公共服务供给管理体制及运作流程，将公共服务信息流、资金流、物流和业务流电子化，显见的困窘是缺乏多元供给主体间资源整合和具体业务交互协同的整体组织规划，造成主体间资源分散、利益博弈、信息隔离，跨区域、跨主体、跨部门、跨行业之间协调难度大、决策效率低、供给成本高，尤其是供给主体间供给活动业务整体协同能力和水平急需提高。另外，各供给主体共同分享和参与的"互联网+公共服务"不仅强调公共服务运作管理，在行政管理视域下以提高公共服务管理效率为目标，也要针对便民利民服务和支撑社会治理转型的应用需要，更要满足和支撑公共服务供给效率的提升，以及我国社会治理加速转型对公共服务建设的要求。

"互联网+公共服务"的建设目标在于利用现代信息智能化技术，通过公共政策工具支持，实施公共服务供给管理模式和机制创新，提高供给主体供给能力，提升公共服务供给效能，面对公众普适及差异化需求提供高效、便捷、优质的公共服务。随着我国公共服务供给管理体制改革的深化，"政府—市场—社会"相结合的混合供给格局正逐步形成，大力推进和提升公共服务品质和能力，建立以高效、便捷、优质为导向的公共服务已经成为"互联网+公共服务"发展的核心。同时，一种类型的公共服务供给问题会涉及多个供给主体、不同嵌套环节和主体角色转换，需要不同供给主体间的泛在化资源协同才能解决，而"互联网+公共服务"正是通过新兴信息技术、云技术、大数据技术和平台技术，构筑了公共服务供给新型社会化网络，带来了政府内部机构、政府—社会—市场—公众、政府—市场—公众、社会—市场—公众等不同主体交互模式的深度创新。据此，要求"互联网+公共服务"必须从全盘统筹出发，开展科学合理的网络化供给顶层设计，促进不同供给主体间价值一致、资源共享、责任共担和行为协同，规避主体权责不清、流程混乱和管理悬空，促进"互联网+公共服务"能够保障和支撑多主体合力解决共同存在的公共服务难题。因此，基于构建长效的整合协同公共服务主体利益关系视角，探寻"互联网+公共服务"网络化协同治理模型和设计框架，是提升公共服务供给效率及满足公众日益多元的公共服务需求的迫切需要，对于推动公共服务供给管理体系创新，满足公共服务供给侧改革标靶，促进多元主体供给决策与协同合作执行能力，提高公众公共服务满意度具有长效和关键的作用。

## 二、文献回顾

现阶段，学界对"互联网+公共服务"的网络化协同机制开始了探索性研究。国外众多学者研究认为，各国政府为方便公民获取社会信息、参与社会治理、建立公平的信息社会，将互联网纳入公共服务领域，已被广泛采用并作为公共政策目标（Gary Hardy and Graeme Johanson，2003）。"互联网+公共服务"的优势日益凸显，使得公共服务向电子服务改革成为地区、国家甚至国际发展的当务之急（Omiros D. Sarikas and Vishanth Weerakkody，2007），其有用性在公共服务的供给服务、社会服务和消费者生活服务方面不断彰显，不仅增加了公共服务流程与信息的透明度，提高了公众和政府的社会绩效（Emad Abu-Shanab，2014），也促进各供给主体更大的合作和各组织单位的内部与外部沟通，有效防止了政府官僚制的发生，减少政府开支，缩短了政府与公民之间的距离（Ronan McIvor etal.，2002）。一方面，强调公民通过互联网协同参与政府公共服务发展进程，提高公众对公共服务的满意度（John F. Affisco and Khalid S. Soliman，2006），并从长期排队的队列中迁移到网络相互作用体系框架中，减少人力资源浪费和提高公共服务效率（Joan Buckley，2003）；另一方面，现代多种多样的移动设备和智能环境转化，可以使公民以及各种供给主体基于自身需要开展协同成为可能（Baomin Li，2009），并且互联网已经为多元主体协同对话和构建共享机制创造了新的公共空间（Zi Papacharissi，2002）。

国内学者为促进互联网与公共服务更好的发展融合，也强调政府应发挥统筹管理作用，加强组织领导，注重规划引领，强化制度规范，坚持试点先行（王媛媛，2010；连君，2014；王国华、骆毅，2015）；同时，注重顶层设计，提出构建开放、包容、宽松、集聚多主体协同的智慧服务平台体系（陶国根，2016；刘霞，2105；姚财福，2015；周宇，2015），支持高校、科研院所与企业联合，确保公共服务信息化平台高效运行（张立钢，2014；邹磊、徐策，2015；宁家骏，2015），尤其是在项目开发中引入PPP（Public Private Partnership，公私合伙制）模式，加强社会协同与增进社会自组织有机统一，扩大社会多元参与、促进多元合作，开展多层次、多环节、多模式的线下线上相结合的互联网+公共服务体系（骆毅、王国华，2015；樊会文，2015；李天柱等，2015）。

据此，这些研究为构建"互联网+公共服务"的网络化协同整体治理研究提供了有益的借鉴，但多数局限于具体公共服务类型互联网平台体系研究，侧重于平台体系构建和具体互联网技术支撑。在现代网络化治理内涵中，协调和融合多元治理主体利益，促进各个子系统整体协作，实现整体功能大于代数和功能的协同效应（杨清华，2011）。但是，现有研究在基于资源要素禀赋前提下，对"互联网+公共服务"整体系统多元主体以及跨部门、跨区域、跨行业之间的利益关系和利益协作行动策略的考量颇为欠缺。另外，"互联网+公共服务"本身就是融信息化、智能化、网络化、复杂化、动态化和平台化为一体的高度复杂的动态公共服务供给系统，"互联网+公共服务"网络化系统内部嵌入了不同类型、性质、目的诉求的供需利益主体，不同主体角色利益关系不断动态转化且错综复杂，尤其"互联网+公共服务"作为一种复杂适应系统，不同群体之间的利益关系博弈是推动系统演化发展的主要因素，维持系统稳定性在于为各利益主体提供一种利益均衡机制（张哲，2008；杨博文、黄恒振，2009）。为此，亟待从一个新的研究视角——利益视角来考量"互联网+公共服务"网络化系统的治理框架，更急需站在多元主体利益关系协调和竞合的立足点上建构一套设计方法。基于此，本文探讨的主要议题是，从当前"互联网+公共服务"运作发展的实际情况出发，综合考虑"互联网+公共服务"运作机制及其影响要素，以提升"互联网+公共服务"供给效率作为目标，融合"互联网+公共服务"任务导向和协同不同供给主体之间的利益关系，基于复杂适应系统理论及网络化理论构建可操作的"互联网+公共服务"网络治理模型，提出"互联网+公共服务"总体设计框架，以期实现高效、便捷、优质和可持续发展的"互联网+公共服务"，为科学合理的"互联网+公共服务"系统规划设计提供有力支撑。

## 三、"互联网+公共服务"网络化协同治理模型构建

美国学者提出网络化治理的概念，认为跨界合作的最高境界有赖于网络化治理，即按照传统层级结构形成的纵向权力线和依靠新兴网络建立的横向行动线二者的深度融合，且其兴起象征着第三方政府、协同政府、数字化革命以及消费者需求等影响公共部门形态的发展态势的合流（Stephen Goldsmith，William D Eggers，2008）。若从其结构形式来说，网络化治理亦是特殊的网络与特殊的治理的两者交融的网络结构治理形式（Eva Sørensen，Jacob Torfin，2004），是将政府、企业、非营利组织以及公民等组织和个人集合起来，利用机构和个人的资源与专业知识共同解决公共问题的合作治理（Calanni J etal，2010；高和·里兹维、陈雪莲，2009），即将政府合作与市场委托代理相结合的治理模式。"协同"则是整体系统的各个子系统之间，基于系统目标的实现而通过协同系统主体、要素、关系和行为的协调及相互配合支持，保证复杂大系统保持稳定良性运作状态和促进系统可持续发展，从而发挥整个系统"1+1>2"的功能协同整合放大效应（李振华，2005）。从复杂系统理论范畴来看，系统的协同性实质上是外部环境因素与系统内部子系统之间交互影响的协同性，且这种影响持续不断发生复杂作用，是一个动态的高度复杂性系统。因此，在复杂自适应巨系统中，协同性是复杂系统关注的核心命题。一方面，系统的要素组成具有个体构建的多样化，每个构件要素之间的交互作用和影响呈现出典型的非线性关系，不是简单的线性因果关系，而是各种线性叠加、交互影响、彼此纠缠的不规则运行状态关系和可能的突变。

另一方面，系统内的个体构件、要素持续不断地与外部环境发生反馈作用和交互影响，依据系统整体目标，主动协同和适应外部环境的影响，并进行物质、能量和信息循环流动，驱动系统保持正常运行的状态和不断向高级方向演化（张哲，2008）。基于上述分析，本研究面向复杂巨系统，把网络化治理和协同两个概念复合起来，将"互联网+公共服务"网络化协同治理系统看作跨主体、部门、行业、领域及地域的不同公共服务供给系统，是一种基于"互联网+"工具技术和管理逻辑的由公共服务多元供给主体共担、共享、共建的网络化协同的复杂适应系统，以创造公共服务价值保值增值为终极目标，把"互联网+公共服务"网络化协同供给能力塑造和供给效率提升作为核心，重点探讨"互联网+公共服务"系统中多元供给主体之间的"资源配置—利益整合"关系，如图 1 所示。

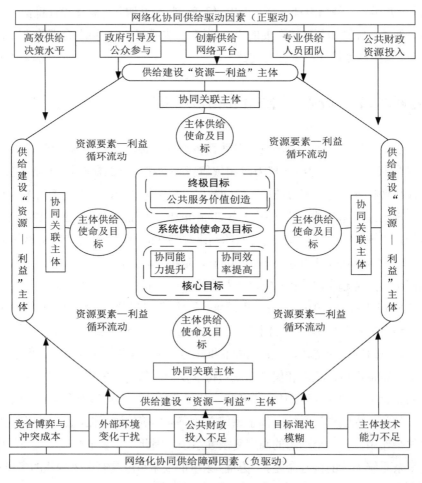

**图 1 "互联网+公共服务"网络化协同治理模型**

注：作者自绘。

"互联网+公共服务"网络化协同治理的复杂性、自组织性、非线性、开放性和动态性特征，为构建"互联网+公共服务"管理协同系统分析和优化提供了有效的支撑。这种支撑主要体现在：一是该模型强调在协同不同主体、不同环节的公共服务项目供给管理中，明确了以协同不同供给主体的供给能力塑造和供给效率提升为核心，将"互联网+公共服务"网络化协同治理系统中的成员主体和各类协同内容统一在共同使命目标中，构建了一个有机关联的协同整体治理系统，尤其是对于明确共同目标的协同供给系统，这是引导各子系统、各主体部分实现有效协同和公共服务供给建设的关键。二是该模型从特定的"互联网+公共服务"不同供给主体的协同供给能力塑造和供给效率提升使命目标出发，通过分析完成使命目标所需要的跨环节、跨主体、跨层次、跨领域等公共服务项目供给建设和运营管理活动目标任务，进一步关联到网络化系统中的不同协同主体，基于"资源—利益"双元框架识别出网络化系统中的各种利益主体，将"互联网+公共服务"供给建设使命目标同各利益主体有效关联起来。三是该模型关注和强调不同主体间的资源配置、利益竞合和要素流动，尤其是"互联网+公共服务"网络化供给治理系统蕴含着显在和潜在、现实和虚拟彼此交织的物流、资金流、信息流和业务流，这些巨量要素流动的本质在于资源占有配置和利益竞合。因此，本模型特别关注网络化治理系统中协同各主体之间的"资源—利益"整合关系，并将这种相互交织的"资源—利益"关系串联到物流、资金流、信息流和业务流系统中，为"互联网+公共服务"网络化供给治理系统的协同供给关系描述和协同供给原生动力分析提供新的视域。四是该模型体现了系统内部和外部的驱动或障碍因素对"互联网+公共服务"网络化供给治理系统协同供给效能的影响，反映了该系统作为一个开放的系统与内外部影响因素发生的相互作用。这些因素包括：政府科学引导、金融支持、社会公众参与、供给技术创新和协同区域社会经济环境等驱动因素，以及成员主体资源—利益博弈冲突、系统使命目标模糊混沌、公共政策引导力缺失、供给运作模式滞后和外部环境干扰等障碍因素，这对于分析"互联网+公共服务"网络化供给治理系统的协同关系变化和提升协同供给能力路径具有重要意义。

## 四、"互联网+公共服务"网络化协同治理设计框架

以"互联网+公共服务"网络化协同治理模型为基础，在构建"互联网+公共服务"协同系统中，可对"互联网+公共服务"网络化供给治理系统协同供给进行分析，明确其优化目标方向和实施路径，完成"互联网+公共服务"网络化协同治理系统的重构，这正是跨环节、跨主体、跨层次、跨领域的"互联网+公共服务"网

络化协同治理平台设计的主要内容。据此，基于对"互联网+公共服务"网络化协同治理系统的内涵分析和整合模型构建，在"互联网+公共服务"网络化协同治理系统设计框架中，应当以系统内不同协同主体成员间"资源—利益"交换流动和包容整合为基础，以创造公共服务价值保值增值为终极目标导向和提升整体系统网络化协同供给能力塑造与供给效率为目标，构建系统内不同主体在公共服务项目供给建设上的资源配置、要素交换、权责定位、行为活动、目标任务和利益竞合等方面的协同。为此，"互联网+公共服务"网络化协同治理系统的设计框架，应重点关注系统不同主体资源要素占有和配置及其主体利益期望，结合系统使命和目标，在"资源—利益"双元框架下，从作用场域、交换流动和竞合博弈均衡去识别协同主体关系、目标任务和行为活动，进一步建构"互联网+公共服务"网络化协同治理系统运作模式，形成有效的协同调节策略。该框架主要包括：（1）"互联网+公共服务"网络化协同治理系统使命目标任务分析与"资源—利益"作用场域识别；（2）"互联网+公共服务"网络化协同治理系统协同关系及活动分析与"资源—利益"流刻画；（3）"互联网+公共服务"网络化协同治理动力系统分析与竞合博弈均衡分析；（4）"互联网+公共服务"网络化协同治理模式机制构筑与调节策略分析。

（一）"互联网+公共服务"系统使命目标任务分析与"资源—利益"作用场域识别

"互联网+公共服务"网络化协同治理模型是以提升整体系统网络化协同供给能力塑造和供给效率使命目标为核心，是基于互联网思维和逻辑的各主体协同参与公共服务供给行为的价值研判导向。因此，首先，对"互联网+公共服务"网络化协同治理使命任务进行分析，主要从"互联网+公共服务"网络化协同治理系统受影响的内部和外部环境条件出发，立足不同地域和经济社会不同发展阶段及其公共服务主要建设目标，分析和明确"互联网+公共服务"具体项目供给建设的定位理念，以及从整体上和各个子系统层面分别说明公共服务建设发展存在的理由和所应担当的角色与责任，进而明确"互联网+公共服务"网络化协同治理整体使命目标和各个子系统使命目标。其次，基于整体和子系统使命目标的分析来识别出承担"互联网+公共服务"供给使命任务的实施主体、作业对象和任务内容，以"资源—利益"双元标准进一步分析识别作用场域的主要供给主体载体，进而定义"资源—利益"作用场域主体，完成"资源—利益"作用场域识别。

这一阶段的主要内容可以概括为：一是以当前"互联网+公共服务"发展且与公共服务建设紧密相关的不同领域经济社会发展的政策、规划和制度为依据，分析当前与"互联网+公共服务"相关联的经济社会发展重要问题，从中明晰旨在解决

"互联网+公共服务"网络化协同治理的难题。二是将"互联网+公共服务"网络化协同治理系统总体使命目标进行逐级分解，形成各子系统分层级的功能职责和任务目标，进一步定义各子系统中每个任务单元的实施主体、功能职责、任务目标及其作业对象。三是将各子系统中每个任务单元实施主体作为"资源—利益"作用场域的基本载体，全面分析其所承载的公共服务建设的各种基础条件、资源禀赋及其现实状况，还要考虑社会公众对公共服务安全、便捷、价廉、高效等的需求，解决当前供给协同、供需协同、环境协同等方面引致的多重"资源—利益"矛盾的必要性和紧迫性。四是遵循"互联网+公共服务"网络化协同治理系统纵向供给价值链逻辑，按照纵向供给价值链范型，分析不同主体参与规划设计、投资决策、建设生产、运营管理和消费等不同供给环节的经营活动、所需资源条件和衍生的各种利益期望，并以此界定"互联网+公共服务"主要供给主体的供给经营活动域。五是用"互联网+公共服务"网络化协同治理主体的供给经营活动域集合定义"资源—利益"作用场域，用不同主体在各供给经营活动域中形成的"资源—利益"关联主体集合定义"资源—利益"主体，从而完成"互联网+公共服务"网络化协同治理主体的"资源—利益"作用场域识别。

（二）"互联网+公共服务"协同关系及活动分析与"资源—利益"流刻画

"互联网+公共服务"网络化协同治理系统是一个开放、动态和复杂的自适应系统，系统要素资源不仅在内部主体间循环流动，还与外部环境发生各种要素关联和交换，系统始终处于以协同主体间的资源要素交换、配置、流动和循环的多维要素流动维系网络化协同供给活动。因此，"互联网+公共服务"网络化协同治理系统中各协同主体之间的资源要素和利益的流动顺畅性是网络化协同供给正常运行并实现持续协同供给高效率的前提条件，也是各个主体开展协同供给活动的基础。这需要在上述阶段使命目标任务分析和"资源—利益"作用场域辨析识别的基础上，从作用场域下"资源—利益"主体间关联协同的视角分析不同主体在资源占有及配置的能力、基础和条件，在公共服务供给中参与的目标任务、活动角色及其投入资源和社会经济成本同私人利益、公共利益产出的衡量利益，形成协同主体"资源—利益"的静态图景描述，再进一步以产权交易理论、要素定价理论为依据，把不同供给主体间的资源要素和利益交换嵌套在公共服务供给物流、信息流、资金流、业务流之中，通过公共服务网络化供给的物流、信息流、资金流、业务流等作业对象形式完成各协同主体间"资源—利益"循环流动关系的描述刻画。

这一阶段的主要内容可以概括为：一是用"互联网+公共服务"网络化协同治

理作用场域的"资源—利益"主体协同关系，体现和反映互联网思维下公共服务供给经营活动范畴，将"资源—利益"主体界定为协同供给活动主体，并在各协同供给活动主体从资源能力、目标任务、供给投入和供给产出等方面权衡的基础上进行主体"资源—利益"账户定义。二是基于不同作用场域的"资源—利益"主体关联关系，细化并转化为各主体"资源—利益"账户间的物流、信息流、资金流、业务流等作业经营流，通过流向、流速、流量表达和阐释协同主体间资源及实际利益关联性，其中，可以把资源要素投入流看作成本流，公共服务私人利益及公共利益看作收益流，通过成本流、收益流两种形式刻画各主体协同供给的"资源—利益"循环流动基本框架。三是在"互联网+公共服务"网络化协同治理中，按照资源配置最优和公共服务利益最大化的原则，构建"互联网+公共服务"网络化协同"集聚式"供给，即把同一公共服务活动主体承担的经营活动及其资源要素向系统内外若干供给效率高的主体聚合，通过这些主体打造"互联网+公共服务"网络化协同主体间平台化、一体化和整体化供给运行模式，以及"资源—利益"流协同合作关系整体刻画图型。

## （三）"互联网+公共服务"协同治理动力与竞合博弈均衡分析

在建立"资源—利益"流以表达不同供给环节、不同供给作用场域和不同供给主体等协同资源和利益流动关系的前提下，一方面，从系统内部和外部的驱动因素或障碍因素出发，立足于供给主体的各种作业活动流，分析判断不同主体间协同供给的抑制动力及驱动动力要素内容；另一方面，把资源要素投入流看作成本流，公共服务私人利益及公共利益看作收益流，以收益和成本为分析工具，通过各供给主体"资源—利益"账户间的物流、信息流、资金流、业务流等作业经营流，以及流向、流速、流量的分析，明确各协同供给主体间的竞合博弈均衡关系。

这一阶段的主要内容归纳为：一是从系统内部和外部的驱动因素或障碍因素出发，借助系统中各供给主体"资源—利益"账户间的物流、信息流、资金流、业务流等作业经营流，分析采用"互联网+公共服务"网络化协同供给管理模式及技术时，其供给主体协同供给的资源配置机制、资源配置结构、供给产出分配结构、交易要素定价结构、资源要素交易方式和定价交易博弈均衡等对"互联网+公共服务"网络化协同供给动力的作用和影响，进而进行"互联网+公共服务"网络化协同治理动力分析。二是借助各供给主体"资源—利益"账户间的物流、信息流、资金流、业务流等作业经营流，以及流向、流速、流量的分析，在采用"互联网+公共服务"网络化协同供给管理模式及技术时，分析资源要素基础条件、配置结构及方式、定价结构、定价博弈均衡和供给产出利益分配结构及方式等对不同供给主体资源再投入和公共服务产出利益的影响，深入研判各协同主体间围绕"互联网+公共服务"网络化协同供给管理的协同互动是否合理。

（四）"互联网+公共服务"网络化协同治理调节策略分析与模式机制构建

"互联网+公共服务"网络化协同治理调节策略分析与模式机制构建强调的是：基于纵向公共服务供给作业活动环节的流程性和横向不同环节、不同供给主体功能分工两个层面，依据价值链理论、价值网络理论和整体治理理论，结合不同供给主体"资源—利益"关联关系和活动范畴，从政府、企业、社会组织到社会公众以及相关供给参与方形成的多元化主体协同供给调节和支持策略，最终形成对"互联网+公共服务"网络化协同治理系统运行模式和机制的重塑与建构，以实现便捷高效、科学合理、共享共建的"互联网+公共服务"网络化协同治理系统平台化、一体化和整体化设计。

这一阶段的主要内容包括：一是基于"互联网+公共服务"网络化协同治理动力要素内容分析，定位于主体资源和利益分析，建构不同"资源—利益"主体协同关系强弱、协同内容多少、协同响应快慢的供给业务活动引导机制、资源配置机制、要素定价机制、激励约束机制和博弈信息对称等调节策略。二是针对"资源—利益"失衡的不同供给主体建构调节策略，需要基于"互联网+公共服务"网络化协同治理不同主体"资源—利益"均衡配置结论，研究设计"资源—利益"失衡的制度设计，包括公众参与机制、供需匹配机制和补偿机制，以及针对流量、流速失衡的全程网络监测机制、预警机制和利益转移平衡策略，这是由于供给主体"资源—利益"状态的均衡是实现"互联网+公共服务"网络化协同治理长效协同的前提。三是基于"互联网+公共服务"协同治理功能定位、目标任务、资源基础条件、供给活动内容、重点任务、主体权责分工、主体协同关系流程等方面，研究内容包括由信息传导反馈的共享机制、公众参与互动机制、政府引导支持机制、全域化透明监测机制、准入建设机会均等机制、资源转移平衡机制，以及软性社会资本策略等调节策略与机制。四是基于"互联网+公共服务"协同治理系统使命目标，不同主体协同供给任务单元、功能模式和"资源—利益"配置调节策略，在互联网和公共服务供给侧改革要求下，借助和依托互联网技术，构建面向社会公众的公共服务领域，整合社会泛在化资源，发挥资源及利益均衡调节功能，体现扁平化、平台化、一体化和整体化的公共服务供给任务管理创新模式的网络协同治理系统。

## 五、主要结论

本研究基于我国公共服务供给侧改革和"互联网+公共服务"建设的背景，立足急需通过提升不同供给主体间供给协同能力及信息化发展的现实需要，从理论上提出了对"互联网+公共服务"网络化协同治理系统的描述和分析的薄弱性与缺憾，以复杂适应系统理论为支撑构建了"互联网+公共服务"网络化协同治理模型，提出了当前"互联网+公共服务"网络化协同治理设计框架。

一方面，"互联网+公共服务"网络化协同治理模型是以"互联网+公共服务"网络化协同治理系统主体间协同能力和协同效率为核心使命任务目标，基于"资源—利益"双元框架，体现和反映系统与内部及外部各种影响因素的相互作用关系，使得该模型成为一个具有涌现性、复杂性、自组织性、非线性、网络性、开放性和动态性特征的公共服务复杂网络化协同供给系统，为揭示"互联网+公共服务"网络化协同系统的"资源—利益"循环流动机制和建设路径提供了基本分析思路，也是对当前"互联网+公共服务"网络化治理理论的进一步发展。

另一方面，本研究在构建"互联网+公共服务"网络化协同治理模型的基础上，以构建公共服务协同能力和效率为目标，提出了当前"互联网+公共服务"网络化协同治理设计框架。该方法将系统的多元协同主体通过"资源—利益"关系进行整合，从"互联网+公共服务"网络化协同治理系统使命任务目标的分析入手，通过逐级分解使命目标、作用场域识别、协同关系及活动辨析、"资源—利益"流刻画、协同动力分析、竞合博弈均衡分析、调节策略及模式机制构建，定义"资源—利益"关联主体、作用场域、作业对象、作业活动及其账户，进行物流、信息流、资金流、业务流等作业经营流活动分析和"资源—利益"关系流型刻画，提供具体的调节策略和构建扁平化、平台化、一体化和整体化的公共服务网络协同供给治理系统，从而探索性建构实现公共服务信息化设计方法，为"互联网+公共服务"系统的信息化设计提供了一种新思路。

总之，由于受到来自政治、社会、经济和技术等诸多因素的影响，当前"互联网+公共服务"网络化协同治理模型、体制机制都没有将复杂的供给主体、要素资源、协同关系、目标导向等协同要素进行有机整合，也没有很好地体现"互联网+公共服务"网络化协同治理的价值导向，难以为该系统科学描述和分析提供有效的理论和实践支撑。为此，本研究构建的"互联网+公共服务"网络化协同治理模型，尝试性地提出了"互联网+公共服务"网络化协同治理设计方法框架，为"互联网+公共服务"建设以协同为中心的供给质量及效率提升提供了一种可能操作的新思路，对于当前基于互联网技术，通过"互联网+公共服务"网络化协同治理模式和机制，面向公共服务供给侧改革，提升跨区域、跨主体、跨行业公共服务合作供给模式由"各自为战"到"协同发展"的转型具有重要的指导意义。

## 参考文献

（1）Hardy G, Johanson G. Characteristics and choices of public access Internet users in Victorian public libraries[J]. Online Information Review, 2003, 27(05): 344-358.

（2）Elliman T, Sarikas O D, Weerakkody V. Realising integrated e-government services：a UK local government perspective[J]. Transforming Government：People, Process and Policy, 2007, 1(02): 153-173.

（3）Abu-Shanab E. Antecedents of trust in e-government services：an empirical test in Jordan[J]. Transforming Government：People, Process and Policy, 2014, 8(04): 480-499.

（4）McIvor R, McHugb M, Gadden C. Internet technologies: supporting transparency in the public sector[J]. International Journal of Public Sector Management, 2002, 15(03): 170-187.

（5）Soliman K S, Affisco J F . E-government：a strategic operations management framework for service delivery[J]. Business Process Management Journal, 2006, 12(01): 13-21.

（6）Buckley J. E-service quality and the public sector[J]. Managing Service Quality：An International Journal, 2003, 13(6): 453-462.

（7）王媛媛. 利用互联网推动城市社区文化建设路径探析[J]. 山西广播电视大学学报，2010（05）：103-104.

（8）连君. 数字化社区建设中的问题与对策研究[D]. 中国海洋大学，2014.

（9）王国华，骆毅. 论"互联网+"下的社会治理转型[J]. 人民论坛 •学术前沿，2015（10）：39-51.

（10）陶国根. 大数据视域下的政府公共服务创新之道[J]. 电子政务，2016（02）：68-73.

（11）刘霞. "互联网+"时代创新基层社会治理的思考[J]. 农业网络信息，2015（10）：110-112.

（12）姚财福. 深化行政体制改革营造"互联网"发展的良好环境[J]. 世界电信，2015（08）：31-34.

（13）周宇. 上海市静安区石门二路智慧社区建设研究［D］. 大连海事大学, 2015.

（14）张立钢. 面向房地产企业的智慧社区建设与运营研究［D］. 大连理工大学, 2014.

（15）邹磊, 徐策. 实施"互联网+"行动计划　推动提质增效升级［J］. 宏观经济管理, 2015（06）：13-16+26.

（16）宁家骏. "互联网+"行动计划的实施背景、内涵及主要内容［J］. 电子政务, 2015（06）：32-38.

（17）骆毅, 王国华. 利用"互联网+"实现协同治理机制创新的关键举措研究——以美国"公众专利评审"项目分析为例［J］. 情报杂志, 2015, 34（10）：8-15.

（18）樊会文. 互联网+的价值创造效应及其生成机理［J］. 工业经济论坛, 2015（03）：1-10.

（19）李天柱, 吕健露, 侯锡林, 马佳. 互联网大数据创新的基础设施及其建设思路［J］. 技术经济, 2015, 34（07）：33-40+50.

（20）杨清华. 协同治理的价值及其局限分析［J］. 中北大学学报（社会科学版）, 2011（1）：6-9.

（21）张哲. 基于产业集群理论的企业协同创新系统研究［D］. 天津大学, 2008.

（22）杨博文, 黄恒振. 复杂适应系统中的利益群体博弈——以公共组织系统为例［J］. 西南石油大学学报（社会科学版）, 2009（06）：36-38.

（23）斯蒂芬·戈德史密斯, 威廉·D. 埃格斯. 网络化治理：公共部门的新形态［M］. 孙迎春译. 北京：北京大学出版社, 2008.

（24）Calanni J, Leach W D, Weible C. Explaining Coordination Networks in Collaborative Partnerships［J］. West Political Science Association Annual Conference, 2010(3):1-37.

（25）高和·里兹维, 陈雪莲. 美国政府创新：观察和经验［J］. 经济社会体制比较, 2009（06）：84-91.

（26）李振华. 基于复杂性的企业协同竞争机制研究［D］. 天津大学, 2005.

**作者简介**：何继新，博士，天津城建大学教授，科技处副处长，主要研究方向为公共服务管理。

# 创新型高端人才培养项目的问题指向与困境突破
## ——基于 T 市创新型人才培养工程的实证分析

温志强

**摘　要：**创新人才培养力度不够是社会转型时期实现"十三五"规划、推行"人才+"模式的重要瓶颈，当前没有创新人才培养工作整体平台、专门的创新人才服务机构和创新人才互相合作平台，缺乏战略性产业链专项人才工程，境外培养渠道少等困境。为此，本研究提出树立"大人才"观念，成立创新人才服务中心和创新人才工程评测研究院，研发设计创新人才工作平台和管理服务平台，完善培养经费申请、发放、使用和监督的制度，设立战略新兴产业链创新人才工程项目，加强专门的境外培训项目等建议。

**关键词：**创新人才；人才培养项目；问题指向；困境突破

## 一、引言

人才是发展之基、创新之要、竞争之本。人才是社会的竞争力，社会建设总是在"人才+"的模式中快速发展和稳步前进的。当前，"大众创业、万众创新"成为新时代的鲜明主题，顺利实现"十三五"目标和率先完成社会主义现代化需要以高层次人才为支撑，汇聚和调动人才发展的积极性，"人才引领、技术创新、社会发展"已成为普遍共识。

（一）创新型人才培养工程的评估结果与问题分析

人选申报工作是组织开展人才培养工作和高端人才进入创新型人才培养工程项目的第一步。不论是从市级人事局、基层人才培养单位，还是从创新型高端人才个人出发，人选申报工作受到了格外重视，在高度关注中得到圆满完成，但是在后期人才培养工作的实际运行中却出现了跟进困难、推行有碍、管理失误、操作失范等问题。

1. 创新型高端人才对培养相关事项存在认知盲区

市级相关单位在后期人才培养工作中出现落实目标不具体、措施采取不到位以及配套管理办法欠缺等一系列不足，导致创新型高端人才对于个人培养相关事项的不清楚和不了解。经评估调查后发现，有8%—10%的人对"国际化培养"政策、"导师合作"政策、"单位配套经费"政策和"单位专门的管理规制"政策存在着严重的认知盲区。在样本206人中，有15人不了解本单位人才培养工作的专门管理机构和专业人员，有超过40人不熟悉各项管理规定。这为后续推行人才培养项目、拓宽培养范围、加大培养力度设置了障碍。

2. 人才培养工作跟进困难，推行有碍

在对人才培养政策执行情况的调查发现，77.8%的被调查者反映单位组织此项目的定期推动会议每年1次，45.6%的被调查者反映专人负责定期沟通落实培养方案每年1次，参加单位组织的定期推动会议3次以上的人占45%，55%的人仅参与1—2次，其中11%的人没有参加过推动会议。就人才培养管理规定和培养方案落实情况的调查发现，所在系统管理部门没有重视管理规定、有效制定管理措施的人和不了解此项工作的人各占1%。25%的人认为单位部分落实管理规定，2.1%的人认为单位基本没落实，甚至完全没有落实管理规定。按照上级要求开展培养方案落实的人占35%，单位没有有效开展培养方案落实和不了解此项工作的人各占2.7%。

3. 人才培养工作管理失误、操作失范等问题

通过调查我们发现，人才培养单位在人才培养工作过程中就经费使用、方案制定、团队建设和成果转化等方面存在管理失误、操作失范的问题。在配套经费方面，18.4%的人不了解单位配套经费的比例规定，19.5%的人不知道单位配套经费的划拨时间，5.7%的人不参与、不知道培养方案的制定。人才培养工作在以人选为核心加强创新团队建设方面，有3.1%的人认为单位不太重视此项工作，不了解单位此项工作情况的占4.2%；认为单位没有建立创新型人才培养基地和科技成果转化基地的占10.4%，不了解此项工作情况的占10.9%。

（二）重成果评价，轻潜质开发

沿袭了一贯的评价体系和评估作风，T市创新型人才培养工程的管理部门在高端人才和创新人才培养工作开展过程中仍旧偏重以总体成果来评价人才的优质程度。从高端人才申报阶段一直到对高端人才的评定阶段，创新型人才培养工程的管理部门将高端人才成果的多少和影响力的大小作为其筛选与判定的核心环节。这样

的做法固然对人才的评价有着客观和公正的理念，但是仅仅依靠已经取得的成果来评价人才不免会有些片面和草率，"以量称重"伤害的是潜在能力的开发与挖掘。既定成果只是人才评定的一项"过去性"标准，人才能在未来释放出来的巨大潜质——作为"造血机制"中的"血液"才是人才培养工程的最大收获。在满意度调查中，有 2.7% 的调查对象对"创新意识高研班"不满意，4.7% 的人对"专业化进修班"不满意，约 9.4% 的人对"国际化培训研究"存在异议，对"创新学术论坛"和"创新考察活动"持有不满态度的人各占到 6.8% 和 8.3%。可以发现，培养项目对于人才潜质，尤其是创新能力的开发效果并不是很让人满意。

（三）重个人发展，轻相互合作

在人才培养成长情况调查结果中发现，通过人才工程的培养，只有少数人才的学历层级、学位层级、职务变化层级、专业技术职称变化层级有所提升，大部分人才层级提升情况并不显著。对于人才能力提升情况的统计可以发现，3% 左右的人才的市场竞争力、科学研究水平、社会服务水平、组织领导能力和国际化视野方面并没有显著提高。

在人才合作方面，大部分被调查者认为单位在鼓励和支持人选申报和承担国家重点科研项目（课题）、直接参与国家和 T 市重大项目合作开发，鼓励和支持人选发挥专业优势，直接参与区域经济发展和科技型中小企业的项目合作开发这两方面的工作做的基本到位，但仍有 10% 的人对此不关心、不了解、不认可。对人才工程中"专家服务基层行动计划"仍有 8.9% 的人不满意，8% 的人对合作导师不满意。

（四）重国内培养，轻国际化提高

T 市创新型人才培养工程的管理部门对高端人才和创新人才的培养内容涉及很多方面，包括各种形式的研究班和进修班，如创新意识高研班、专业化进修班、创新学术论坛、专家服务基层行动计划等。这些培养内容基本上囊括了国内的信息交流和意见表达，虽然对国际方面的内容和项目有着不同程度的研究，但项目中的人才缺乏国外学术交流的经历和经验。在调研中发现，认为单位积极创造条件大力支持并组织人才赴国（境）外参加短期培训学习，加强学术技术合作的人占 50.7%，认为单位积极创造条件支持人才参加高端培训的人占 71.1%。在人才工程的培养内容满意度调查中发现，12% 的人对"国际化合作研究"方面的培养内容不满意，对"国际化培训研究"的内容持有不满意态度的人占到 9.4%，12.9% 的人对"外语强化培训班"的培训内容不满意。

（五）重项目投入，轻指标约束

知识经济时代的开启将人才的重要性推向了一个前所未有的高度，正是因为管理部门认识到了"人才"作为部门发展的关键元素，使得与此有关工程项目的投入比例越来越高。综合现有的人才培养工程项目，可以发现项目数量众多，项目种类繁杂，项目范围广泛的特点。关于人才培养工程人选资助的经费情况，被调查者中约 88%的人认为经费满足培养方案需要，经费支出范围满足培养需要，经费支出流程也十分便利，93%的人认为经费拨付方式对培养方案的实施基本无影响，经费使用效率高。

## 二、创新型人才培养工程现存困境分析

（一）没有创新人才培养工作整体平台，各类人才项目信息数据不能共享

T 市创新人才培养工作整体上由市人才工作领导小组通盘考虑，领导小组在人社局设办公室，属于人才工作的协调机构。具体人才项目分别由组织部、人社局、老干局等单位的某一具体部门承担。这种多头管理导致了很多人才信息不准的问题，主要表现在：一是人才数据库不兼容，人才信息不能共享。人才信息从不同口径统计的数据不一致，创新人才的基础数据不清晰，甚至在一个系统的引进人才数据都不一样。二是信息屏蔽导致"马太效应"明显。由于各类项目独立设计，独立运行，彼此之间衔接程度较低，很多急需要得到资助的人才不能获得资助机会，而一些连续获得资助的人由于未珍惜资助培养，使经费绩效大打折扣。三是没有整体工作平台，各个项目各自重复建设工作平台，各个平台又不兼容，有纸质版、WORD 版、EXCEL 版、软件单机版、网络交互版等。目前还没有集申报、评审、中期检查、结果考核、项目评价等于一体的工作平台，导致一事一填表，同样的内容反复填写，再加上多个项目同时进行更是繁琐至极。四是人才数据分散，缺乏统一规范管理，人才信息安全无法保障。

（二）战略性产业链专项人才工程缺乏，集群效应不足

对人才广度的重视带来了"泛人才"和"面人才"的储备，而对产业深度的忽视带来了"链人才"的短缺，主要表现在：一是战略性产业链专项人才工程极少，缺乏专项人才培养规划。例如 T 市，目前在 43 类创新人才培养工程和项目中只有

"T 市勘察设计大师""T 市规划设计大师"和"T 市会计领军人才"3 个针对某一行业的专项人才培养规划，占人才工程项目的 6%。二是现有创新人才培养项目更加侧重于对人选范围吸纳的广泛性，而对于人才积聚产业的深度方面有些许忽视。在调查的 T 市 206 人中，区县 6 人，农业系统 11 人，宣传系统 14 人，其他系统 15 人，卫生系统 23 人，城建系统 22 人，国资系统 51 人，教育系统 64 人，这反映了目前创新人才存在的"三多三少"的问题，即科研院所多，真正投入到生产一线的部门少；国营企业多，私营企业先进科技产业少；传统产业多，新型尖端产业少。

### （三）没有创新人才互相合作平台，团队融合创新不足

由于"大人才"工作格局理念并未树立，人才培养机构尚未认识到创新人才之间进行集聚合作能够产生的巨大融合创新潜力，忽视了创新人才资源的外溢承载作用，使得人才培养的成本投入得不到最大效率的使用。团队融合创新不足主要表现在：一是绝大多数人才对融合创新的意愿很强烈，但是创新人才之间缺乏融合创新的交流平台和机会，在调查的 206 人中，创新人才工程项目内部有合作经历的 2 人，占 0.9%；有跨专业、跨行业合作经历的 97 人，占 47.1%。但是，有跨专业、跨行业合作意向的 176 人，占 85.4%；认为跨专业、跨行业融合对成果创新有很大作用的 181 人，占 87.9%。二是融合创新团队建设项目不足，例如在 T 市创新人才培养工程中，只有"131"第一层次等 3 个团队建设项目，远远不能满足融合创新的需求。三是融合创新意识培养不够。调查发现，认为跨专业、跨行业融合对成果创新可能有作用的只有 21 人，占 10.2%，认为不会有作用的有 7 人，占 3.4%。这说明还有很多人在自己的专业领域里只闷头做事，突破不了专业局限这个瓶颈。

### （四）境外培养渠道少，国际化培养不足

随着"一带一路"倡议的实施和自贸区的开发开放，目前创新人才工程项目在适应国际化水平的需要方面远远不足，使得创新人才缺乏国外学术交流的经历和经验。国际化培养不足主要表现在：一是没有专门的国际化培养机构；二是有组织的国际化培训需求量很大而项目少，培养渠道也不畅，在调查的 206 人中，在境外培训和访学意愿调查中意愿强烈和有意愿的 201 人，占 97.6%；无所谓和没意愿的 8 人，仅占 3.9%。截至目前，出国 6 个月以上的中长期培训和访学的有 6 人，占 2.9%，1—6 个月短期培训和学访的有 11 人，占 5.3%；1 个月以内学术会议、学术交流和考察的有 23 人，占 11.2%。三是没有针对战略性新兴产业链尖端技术国际化培养的专门项目，在培训期内有境外经历的共 40 人，占 19.4%，其中参加专门以创新为主

体的培训和交流的只有 7 人，占 3.4%。四是境外培训成果不能在全体创新人才中分享。截至目前没有 1 场境外培训人员回国报告会或者交流座谈一类的活动。

（五）没有专门的创新人才服务机构，人才项目缺乏独立第三方的客观评价

T 市创新人才培养工程的制度设计和机制运行呈现出目标明确、条例清晰、内容合理、设计完整的突出特点。然而，在具体的行政管理部门中承担某项人才工程项目只是其众多职能和事务中非常小的一部分，不可能有专门的机构和人员开展专一化的创新人才的培养服务。这导致针对创新人才的服务非常缺乏，主要表现在：一是对于创新人才的服务项目极少。因为没有专门的创新人才服务机构，行政管理部门的管理职能已经很多，没有更多精力设计服务项目。二是对于创新人才的服务深度不够，几乎没有适合创新人才成长的个性化服务。三是缺乏独立于管理部门的第三方评价。目前基本上是管理部门自己通过项目期满考核结果做出简单的定性评价，不能客观反映出人才政策、管理和服务方面的真实问题。

## 三、创新型人才培养工程困境突破的对策建议

（一）树立"大人才"观念，研发设计"创新人才工作平台"，搭建创新人才整体管理与服务平台

依托拟成立的"T 市创新人才服务中心"，对分散在各个部门的创新人才工程项目的信息系统和各种软件按照"大人才"观念整合起来，研发设计"T 市创新人才工作平台"，设计目标是"同一个工作平台、同一个数据库、同一时空共享"，发挥信息资源在提高效率中关键要素和最佳捷径的作用。该工作平台主要通过以下五点来实现：一是运用信息技术和网络技术，研发设计创新人才的信息整合系统和管理服务工作系统，让所有人才工程项目的管理者、服务者和人才个人共享同一个平台，实现人才工作的全程信息化。二是协调各方面信息的收集、整理和储存工作，搭建区域内人才、技术、项目信息联网及信息数据库共享系统，从而实现人才资源信息的流通共享。三是构建战略新兴产业链人才供需信息交互系统，为 T 市战略新兴产业人才的引进与培养提供智力的储备和支持。四是建设融合创新系统，将各方面的合作意向与创新人才数据库对接，跨学科、跨领域、跨单位实时组建解决实际问题的融合创新团队。五是制作人才工程工作平台的 APP，设立创新人才工程项目的微信公众号或者微博，全时空提供交互服务。

## （二）设立战略新兴产业链创新人才工程项目

在供给侧改革的背景下，为了实现京津冀一体化的区域发展战略给天津带来的产业集聚效应，一是按照《"十二五"国家战略性新兴产业发展规划》中的"节能环保、新兴信息产业、生物产业、新能源、新能源汽车、高端装备制造业和新材料"等七个创新领域设立产业链专项创新人才团队项目，发挥高端人才的空间集聚效应和创新知识的溢出效应，进一步提高整个市区的高端人才合作和战略产业发展。二是按照"十三五"时期战略性新兴产业要重点培育对象，在以集成电路为核心的新一代信息技术产业、以基因技术为核心的生物产业以及绿色低碳、高端装备与材料、数字创意等五大产业领域设立专项创新人才工程项目，为初现端倪并持续发展的战略性新兴产业的发展储备人才，促进高层次、专业化、结构合理的创新人才队伍建设。

## （三）加强专门的境外培训项目，建设提高创新人才国际化水平和拓宽国际化视野

在"一路一带"倡议背景下，为了创新人才在新一轮对外开放战略中掌握国际前沿动态，适应国际化水平的需要，T 市创新人才培养应依托拟成立的"T 市创新人才服务中心"专门设立国际化培养培训处，主要承担：一是整合现有各个行业系统的出国培养项目，打破不同类别人才之间已有的显性和隐性壁垒，形成比较稳定的国际培训渠道和基地，定期开展国际化创新意识高研班、专业化进修班、国际化创新学术论坛、创新访学、考察观访等国际培训项目；二是对所有创新人才项目中有国际化培养需求的人才有计划、分批次按照行业领域、就近原则进行短期创新意识和创新动力的培训；三是对我国落后于国际尖端技术领域中的新兴产业创新人才进行中长期的核心技术和关键技术的培训；四是定期开展出国培训成果汇报会，加强创新人才之间的交流，通过交流获取经验，增长见识，拓宽视野，实现对于自身的提升以及对研究成果的创新与完善。

## （四）成立"市创新人才服务中心"，提高创新人才服务的专业化水平

把现有组织部、人社局、外专局等多个部门承担的各类有关创新人才服务的职能整合起来，依托市人才工作领导小组，在人社局成立"创新人才服务中心"，把原有创新人才规划管理部门从繁重的具体事务中抽出来，把创新人才培养工程中的规划、监督、奖惩等决策权划归原有行政部门，把除此以外的一系列创新人才引进和培养过程中不属于规划和决策性质的执行与操作服务层面的具体事务由该中心统一实施。该中心主要承担的职能：一是创新人才申报及遴选评审服务；二是创新人才

工作平台的开发与维护；三是创新人才信息数据采集及数据库建设与维护；四是创新人才培养过程的动态监测与培养计划的推动和促进；五是国际化培养渠道的开发及国际化培养项目的实施与运行；六是创新人才个性化培养需求征集与实现服务；七是创新人才培养期满后的考核实施；八是人才政策及典型人才风采录的编辑、录制与宣传。

（五）成立"创新人才工程评测研究院"，培育独立的第三方评价机构

依托 T 市人事考评中心，联合相关高校和科研院所，成立独立于创新人才项目管理与服务部门的第三方人才评价机构——T 市创新人才工程评测研究院，实行"过程性评价与结果性评估相结合"的策略。利用"中期评价"进行人才培养项目实施过程中的问题诊断和及时纠偏，根据社会环境的变化及时调整阶段性的人才培养政策，以"最终结果审核"实现人才培养工程项目绩效的整体性评价，为后期的人才培养体系和政策调整提供借鉴和参考。该研究院下设四个研究中心，分别承担四种评测职能：一是"创新人才评价指标体系研究中心"，主要承担创新人才的分类体系研究、创新人才评价核心指标体系研究、创新人才评测指标权重和赋分算法研发；二是"创新人才动态测评系统平台研发中心"，主要承担利用互联网研发与搭建适合"全过程、全时空、全覆盖"的人才评测平台，以及人才项目工程的评测功能流程设计、人才评测平台的维护和数据安全的防范、预警与保障；三是"创新人才评测数据采集中心"，主要承担利用评测平台，依托相关管理和服务部门的信息传输渠道规范人才绩效数据采集标准、人才绩效信息的填报监控、评测数据实时统计及可视化图谱设计与实现；四是"创新人才工程评价中心"，主要承担组建人才工程评价专家库建设、人才工程评价数据分析、人才工程项目评估报告规范设计、人才工程项目评估报告的撰写与审定组织。

（六）完善培养经费申请、发放、使用和监督的制度

为了使有限的人才专项经费科学合理使用，最大限度激发人才的创新热情和潜能，发挥最大经济效能，应该从以下三个方面进行制度完善：一是按照习近平总书记、李克强总理在全国科技创新大会上有关"进一步推进科研领域'放管服'改革，更大调动科研人员的积极性和创造性"的讲话精神，落实20%科研奖励和完全放开人工费用的限制政策，以最终成果为导向，把科研经费报销和行政经费报销分开管理，提高项目负责人的自主权。二是按照创造价值的性质不同，把人才分为三类：第一类是以经济效益为主的创业类人才，其培养经费的使用要突出经济产值中创新成果转化比重；第二类是以社会效益为主的创新类人才，其经费的使用要突出理论

创新和社会效应的投入；第三类是以科技效益为主技术的研发类人才，其经费的使用要突出新技术、新产品、新工艺的创造和研发。三是以培养目标为导向，实施政府职能部门、培养单位和人才个人的三方协议制度，明确人才培养的目标、基本标准和各自的责任，并按照协议规定，保证人选个体在自主、全面发展的基础上强化全程性监管制度，发挥日常化、例行性的经费监督的制度功能，促进经费实现最大程度的物尽其用。

## 参考文献

（1）李锡元，边双英，张文娟. 高层次人才政策效能评估——以东湖新技术产业开发区为例[J].科技进步与对策，2014（21）：114-119.

（2）田海嵩，张再生，刘明瑶，宁甜甜，查婷. 发达国家吸引高层次人才政策及其对天津的借鉴研究[J].科技进步与对策，2012（20）：142-145.

（3）曾萍，邬绮虹，蓝海林. 政府的创新支持政策有效吗？——基于珠三角企业的实证研究[J]. 科学学与科学技术管理，2014（04）：10-20.

**作者简介：**温志强，天津师范大学政治文化与政治文明研究院博士，教授，公共管理学博士后，主要研究领域是创新型人才培养管理。

# 对印度救助困境儿童情况的考察

凌　岚

**摘　要：**印度儿童救助体系最大的特点就是有效的社会参与，在政府提供的法律保障、资金支持和政策指导下，公益慈善组织、志愿服务组织以及履行社会责任的企业撑起儿童救助的"顶梁柱"。本文通过对印度困境儿童救助经验的介绍，为广泛动员社会力量参与，创新我国困境儿童救助机制提供有益的启示与借鉴。

**关键词：**儿童救助；公益慈善；志愿服务

印度是一个文明古国，其多姿多彩的文化具有宗教性、多样性和包容性的特点，印度人民有着悠久的慈善公益传统，志愿服务已成为印度中产阶级生活中的常态。印度也是一个发展中的大国，建国 70 多年来，经济社会发展比较平稳。20 世纪 90 年代的经济改革把印度推上了经济发展的快车道，进入"金砖国家"的行列。印度经济社会的平稳发展，得益于在各个领域中努力工作的非政府组织，这些组织在救助弱势群体、普及乡村教育、缓解社会矛盾、维护社会稳定等方面发挥着不可替代的作用。我们天津财经大学财政与公共管理系曾三次赴印度，考察救助儿童的公益慈善基金会管理与运作等情况，以下做一介绍。

## 一、救助对象的界定：孤儿与弱势儿童（OVC）

印度是世界上儿童人口最多的国家，在全国 12.5 亿人口中 14 岁以下的儿童数量为 4 亿。印度政府并没有对国际上通常所说的孤儿与弱势儿童（Orphan and Vulnerable Children, OVC）的数量做出官方统计，但据联合国儿童基金会的统计，印度的孤儿数量为 3500 万（UNICEF 2006），大约有 1 亿儿童生活在贫穷家庭中，他们中的半数是表列种姓和表列部族家庭的孩子（UNICEF 2011）。另据国际粮食政策研究所 2016 年初发布的数据，印度全国因营养不良而发育迟缓的儿童约为 4000 万（The Global Nutrition Report 2015），印度流浪儿童、艾滋患儿和艾滋孤儿的数量也在全球居首。印度一家儿童权益保护组织发布了更加触目惊心的数字：在印度出生的儿童中，每1000名中即有95人活不过5岁，有70人活不到1岁；超过50%的儿童营养不良；6—14岁儿童的入学率不足50%，有一半的女孩从未上过学；平均每个小学的教师人数不足3人；1/6的女童死亡事件是由性别歧视引起的，1/4的女童在4岁前曾遭受性虐待；18岁以下的性工作者占总数的40%，每年有50万名儿童被迫进入这个行业；已婚女性中，75%不足法定结婚年龄。

联合国儿童基金会对孤儿的界定是18岁以下、失去父母中的一方或双方的儿童，即单亲（失父或失母）孤儿和双亲孤儿。这一界定扩大了很多国家狭义的认定只有失去双亲的儿童才是孤儿的定义。自20世纪90年代中期起，联合国儿童基金会及诸多国际组织都采用了这一广义的孤儿定义，当时的背景是艾滋病疫情导致全球数百万父母死亡，使越来越多的儿童在成长过程中失去了父母或父母一方的照顾。国际慈善组织世界宣明会对艾滋病影响下的弱势儿童做出界定：凡生活在一人或多人感染艾滋病毒/艾滋病、生命垂危或已经去世的家庭中的儿童，以及被领养的孤儿、由年老者或年少者抚养的儿童都属于弱势儿童。印度学者基于本国的社会现实，对弱势儿童做出更有针对性的认定，例如，事实上的孤儿，这一概念是指父母虽然没有去世，但因重病丧失劳动能力，失去对子女的监护能力，子女不得不辍学以维持家庭生计，这些儿童的生存境况与孤儿无异。这种极端窘迫的困境扩大了对失母孤儿和失父孤儿的解释，失母孤儿还可以指被迫替代母亲承担家务、抚养弟妹的少年儿童，失父孤儿也可以指不得不替代父亲外出打工、养家糊口的少年儿童。在印度，孤儿院收养的不都是父母双亡的儿童，而是有各种各样的原因，如父母酗酒、吸毒，父母离异，患有精神疾病，母亲从事性工作①，残疾儿童，遭受虐待和遗弃的儿童等。事实上，对弱势儿童很难做出清晰的分类，因为所涉及的社会因素是多重的，远比满足儿童的基本需求复杂得多。由社会因素造成的弱势儿童也可称作社会性孤儿，以区分父母双亡的生物学意义上的孤儿，显然，社会性孤儿需要全社会的关心与救助。

印度社会公认的弱势儿童大致有十五类：（1）遭受虐待和暴力侵害的儿童；（2）被拐卖的儿童；（3）童工；（4）违反法律的少年儿童；（5）童婚儿童；（6）遭受性侵的儿童；（7）失去父母保护的儿童；（8）流浪儿童；（9）未获得出生登记的儿童；（10）受武装冲突影响的儿童；（11）残障儿童；（12）吸毒儿童；（13）女童；（14）受艾滋病影响的儿童；（15）失踪儿童等。

流浪儿童是构成印度弱势儿童的主体，联合国人权事务高级专员办事处

---

① 据印度人权观察组织（Human Right Watch）报告，在父母去世或丈夫去世的情况下，女孩子和妇女常常被迫从事性工作，尤其是那些没有受过教育，缺少谋生本领的女性更是如此。

（UNHCHR）1993 年报告，印度是流浪儿童数量最多的国家。由于高度流动性等特点，有关印度流浪儿童的确切数字很难估算。2011 年一个名为拯救儿童（Save the Children）的民间组织对德里地区的街头流浪儿童进行了普查，普查对象分为三类：一是在街头生存的儿童，主要是失去父母或离家出走，无依无靠的儿童；二是在街头工作的儿童，如街头售卖、以打零工谋生的儿童；三是随父母生活并工作在街头的儿童。普查结果表明：德里地区街头流浪儿童的总数大约是 51000 人，其中 36% 是随父母进入城市的；街头工作儿童大约占 29%；街头生存儿童大约占比 28%。流浪儿童中 76% 是 7 岁到 14 岁的低龄儿童；流浪儿童中 36% 来自贱民家庭，17% 来自原住民家庭。在 2012 年至 2013 年期间，塔塔集团下属的塔塔社会科学研究院会同国际行动援助组织对孟买地区的流浪儿童开展了一次更为深入的调查研究，如对在铁路沿线生存的儿童、身心残障儿童、儿童受虐待和感知到的危险等情况都做了比较详细的调查。据他们的报告，孟买街头流浪儿童的数量为 36154 人，在火车站台和铁路沿线生存的流浪儿童约 905 人。流浪儿童中 11.5% 的人在街头卖花、卖报纸、卖水果等；7.9% 的儿童沿街乞讨；5.5% 的儿童拾荒卖废品；2.5% 的儿童在建筑工地干活；另有 2.5% 的儿童无固定生活来源，为维持生存打零工，什么活都干。

拐卖儿童和非法雇佣童工是印度社会又一个流血的伤口，这两者之间有着高度的关联性，儿童被拐卖进入血汗工厂，从此失去人身自由，被迫在极端恶劣的条件下从事繁重危险的体力劳动。国际法禁止的童工劳动有三类：一是最恶劣形式的童工劳动；二是奴役、贩运、债役劳动和其他形式的强迫劳动；三是在武装冲突中强迫儿童服兵役、卖淫和色情服务以及非法活动。印度童工的数量没有准确的数据，据国际劳工组织披露，印度官方统计数据和民间统计数据之间竟然有很大出入，印度官方公布的童工数量是 1100 万到 1300 万，民间非政府组织统计的童工数量却高达 2500 万到 1.5 亿。无论依哪类数据判断，印度的童工数量都绝非小数，且早已构成阻碍社会发展的严峻问题。因此，2014 年的诺贝尔和平奖授予印度反童工活动家凯拉什·萨蒂亚尔希（Kailash　Satyarthi），以表彰他为维护儿童权利做出的贡献。

## 二、社会动员：民间公益、志愿服务组织救助儿童的工作

印度是一个有着悠久历史文化传统的文明古国，印度文化是以印度教为核心，多种宗教共生共存的多元文化，宗教生活在印度人的精神世界中占有神圣的位置。印度教、伊斯兰教、基督教、佛教、锡克教和耆那教六大宗教都各自教导信众弘扬

仁慈和博爱的宗教精神，扶危济困，慷慨捐赠。[①] 印度最早的慈善捐助活动可以追溯到公元前 1500 年的吠陀时代，当时的寺庙、修道院、学校、医院、道路、旅行驿站、社区会堂等主要是通过宗教捐赠建成的。印度现代慈善公益的首开先河者是詹姆斯特吉·塔塔——塔塔集团的创始人，印度工业之父，他于 1892 年创立塔塔基金资助教育、医疗等慈善事业。

印度传统文化中并不缺少对儿童的重视与关爱，印度古代两大史诗《摩诃婆罗多》和《罗摩衍那》都描述了印度家庭如何渴望得到孩子以及对孩子的热爱，尽管这种热爱有其偏见和局限。[②] 印度国父圣雄甘地把低种姓贱民誉为"神的孩子"（Child of God），可见"孩子"即儿童的社会地位并不低下。印度著名诗人泰戈尔写下无数赞美儿童的真挚感人诗篇，并于 1901 年创办学校，免费向贫困学子传授知识。印度独立以来，依靠广泛的社会动员和公众参与，儿童救助工作有了很大发展。同其他领域的慈善公益活动一样，印度儿童救助工作的主力军也是民间慈善公益和志愿服务等非政府组织。

在救助儿童方面最具影响力的是社会运动（Social Movement），由 2014 年诺贝尔和平奖得主凯拉什·萨蒂亚尔希发起的"拯救儿童运动"（Save the Children Movement），他继承了圣雄甘地"非暴力不合作"的精神，奋斗目标是坚决反对严重剥削儿童经济利益的现象，他组织和平请愿和示威游行，呼吁国际社会重视儿童正当权利。从 1980 年起"拯救儿童运动"已经解救了约 85213 名债役工和童工，使他们重获自由。[③]"拯救儿童运动"不断向南亚及全世界扩展，1989 年"南亚童奴问题联盟"（South Asian Coalition on Child Servitude）宣告成立。在萨蒂亚尔希和他领导的社会运动推动下，国际劳工组织发布了第 182 号公约（Convention No. 182）——《禁止和立即行动消除最恶劣形式的童工劳动公约》，该公约现已成为世界各国政府的主要指导原则。

ICANCL（India Child Abuse, Neglect & Child Labour），是印度另一个反对虐待、忽视儿童以及反童工的组织由印度儿科医学专家斯里瓦斯塔瓦（R N Srivastava）博士于 1996 年创立。[④] 虽然这个组织也是以社会运动的名义注册，并呼吁全社会开展 CANCL 运动，但他们的运动方式相对温和，不是示威游行和请愿抗议，而是联

---

① 在印度经典史诗《梨俱吠陀》中反复教导信徒遵循 daana 这一教义，其含义就是要慷慨捐赠，除供奉婆罗门外，还要向托钵僧、穷苦者、乞讨者和旅行者捐赠，还要为建设寺庙、客栈、水井和其他公共设施捐赠财物。随着佛教和耆那教的兴盛出现了更多云游四方依靠民间布施为生的僧人，因此印度早期佛教也提倡 daana。这一理念深入人心，逐渐对印度拜火教社区也产生了重要影响。在伊斯兰教中 Zakat（即天课）要求凡有合法收入的穆斯林家庭必须抽取家庭年度纯收入的 2.5%用于赈济穷人或需要救助的人。锡克教则教导信徒奉献金钱，帮助穷人，积极参与社会服务，锡克教的神庙每天给穷人提供免费餐饮。

② 据印度学者分析，印度古代经典作品中存在重男轻女的偏向，轻视女孩子尤其是低种姓的女孩子。

③ "拯救儿童运动"官网：http://www.bba.org.in/。

④ "反虐待、忽视儿童以及反童工组织"官网：http://icancl.com/who-we-are.html。

合印度儿科医生学会，为弱势儿童提供医疗救助。他们动员社会各界专业人士参与志愿服务，建立流浪儿童庇护所、流动医疗救护站等，为流浪儿童和贫民窟中的儿童服务。另一位营养医学女博士拉加万（Raghavan）目睹印度 2400 万人感染艾滋病的状况，在 2000 年创建了 SAATHII（Solidarity and Action Against the HIV Infection in India）这一抗击艾滋病感染的团结行动组织[1]，它致力于为艾滋病毒感染者、艾滋患儿和艾滋孤儿服务，建立家庭护理中心，向社区宣传防治艾滋病科学知识等，协助政府做了大量工作。

孤儿和流浪儿童梦寐以求的是有一个幸福温馨的家，能够和兄弟姐妹生活学习在一起，在父母关爱下成长。在印度，就有这样一家同国际 SOS 儿童村齐名的慈善公益和志愿服务组织——旭日关爱慈善公益基金会（Udayan Care Public Charitable Trust），这个机构在抚养孤儿和支持女童读书等方面做出了贡献。[2] 基金会始建于 1994 年，创始人是绮兰·莫迪（Kiran Modi）博士。1996 年基金会在德里开办了第一个收养孤儿的"阳光之家"（Sunshine Homes），如今"阳光之家"已遍布印度各邦，共抚育 280 多名孤儿。绮兰·莫迪博士首创了导师父母（Mentor Parents）这一概念，从社区中寻找既有爱心、又有知识的中产阶级志愿者，组成一支固定的导师父母团队，负责孩子们的教育。为便于孩子们融入社会，"阳光之家"选址在中产阶级聚居的社区，孩子们就近到社区最好的学校读书，在社区中建立起儿童福利委员会（Child Welfare Committee），关注孩子们的健康成长，组织文娱、体育等各类活动，鼓励孩子们发展兴趣爱好，逐渐形成了"旭日关爱"独一无二的 LIFE（Living In Family Environment）仿真家庭模式，即生活在家庭环境中，让孤儿感受到家庭的温暖。基金会还开发了"阳光优秀女孩"奖学金（Udayan Shalini Fellowship）[3]项目，共资助了 4400 多名家境贫寒的女孩读大学。基金会创办了社区信息技术和职业培训中心，培训社区青年、妇女电脑技术和职业技能。 2015 年旭日关爱慈善公益基金会获得了印度政府颁发的"国家儿童福利奖"，也多次受到联合国儿童基金会等国际机构的表彰。

相较于数以百万的街头流浪儿童，印度社会的教育资源是有限的。要消除贫困必须普及教育，但流浪儿童没有上学读书的条件，于是非政府组织就把课堂搬到孩子们劳动的地点，因陋就简，开展非正规的流动式教育。开创这一教育模式的是印度著名的蝴蝶组织——建立于 1989 年的志愿服务组织，[4] 它的创始人是前塔塔社会研究院的学者丽塔·派尼克（Rita Panicker）女士。蝴蝶组织在流浪儿童聚集地和他

---

① "印度抗击艾滋病感染团结与行动组织"官网：http://www.saathii.org/。
② "旭日关爱慈善公益基金会"官网：http://www.udayancare.org/。
③ Shalini 在梵语中是美丽、优秀、杰出的女性风范之意。
④ 蝴蝶组织官网：www.butterflieschildrights.org。

们方便的时间开展灵活多样的教学活动，课程框架是根据正规小学教学大纲并结合流浪儿童的特点编写的。他们也向流浪儿童讲授生活技能课程，训练他们在社会上生存的能力。蝴蝶组织是政府认可的开放式教育机构，儿童可以通过接受这种非正规教育完成国家认可的 12 项标准，非正规教育圆了不能进入正规学校学习的孩子的"上学梦"。蝴蝶组织还为流浪儿童提供夜间休息场所，同时办食堂、办广播、办报纸，建立儿童发展银行和儿童权利俱乐部等。仅在德里就建立了 20 个儿童联系点，志愿者在一天之内就可以联系到 2000 多名流浪儿童。除德里外，蝴蝶组织的工作已经覆盖印度的西孟加拉、喀拉拉、比哈尔、恰尔肯德、奥里萨、拉贾斯坦、马哈拉施特拉、查谟和克什米尔、安达曼和尼科巴群岛十个地区，还透过国际合作项目扩展到阿富汗、尼泊尔、斯里兰卡、吉尔吉斯斯坦、塔吉克斯坦、马达加斯加、加纳等发展中国家。

在通信信息技术高度发达的时代，如何利用通信网络资源为弱势儿童服务，在这方面"1098 儿童热线"做出了开拓性的贡献。[1] 流浪儿童和务工儿童时常被虐待、遭袭击，被痢疾、黄疸病、肺结核和艾滋病侵害。为了帮助这些处于困境的孩子，塔塔社会科学院的杰鲁·比利莫利亚教授（Jeroo Billimoria）在孟买开展儿童热线的实验项目，她首先联络了孟买数百个儿童服务组织，包括 24 小时提供服务的收容所、可长期住宿的机构，提供法律、健康、心理、教育、职业培训和戒毒等服务；然后说服了孟买和德里电信局开通一个救助孩子的免费电话，即"1098 儿童热线"，帮助儿童解决各种问题。这个项目获得了巨大成功，逐渐从一个热线服务发展为一个公益基金会——儿童热线—印度基金会。如今"1098 儿童热线"已经覆盖了印度近百个城市，并被列入印度政府的儿童保护政策中，在基金会的理事会中有政府官员、卫生官员、铁路官员和警察。这个组织利用现代通信网络和政商学界、社会民间广泛的资源，编织起一个保护儿童的社会协作网络。

印度是一个海外移民大国，有很多印度裔人士在国外商界担任高管。印度的民间公益组织充分利用了这个有利条件，把筹资触角延伸到海外。CRY 就是这样一个"外向型"的儿童权益保护组织，由瑞潘·卡普尔（Rippan Kapur）创建于 1979 年，目前它已经成功地在美国、英国设立了分支机构。[2] CRY 是"儿童权利和您"（Child Rights and You）的首字母，它让人自然联想到弱势儿童在悲惨境况下的求助呼号，以此呼唤每一位有同情心的人参与儿童权利保护。为了弥补官方儿童数据公布不全的缺憾，他们在网上发布"印度贫困儿童统计"（Statistics on Underprivileged Children in India），创办儿童数据资料图书馆，发布保护儿童权利宣言。他们在德里、孟买、

---

① "1098 儿童热线"官网：http://www.childlineindia.org.in/。
② "儿童权利与您"官网：http://www.cry.org/。

金奈、普纳、班加罗尔、加尔各答、海得拉巴等大城市设有分支机构，组织各种保护儿童权益的活动，他们的影响力扩展到了海外，500 多家 NGO（Non-Govermental Organization，非政府组织）成为他们的合作伙伴，动员了印度国内外共计 15 万名个人以及 1 万个组织机构的捐助和热心参与。

以上列举的仅仅是印度救助儿童民间组织的几个剪影，据不完全统计，印度全国至少有 200 万个非政府组织在运作，其中多少组织在从事救助儿童工作，我们还没有找到具体的统计数据，但据印度抗击艾滋病感染团结与行动组织报告，至少有 470 个非政府组织从事救治患病的弱势儿童的工作，其中至少有 30 个组织直接为艾滋患儿和艾滋孤儿服务。正是这些社会工作者们工作在边远农村、城市贫民窟、铁路沿线……救助无依无靠的处于困境中的儿童，他们以无私的奉献，维护了印度社会的和谐稳定，支撑了印度的经济发展。

### 三、政府的努力：法律框架与扶助措施

印度的儿童立法始于英属殖民地时期，18 世纪 90 年代印度政府制定了有关监护人和未成年人监护的法案（Guardians and Wards Act, 1890），用以替代各邦分散制定的类似法律，它适用于印度所有不满 18 岁的未成年人。这项立法除规定监护人的责任外，还规定法院或政府有权指定或取消监护人的资格，对未成年人所属财产的监护也做出了法律规定。这一立法公正严谨，保护了儿童权益，一直沿用至今。20世纪初，英属印度统治者把英国福利社会的治理模式移植到印度，试图通过立法解决少年犯罪及儿童贫困问题，1920 年马德拉斯率先颁布《马德拉斯儿童法》（The Madras Children Act），孟买紧随其后，分别在 1922 年和 1924 制定了儿童法案。1933年英属印度政府制定了儿童（劳动抵债）法，禁止以任何形式债役儿童，强迫儿童劳动。上述这些法案为印度儿童权利保护奠定了最初的法律基础。

1947 年印度独立后，于 1949 年通过《印度共和国宪法》，在宪法中规定了保护儿童权利条款，主要内容包含在第三篇"基本权利"和第四篇"国家政策指导原则"中。例如，第三篇 24 条规定：禁止工厂雇佣童工——不得雇佣 14 岁以下儿童在工厂或矿场中工作，或从事其他危险工作。第四篇 39 条（5）规定：不滥用男女工人，儿童之健康和体力，不使公民迫于经济需要而从事与其年龄或体力不相称之职业；第 39 条（6）规定：使儿童享有在自由与尊严的条件下健康成长的机会和环境，保护儿童与青年不受剥削，在道义上与物质上不受遗弃。第 45 条规定：对儿童实行免费义务教育——国家应尽力在本宪法实施后的 10 年内，对于 14 岁和 14 岁以下的所有儿童实施免费义务教育。1960 年，印度政府制定了儿童法（The Children Act），

提出在印度联邦所有辖区内为被忽视的或有过失的儿童提供关怀、保护、福利、训练、教育以及康复保障，包括违法受审的少年犯。印度政府成立了儿童福利委员会（the Child Warfare Board）负责被忽视儿童工作，建立少儿法庭（The Children's Court）专司少年违法案件。

在建国初期，在尼赫鲁领导下的印度政府曾经矢志建立一个"没有穷困、疾病与愚昧的社会"，决心彻底铲除流浪乞讨、儿童贫困的赤贫现象。印度政府仿效英国在工业化初期对乞丐、流民采取的高压政策，于 1959 年通过了孟买禁乞法案（Bombay Prevention of Begging Act），将流浪乞讨定为违法行为，后来适用扩大到德里，随后印度大多数的邦也采纳了这项规定，并根据各邦的情况扩大了对乞讨行为的认定，甚至在公共场所游荡、滞留也视同于行乞施以处罚。自这项法律诞生之日起就饱受人权组织的抨击，被指陈旧过时、带有殖民地种族歧视色彩（如把穷人强行驱离富人区的条款等）。2000 年印度政府修订儿童法案时没有把"禁乞"考虑在内，①而是在同年制定的《青少年司法法案》中强化对雇佣儿童从事乞讨者以及教唆儿童犯罪的惩罚。该法案第 24 款规定，对雇佣青少年和儿童乞讨的除罚款外，要处 3 年以内监禁；对教唆青少年和儿童犯罪的除罚款外，还要处 1 年的监禁。印度人权法律网络（the Human Rights Law Network）向最高法院提交请愿书，发起公益诉讼要求废除孟买禁乞法，事实上孟买禁乞法及在各邦的相关立法已失去了法律效力。

印度是联合国儿童权利公约（Convention on the Rights of the Child）缔约国，迄今为止，印度政府制定的与儿童权利保护相关的单项法规（包括修正案）共有 30 多部。②大致分为八类：（1）监护人与未成年人监护法；（2）青少年司法保护法和实施细则；（3）禁止虐待儿童法，包括反童工、反债役、奴役儿童以及禁止滥用产前诊断手段终止妊娠等；（4）禁止童婚、禁止拐卖儿童等不道德交易法；（5）保护儿童免受性侵的法律与实施规则；（6）儿童食品安全法规，如国家食品安全法和婴儿用代乳品、奶瓶和婴儿食品（生产管理、供应和分配）法；（7）儿童接受免费义务教育权利法及实施细则；（8）国家儿童权利保护委员会成立的章程及职责规定等。除正式法规外，印度政府还公布了 20 项保护儿童权利的指导原则，内容涉及儿童福利、儿童营养、青少年司法救助、青少年教育培训、禁止童工、禁止体罚儿童以及防止婴儿意外死亡等。鉴于"铁路儿童"数量庞大以及他们悲惨的生存境遇，印度铁道部会同印度妇女儿童发展部制定了一个指导铁路部门保护铁路儿童的"标准

---

① 据《印度人》报 2016 年 2 月 29 日报道，莫迪政府正在制定一项法案，准备承认行乞合法，同时承诺为乞丐、流浪汉及其他无家可归贫苦的人提供体面有尊严的生活。http://www.thehindu.com/news/national/centre- drafts-bill-to-decriminalise-beggary/article8292956.ece。

② 印度政府保护儿童权利委员会官网刊载的儿童权利保护法规：http://www.ncpcr.gov.in/index1.php?lang=1&level=0&linkid=18&lid=588。

操作规程"，其中包括指导原则和具体做法提示等内容，如一旦在车站发现流浪儿童，车站站长要负责登记儿童的姓名、籍贯、家长及监护人等信息，立即报告当地儿童保护组织，同时要给流浪儿童提供食宿，使他们尽快得到保护。

在政府行政机构设置上，妇女儿童发展部是政府统辖全国妇女儿童工作的最高权力机构，它的前身是成立于 1985 年的印度妇女儿童发展局，当时隶属人力资源发展部，2006 年正式升格为印度妇女儿童发展部。保护儿童权利委员会是印度妇女儿童发展部下属机构之一，隶属该部的其他儿童工作机构还有：公共合作和儿童发展研究所、食品和营养理事会、寻找丢失儿童以及负责儿童收养的国家机构。妇女儿童发展部直接运作两类儿童政策规划：一是儿童保护与福利规划，二是儿童发展规划，两个规划下各设有若干子项目，国家财政通过这些规划和项目向儿童发展和保护事业拨款，并资助民间公益组织开展妇女儿童保护工作。如综合儿童保护项目着力寻求政府和民间儿童救助组织合作，改善弱势儿童的生存环境，综合儿童发展服务项目是为最贫穷的儿童提供免费的服务，以改善他们的健康、营养和教育状况。

印度政府中的社会正义与赋权部也承担一定的弱势儿童救助和保护工作，这个机构是从社会正义的视角关注流浪儿童、低种姓和残障少年儿童问题，其职责是执行青少年司法法案，加强和支持流浪儿童救助，提供政策指导和资金补助等。如政府在 2013 和 2015 学年度向低种姓以及从事清扫和危险工作家庭的子女提供进入大学预科奖学金，促进教育公平。近年来，流浪儿童工作大部分移交妇女儿童发展部下属的保护儿童权利委员会负责，社会正义与赋权部把儿童工作的重心放在低种姓女孩的生存、发展与教育等工作上。

印度政府对于孤儿及弱势儿童的救助与保护工作，在很大程度上是依赖非政府组织的合作与推动，政府提供法律规范、政策指导和资金投入，由各邦政府协调非政府组织贯彻实施。印度非政府组织成立的手续比较简便，一般根据《社团登记法》（1860 年）《印度信托法》（1882 年）《慈善和宗教信托法》(1920 年)《印度公司法》（1956 年）以及各邦的公共信托法，如《孟买公共信托法》和《拉贾斯坦邦公共信托法》等注册成立。救助儿童组织的注册门槛很低，如前述"旭日关爱"公益基金会的注册资金是 1000 卢比，"儿童权利与您"基金会的注册资金仅是 50 卢比。

随着印度经济的发展，新一代慈善家从企业界不断涌现出来，高学历和留学欧美归来的博士构成新一代慈善家的主体，他们把西方社会企业的先进管理理念引入本国。他们志向远大，管理方法新颖，讲求规模经济效应，追求专业化的志愿服务，政府正在同他们建立起新型的合作伙伴关系。例如，Dasra（音译：达斯让）基金会①

---

① Dasra 基金会官网：https://www.dasra.org/。

就是由一群高学历年轻人建立的枢纽型公益组织，核心成员是海外归来的博士。Dasra 借鉴美国慈善公益组织的运作模式，开展战略性筹融资。印度政府通过这个基金会与上千家公司建立联系，监督与落实公司社会责任。又如"为印度而教"（Teach For India）也是由印度青年知识精英发起的一个运动①。他们认为教育是根治贫穷，建立公平社会的治本之策，因此他们联系各地的教师学者，为地方提供高水平的教学、培训和辅导；同时募集资金，向贫穷的学生发放奖学金。

印度政府是世界上第一个对公司社会责任制定可操作成文法规范的国家，2013年印度政府修订了新的《公司法》，新法案最引人注目的变化是对公司社会责任做出规定：所有在印度注册的公司，如果有超过 83.3 万美元的净利润，超过 8330 万美元的净收入，或者有 1.66 亿美元的净值，则要求这些公司必须投入 2% 的净利润在企业社会责任活动上（包括跨国企业及分支机构），这一规定被称作"百分之二"准则。在公司法附件中列举了可以纳入公司社会责任行为的内容，包括：消除极端贫穷和饥饿，促进教育，促进性别平等和妇女权益保护，降低儿童死亡率，改善孕产妇健康，消除艾滋病毒与艾滋病、疟疾和其他疾病，确保环境可持续性，加强职业技能就业，开展社会企业项目，向国家救济基金或其他由中央政府或州政府设立的、旨在救助落后部落、少数族裔基金提供捐助等。公司可以自选一种或多种责任领域履行社会责任，也可以向中央或地方政府的有关基金提供捐助，用于社会经济的发展。

## 四、启示与借鉴：鼓励民间救助困境儿童公益慈善组织发展

从以上印度政府和民间救助困境儿童的做法中，可以看到印度儿童救助体系最大的特点就是有效的社会参与，慈善公益组织、志愿服务组织以及履行社会责任的企业撑起儿童救助的"顶梁柱"，印度政府提供法律保障、资金支持，组织与协调民间组织的活动。在印度，儿童救助的网络是自下而上形成的，不同的组织根据对解决弱势儿童问题的不同理解，分别从不同的途径着手解决问题，由此形成一个自然分工的救助网络。各个组织都有很大的独立性和自主权，募捐筹资、项目开发，有声有色地把慈善公益事业推向国际大舞台。如果印度政府是一个执行力强、高效率的政府，那么印度儿童的生存状况将不会是现在的样子。但换一个角度看，印度政府对民间组织在建立、运作等方面给予的法律支持和政策引导又是值得称道的，而且相关的法律、法规能够及时调整，如对公司社会责任的规定，适应了印度社会事

---

① "为印度而教"（Teach For India）官网：http://www.teachforindia.org/。

业可持续发展的需要。

中国也是一个历史文化悠久的文明古国，自古以来中国人民就有着乐善好施、扶贫济困、尊老爱幼、扶弱助残的传统美德。战国时期的《礼记·礼运篇》提出建设"大同"世界的愿景，"讲信修睦，故人不独亲其亲，不独子其子，使老有所终，壮有所用，幼有所长，矜寡孤独废疾者，皆有所养"。对于儿童保护，齐国率先实行了"慈幼"政策，"慈幼，谓爱幼少也"，为儿童提供生存发展的基本保障。发展到宋代，政府建立的儿童救助体系已经很完善，慈幼局、慈幼庄、婴儿局等皆承担着养育弃婴和贫困儿童的职责。到清代，慈幼机构已经遍及全国各地，民间慈善公益事业有了很大的发展，出现了官民共办和民办官督的儿童救助机构。时代更迭，历史前进，中华民族尊老爱幼、扶持弱小的慈善基因一如既往地代代相传，从未间断。

然而，中华人民共和国成立以来，高度集中的计划经济体制形成的"大政府、小社会"格局，却限制了包括儿童救助在内的民间慈善公益活动的开展。与印度对比，我国民间儿童救助机构建立的门槛要高出很多，经办手续也繁杂得多。在基层政府机构落后的管理观念下，热心儿童救助的人士只能惨淡经营，难以为继，如2013年的"袁厉害事件"。在身份认定的合法性危机下，很多儿童救助组织只能"边缘化"生存，艰难发展。中国企业社会责任立法也尚待完善。在此意义上讲，印度救助儿童方面的一些法律、政策和具体做法等值得我们借鉴。

首先，要完善相应的法律法规，鼓励民间儿童救助组织的建立与发展。2016年3月，我国政府颁布了首部《慈善法》，对慈善组织的成立、募捐与捐赠、信息公开和监督管理等做出了原则性规定。2016年6月国务院发布《关于加强困境儿童保障工作的意见》，2016年7月中宣部、中央文明办等八个部门联合发布《关于支持和发展志愿服务组织的意见》，明确提出，到2020年基本建成布局合理、管理规范、服务完善、充满活力的志愿服务组织体系。当规范我国慈善公益事业的基本法规到位之后，下一步要抓紧制定用以指导具体操作的实施细则，以及部门性、地方性法规。总的原则应该是降低准入门槛，鼓励民间爱心人士投身救助困境儿童等慈善公益事业。我国民政部《基金会管理条例》规定，全国性公募基金会的注册资金不低于800万元人民币，地方性公募基金会的注册资金不低于400万元人民币，这一准入门槛过高，已经把很多爱心人士和小规模公益组织拒之门外，应该尽快调整。

其次，要尽快细化我国企业社会责任法规，把救助儿童等慈善公益行为列入其中。2005年《公司法》原则上规定了公司社会责任：公司从事经营活动，必须遵守法律、行政法规、遵守社会公德、商业道德，诚实守信，接受政府和社会公众的监督，承担社会责任。公司社会责任的规定从无到有，是一大进步，但这一规定明显地过于抽象，有待进一步的政策性的鼓励与引导，这可以借鉴印度的做法，以公司法附件或细则等形式，对公司社会责任的行使范围加以规定。这种做法也便于政府和社会对公司社会责任的履行情况进行监督。要鼓励、表彰企业家与明星人物的慈善行为，为全社会树立典范，让更多的人投身社会公益活动。

再次，要建立困境儿童的分类档案，区分不同情况做好救助工作。国务院《关于加强困境儿童保障工作的意见》首次明确提出困境儿童的概念：困境儿童包括因家庭贫困导致生活、就医、就学等困难的儿童，因自身残疾导致康复、照料、护理和社会融入等困难的儿童，以及因家庭监护缺失或监护不当遭受虐待、遗弃、意外伤害、不法侵害等导致人身安全受到威胁或侵害的儿童。各级政府和相关部门应当高度重视困境儿童的保护与救助工作，要建立困境儿童档案，区分不同情况，联合各类儿童保护组织，做好困境儿童的救助与保护工作。中国儿童救助的重点与印度相反，我们没有大量的困境儿童流落街头，却有着为数不少的农村留守儿童，应动员全社会，通过关爱留守儿童的慈善公益和志愿活动，关怀留守儿童的健康成长。

最后，要加强人才培养，实现儿童救助工作的专业化、现代化。儿童救助工作迫切需要建立一支具备相应知识和经验的高素质人才队伍，但是如同我国儿科医生资源短缺的情况一样，从事儿童救助工作的人员中真正的专业人员为数稀少，因此培养人才刻不容缓。一方面，应鼓励在职人员投身志愿服务，开展知识和技能的普及工作；另一方面，要在大中专院校开设相关专业。除学习社会工作、公益服务、非营利组织管理等一般性专业课程外，还要增加儿童健康、儿童营养、儿童心理等专业课程，培养有爱心、懂专业的一线工作人才。建立全球化的学习交流机制，对于提高我国困境儿童救助工作的水平极为重要，要虚心学习各国慈善公益机构建立、募捐、开展活动、运行管理的经验，增强我国慈善公益机构的公信力，推动我国慈善公益和志愿服务事业向前发展。

## 参考文献

（1）倪方六. 古代如何保护儿童权益. 北京晚报，2016-06-02.

（2）杨光富. 国外流浪儿童的救助与预防. 中国社会报，2014-11-17.

（3）李建忠. 印度：改革始于公平. 中国教育报，2014-09-24.

（4）林卡，吴昊. 官办慈善与民间慈善：中国慈善事业发展的关键问题[J]. 浙江大学学报（人文社会科学版），2012（04）：132-142.

（5）王世强. 印度非营利组织：法律框架、登记管理和税收体制[J]. 社团管理研究，2012（09）：54-58.

（6）上官萍. 中国与印度的流浪儿童救助工作的比较[J]. 社会工作，2010（20）：

44-46.

（7）刘东根. 印度流浪儿童的预防和救助措施[J]. 社会福利，2008（08）：55-57.

（8）贾西津. 印度非营利组织及其法律制度环境考察报告[J]. 学会，2007（04）：15-24.

（9）邓国胜. 慈善组织培育与发展的政策思考[J]. 社会科学研究，2006（05）：119-123.

（10）杜小林. 印度对非政府组织的监管与相关法律[J]. 当代世界，2006（01）：27-29.

（11）李国林. 略论政府在社会慈善事业中的地位和作用[J]. 求是，2005（05）：53-56.

# 京津冀社会养老保险对接的制度性障碍成因及破解对策

## ——基于首都经济圈协同发展的视角

焦培欣

**摘　要：** 京津冀不统一的社会养老保险制度及我国现行不完善的流动人员转移接续办法，将成为制约企业和劳动力在首都经济圈内合理流动的制度性障碍。本文从首都经济圈协同发展的视角出发，梳理了京津冀城镇职工和城乡居民养老保险的制度性差异，分析了在现行制度下执行转移接续办法对京津冀政府及流动人员养老金水平产生的影响，进一步剖析了制度性障碍产生的原因，并基于城镇职工和城乡居民两种社会养老保险制度并存的框架，对京津冀社会养老保险制度加以整合，提出规范可操作的基础养老金计发办法及调整机制，在此基础上，试图通过取消基础养老金最低缴费年限规定、实行"分段计算、权益累加"的基础养老金衔接办法，克服京津冀流动人员社会养老保险对接的制度性障碍。

**关键词：** 京津冀；社会养老保险制度整合；计发办法及调整机制；取消最低缴费年限；"分段计算、权益累加"

## 一、引言

京津冀三省市 2013 年末总人口约 1.1 亿，占全国的 7.98%，地区生产总值超过 6 万亿元，占全国的 10.9%，是国家经济发展的重要一极。三省市地缘相接、文化一脉，经济联系密切。长期以来，河北省作为京津两地重要的粮食和蔬菜生产基地，为京津提供了丰富的劳动力资源，但其社会经济发展水平与京津两市差距显著。近年来，由于京津两市经济的快速发展和人口的大量涌入，出现了交通、环境、住房等"大城市病"问题，急需通过产业及人口向周边城市的转移来解决。在此背景下，国家把首都经济圈协同发展上升为重大国家战略。此战略的实施，会促进京津两市的企业和人口向河北省转移，因此需要协调统一的社会保障制度确保流动人员的社会保障权益。

本文以对流动人员影响最大的社会养老保险制度为研究对象，梳理出三省市城镇职工和城乡居民社会养老保险对接的制度性障碍，分析在不统一的制度下国家为打通养老保险制度壁垒实施的《城镇企业职工基本养老保险关系转移接续暂行办法》和《城乡养老保险制度衔接暂行办法》，对京津冀三省市政府及流动人员养老金权益产生的影响，并进一步剖析制度性障碍产生的原因，从确保首都经济圈协同发展的视角出发，遵循社会保险的统一性原则和权利与义务相对等原则，对三省市社会养老保险制度加以整合与完善，并通过取消基础养老金最低缴费年限规定、实行"分段计算、权益累加"的养老金计发办法，克服现行转移接续办法中存在的问题，确保流动人员在不同省市、不同参保缴费形成的养老金领取权，同时使三省市政府承担其应有的养老金支付责任。

## 二、京津冀三省市社会养老保险的制度性差异

为了确保被保险人在京津冀三省市之间流动时的养老保险权益，三省市的社会养老保险制度必须能顺利地对接，而省市分割、城乡分割的社会养老保险制度以及不完善的流动人员转移接续办法，将成为制约企业和劳动力在首都经济圈内流动的制度性障碍，因此，我们有必要首先梳理出三省市的城镇企业职工基本养老保险制度和城乡居民社会养老保险制度存在着什么样的差异。

### （一）城镇企业职工基本养老保险制度

1. 费基及费率不统一

（1）城镇职工

三省市基本养老保险缴费比例均为用人单位 20%，个人 8%，但对于费基及其上下限的规定却不一致。河北省用人单位以企业职工工资总额为基数，而京津两市则以企业职工缴费工资基数之和为费基；被保险人个人缴费费基的上下限，京津两市分别为本市上一年度职工月平均工资的 60% 和 300%，河北省则为全省上年度在岗职工月平均工资的 60% 和 300%。

（2）个体劳动者

河北省以上年度职工省社平工资为基数，可在 100%—300% 之间自主选择缴费基数，按基数的 18% 缴纳保费；北京市以本市上一年度职工社平工资为基数，按照 20% 的比例缴费；天津市按照本市上年度在岗职工平均工资的 20% 缴费，三省市的

费基、费率均有差异。

2. 基础养老金待遇计发办法不统一

（1）缴费满 15 年

基础养老金月标准，北京市以本市上一年度职工月平均工资和本人指数化月平均缴费工资的平均值为基数，津冀则以本市或本省上年度在岗职工月平均工资和本人指数化月平均缴费工资的平均值为基数。

（2）缴费不满 15 年

京冀把个人账户储存额一次性支付给本人，并按本人缴费年限发给一次性养老补偿金，但补偿标准不同。按被保险人的全部缴费年限每满 1 年，北京市发给 2 个月本人指数化月平均缴费工资；河北省发给 1 个月本人指数化月平均缴费工资；天津市也把个人账户储存额一次性支付给本人，但不发放一次性养老补偿金。

（二）城乡居民社会养老保险制度

1. 参保年龄条件不统一

北京市为 16 周岁以上，男未满 60 周岁、女未满 55 周岁；天津市为年满 18 周岁、不满 60 周岁的农村居民和年满 45 周岁、不满 60 周岁的城镇居民；河北省则为年满 16 周岁、未满 60 周岁的全省城乡居民。

2. 基础养老金计发办法不同

以 2013 年为例，河北省的基础养老金每月 55 元，天津市 200 元，对缴费超过 15 年的被保险人，每多缴费 1 年，河北省月基础养老金增加 1 元，天津市增加 4 元；北京市实行统一的基础养老金标准，每月 390 元，与缴费年限长短无关。

3. 统筹层次不统一

北京市城乡居民养老保险制度基金实行区（县）级统筹，天津市实行全市统筹，河北省实行市县级统筹。

由于上述制度性差异，导致京津冀养老金待遇差距很大，以 2013 年为例，城镇职工平均月基本养老金北京市为 2773 元，天津市为 2085 元，河北省为 1874 元；缴费 15 年的城乡居民月基础养老金河北省为 55 元，天津市为 200 元，北京市为 390 元。

# 三、现行转移接续办法对京津冀省市政府及流动人员的影响

梳理京津冀三省市社会养老保险制度的差异，目的是分析在现行不统一的制度下，实行《城镇企业职工基本养老保险关系转移接续暂行办法》和《城乡养老保险制度衔接暂行办法》，对京津冀政府的社会统筹基金收支及流动人员的养老金领取权

产生的影响。

## （一）《城镇企业职工基本养老保险关系转移接续暂行办法》

在分析该暂行办法的影响之前，我们有必要先摸清京津冀三省市之间的人口流动及转移接续现状。

### 1. 三省市之间的人口流动概况

京津冀三省市位于华北冲积平原的腹心区域，地缘相接，文化一脉，三省市之间的流出人口均占各自流出人口的很大比例。2005 年全国 1%人口抽样调查的相关统计数据表明，河北流向北京 8506 人，流向天津 3636 人，分别占河北总流出人口的 45.88%和 19.61%；北京流向河北 753 人，流向天津 143 人，分别占北京总流出人口的 38.20%和 7.26%；天津流向北京 422 人，流向河北 433 人，分别占其总流出人口的 30.43%和 31.22%。从人口流出、流入数量比较来看，京津之间，天津流入北京的人口多于北京流入天津的人口，天津是净流出城市；京冀之间，河北流入北京的人口多于北京流入河北的人口，河北是净流出省份；津冀之间，河北流入天津的人口多于天津流入河北的人口，河北是净流出省份。具体见表 1。

表 1　京津冀之间的人口流动概况　　　　　　　　　　单位：人

| 现居住地 | 户口所在地 | | | | | |
|---|---|---|---|---|---|---|
| | 北京 | | 天津 | | 河北 | |
| | 人数 | 占总流出人口% | 人数 | 占总流出人口% | 人数 | 占总流出人口% |
| 北京 | — | — | 422 | 30.43 | 8506 | 45.88 |
| 天津 | 143 | 7.26 | — | — | 3636 | 19.61 |
| 河北 | 753 | 38.20 | 433 | 31.22 | — | — |

数据来源：2005 年全国 1%人口抽样调查数据。

### 2. 三省市之间流动人口的转移接续现状

自《城镇企业职工基本养老保险关系转移接续暂行办法》实施以来，截止到 2013 年底，由河北省转入北京市 8581 人次，由北京市转出到河北省 17880 人次，由天津市转入北京市 3573 人次，由北京市转出到天津市 3476 人次，河北省与天津市之间的转入转出未找到统计数据，但人口流动也很频繁，比如截止到 2014 年 5 月底，天津市西青区来自河北省的流动人口中有 1.04 万人参保，同年 6 月从西青区转出到河北省为 61 人[①]。

---

① 资料来源：根据天津市社会保险管理中心西青分中心的数据，作者计算得出。

3.《城镇企业职工基本养老保险关系转移接续暂行办法》对省市政府及被保险人权益的影响

基于 2010 年至 2013 年京津冀人口转移接续的实际数据，可以得出的结论是，本转移接续办法对于河北省的社会统筹基金收支平衡不利，同时会降低从京津两市转入河北省的被保险人的养老金水平，而提高从河北省转入京津两市的被保险人养老金水平；京津两市之间办理转移接续的人口数量大致持平，因此对于两直辖市政府的社会统筹基金影响不大，但会降低从北京市转入天津市的被保险人的养老金水平，而提高从天津市转入北京市的被保险人的养老金水平。

转移接续之所以会对转出转入地政府及参保人权益产生影响，关键在于：第一，社会统筹基金未全部转移。办理跨省市参保就业者的转移接续时，被保险人在流出地参保期间用人单位为其缴纳的养老保险费中的 12% 随本人转移，8% 留给转出地政府，而养老金领取权发生时则完全由转入地政府支付，因此有利于人口净转出地政府的社会统筹基金收支平衡，而对于人口净转入地的政府来说，它不仅损失了用人单位缴纳的部分社会统筹基金，还要承担被保险人在外省市缴费期间形成的养老金领取权在本地发生时，用本地社会统筹基金支付该养老金每年调整所需要的部分资金。第二，对于被保险人产生怎样的影响，由其转出转入地的工资水平而定。由工资高的省市转入工资低的省市的被保险人，其养老金待遇水平会下降；反之，由工资低的省市转入工资高的省市的被保险人，其养老金待遇水平则会提高。这是因为养老金计发办法未考虑被保险人在外省市缴费已经形成的养老金领取权，而是以转入地的社平工资或在岗职工平均工资与本人指数化的月平均缴费工资的平均值为基数计发所导致。

这里用实例证明上述论点。一名河北省户籍的被保险人，从 2006 年至 2012 年在北京市参保，2013 年 1 月转到河北省城镇职工基本养老保险，参保 1 年后即 2014 年退休。假定其参保期间每年的缴费工资与北京市社平工资相同，那么 7 年间该被保险人的用人单位共为其缴纳进入社会统筹账户的保费为 67655 元，该被保险人于 2013 年初转入河北省城镇职工基本养老保险制度时，只能转出 40593 元社会统筹基金，把 27062 元留给了北京市。此外，若按北京市的养老金计发办法，该被保险人在这 7 年间获得的基础养老金领取权为每月 405.51 元，由于转到了河北省，每月的基础养老金领取权为 343.56 元，降低了 15.28%。[①]

① 2006 年至 2012 年的北京市社平工资分别是 36097 元、39867 元、44715 元、48444 元、50415 元、56061 元、62676 元；同期河北省在岗职工平均工资为 16590 元、19911 元、24756 元、28383 元、32306 元、36166 元、39542 元。资料来源：北京市和河北省统计部门公布的数据。

## （二）《城乡养老保险制度衔接暂行办法》

自 2014 年 7 月 1 日起开始实施的《城乡养老保险制度衔接暂行办法》，基于被保险人的缴费年限或户籍所在地决定其养老金计发依据。因为该制度刚刚实施，还没有京津冀首都经济圈内跨制度转移接续的实际数据，无法分析该暂行办法对京津冀政府的社会统筹基金收支产生怎样的影响，因此，本文仅根据该暂行办法的内容来分析它将对被保险人产生怎样的影响。

1. 城镇职工养老保险缴费满 15 年的被保险人

被保险人可以从城乡居民养老保险转入城镇职工养老保险，将个人账户储存额全部转移，合并累计计算，不转移社会统筹基金，按照城镇职工养老保险办法计发相应待遇。由于被保险人参加城乡居民养老保险的缴费年限不折算为城镇职工养老保险缴费年限，导致被保险人在城乡居民养老保险参保缴费期间已形成的基础养老金领取权得不到认可。

2. 城镇职工养老保险缴费年限不足 15 年的被保险人

被保险人可以从城镇职工养老保险转入城乡居民养老保险，其城镇职工养老保险的缴费年限可合并累加计算为城乡居民养老保险的缴费年限，但是，相应待遇却要按照城乡居民养老保险办法计发。这样的规定对被保险人产生怎样的影响不能一概而论，因为每个人的参保时间、缴费工资高低不等。

我们仍采用前面的实例，计算一下执行《城乡养老保险制度衔接暂行办法》，对由北京市向河北省转移的被保险人的基础养老金领取权产生的影响。

假定该被保险人由北京市城镇企业职工基本养老保险转入河北省的城乡居民养老保险制度，若按北京市城镇企业职工基本养老保险的待遇计发办法，该被保险人在这 7 年间获得的基础养老金领取权为每月 405.51 元，由于转到了河北省，按照河北省每月 25.67 元（55 元×7 年/15 年）的基础养老金标准计发基础养老金，其每月损失的基础养老金领取权为 379.84 元。

如果被保险人参保时间短，出河北省向京津两市转移，其基础养老金水平有可能会提高。比如被保险人于 2008 年 1 月至 2009 年 12 月在河北省参加城镇企业职工基本养老保险，其缴费工资正好与当年河北省在岗职工平均工资相同，那么这两年参保可获得的月基础养老金领取权为 60.27 元，假定该被保险人 2010 年 1 月转入天津市城乡居民养老保险制度，在转入地缴费 2 年后于 2012 年 1 月年满 60 周岁，并一次性补足相差 11 年的个人账户保费额后开始领取养老金，按照天津市城乡居民养老保险制度标准，该被保险人每月的基础养老金为 180 元。通过这两个实例可以看出，《城乡养老保险制度衔接暂行办法》的问题是不能实现被保险人参保缴费形成的基础养老金领取权的对接，显失公平。

## 四、京津冀三省市社会养老保险制度对接障碍的成因

三省市社会养老保险制度不统一，加之现行转移接续办法的内容不完善，导致跨省市跨制度流动的被保险人的养老金领取权无法对接。本文针对这两方面的问题，分别探讨其产生的原因。

### （一）京津冀社会养老保险制度不统一的原因

京津冀的社会养老保险制度不统一，既是三省市经济发展水平不均衡的体现，又是京津冀城乡二元经济结构的反映，还与我国社会保障制度构建思路及方法密切相关。

1. 经济发展水平不均衡

北京是著名古都，也是全国的政治、文化和科教中心，享有较多的优质公共资源，尤其是医疗和教育等高端服务业领先全国。天津自清末民初已是中国经济最发达的城市之一，工商业及金融业发达。而河北省作为农业大省，其工商业发展相对落后，大量人才资源被吸引到京津，从古至今三省市的发展机会就不均等，导致其经济发展水平差距明显。比如，2013 年按常住人口计算的人均 GDP，天津市高达101692 元，位居全国榜首，北京市为 92210 元，河北省为 38596 元，仅相当于京津的 42%和 38%。

2. 城乡居民的保费负担能力不同

中华人民共和国成立后，国家实行的城乡分治政策及与其相配套的户籍管理制度，人为地割裂了城乡经济的协调发展，阻碍了劳动力的自由流动，形成了城乡二元经济结构，京津冀经济也呈现明显的二元经济特征，城乡居民实际收入差距很大。以 2013 年为例，北京市城镇居民人均可支配收入 40321 元，农村居民人均纯收入18337 元，城乡人均实际收入比为 2.20∶1；天津市城市居民人均可支配收入 32658元，农村居民人均纯收入 10806 元，城乡人均实际收入比为 3.02∶1；河北省城镇居民人均可支配收入 22580 元，农村居民人均纯收入 9102 元，城乡人均实际收入比为2.48∶1。城乡居民的保费负担能力不同，使我国难以设立统一的社会养老保险制度。

3. 社会保障制度构建的试点方式和拼接式的设计思路

为了应对计划经济体制改革引发的国民生活问题，《中华人民共和国国民经济和社会发展第七个五年计划》提出，要有步骤地建立起具有中国特色的社会主义的社会保障制度雏形，自此中国正式开始了社会保障的制度构建工作。与英法等国二战

后社会保障制度创建按照国家制定的统一计划，对原来的社会保险、公共扶助、社会福利制度进行整合统一的做法不同，中国采用了试点方式，没有制定统一的改革计划，从对计划经济体制下设立的养老保险和社会救济制度改革开始，为这些制度涵盖不了的城乡居民设计不同的制度。由于中央政府未制定统一的改革方案，把权限交给了省区市政府，且各试点城市同时实施不同的改革方案，结果导致我国社会保障制度的碎片化，作为其核心制度的社会养老保险制度也是省市分割、城乡分割，致使被保险人跨省市跨制度流动时其社会养老保险权益衔接困难。

### （二）现行转移接续办法存在的问题及其成因

现行转移接续办法不能使流动人员的转入转出地政府承担其应有的养老金支付责任，也难以保障被保险人转移前已形成的养老金领取权，下面归纳总结其主要问题，并剖析问题产生的原因。

1. 现行转移接续办法的主要问题

（1）缴费年限决定待遇计发制度

如前所述，现行转移接续办法把缴费是否满 15 年作为被保险人基础养老金按城镇职工或城乡居民养老保险制度发放的依据，等于否认了被保险人在缴费未满 15 年的参保制度已经形成的基础养老金领取权。按照社会保险权利与义务相对等的原则，缴费年限只能决定被保险人在该制度参保期间已经形成的养老金领取权，它没有理由成为被保险人基础养老金按转移前或转移后制度发放的依据。

（2）缴费年限决定待遇领取地

现行转移接续办法按照被保险人参保缴费是否满 10 年来划分其待遇领取地的规定，把缴费不满 10 年的被保险人在外省市参保缴费形成的基础养老金领取权及其相关权益让转入地或户籍所在地省市承担，导致缴费地省市与待遇领取地省市的权利与义务不对等问题发生，这样的划分方法缺乏科学依据。

（3）被保险人的养老金权益问题

社会保险关系转移接续的实质是对被保险人缴费已形成的保险权益的确认与累加以及保险人相应的支付责任的确认与落实。而我国现行转移接续办法，不是把被保险人在不同省市不同制度参保已形成的养老金领取权转移累加，而是把其在城镇职工基本养老保险制度的参保年限转移累加到转入地的制度中，按转入地标准计发其待遇，人为地割裂了社会保险制度缴费与养老金领取权之间的必然联系，是造成一些流动人员断保却不转移养老保险关系的真正原因。

2. 转移接续办法问题产生的根源

（1）缴费年限规定源于我国现行的社会养老保险政策

现行转移接续办法之所以要求缴费年限满 15 年,是因为我国现行的社会养老保险政策规定被保险人领取基础养老金的条件是缴费至少要达到 15 年,缴费不满 15 年的,不发给基础养老金[①]。

社会养老保险政策规定最低缴费年限的初衷,是为了鞭策被保险人长缴多得,通过社会养老保险制度解决其年老后的最低生活,但实际上此目的并未达到。从城镇职工基本养老保险制度来看,由于企业和个体工商户的费率太高,加之养老保险制度的频繁变更,一些企业和自由职业者均把缴费 15 年的最低要求当成了目标,达到 15 年缴费要求后,便以各种借口停止缴费。不仅如此,缴费 15 年的规定还是导致许多农民工不在城镇参保的一个重要因素,因为他们的工作和收入不稳定,很难做到在同一个地方缴费 15 年。截止到 2013 年底,我国 2.62 亿农民工在城镇参保缴费者不足四分之一,其中还有 3800 万人选择了断保,这样的规定实际上发挥不了鞭策缴费的作用,还致使缴费短的被保险人的养老金领取权得不到承认。

(2)养老金计发办法的问题在于未正确理解个人缴费与养老金领取权的关系

现行转移接续办法不承认或部分承认流动人员在转移接续前的养老保险制度参保形成的基础养老金领取权,比如,由城乡居民转入城镇职工基本养老保险制度的被保险人,其在城乡居民养老保险制度参保期间个人缴费形成的基础养老金领取权不予承认,认为基础养老金的资金来源于财政拨款,个人没有缴费,其实这是对个人缴费与养老金领取权之间关系的曲解。

我国社会养老保险制度采用统账结合模式,社会统筹基金是由被保险人缴费(自营业者)、雇主缴费、国家或地方政府的财政补贴共同形成的,并且雇主缴费和政府财政补贴以被保险人参保缴费为前提条件,并与个人缴费一起形成被保险人的养老金领取权,养老金领取权既应包括基础养老金,又应包括个人账户养老金,这两部分是个不可分割的整体。如果不承认流动人员基于个人缴费形成的养老金领取权中应包括的基础养老金部分,那么未流动的被保险人为什么会有基础养老金领取权呢?他们与流动人员一样,并没有为基础养老金缴费。若把被保险人工作变更作为其丧失已经形成的基础养老金领取权的条件,在道理上是讲不通的,因为二者并非因果关系。反例是一个没有为养老保险缴费的人,即使一生不变更工作,也不会有养老金领取权的。

---

[①] 《国务院关于完善企业职工基本养老保险制度的决定》(国发〔2005〕38 号)和《国务院关于建立统一的城乡居民基本养老保险制度的意见》(国发〔2014〕8 号)。

## 五、解决京津冀社会养老保险制度对接问题的对策

通过上述分析，我们可以看到，制约被保险人跨省市跨制度流动的制度性障碍是京津冀三省市社会养老保险的制度性差异和现行转移接续办法的缺陷，因此，本文从整合统一社会保险制度和完善现行转移接续办法两方面入手，探寻解决京津冀社会养老保险制度对接的对策。

（一）京津冀社会养老保险的制度整合

制度整合的重点是统一京津冀三省市社会养老保险制度的参保年龄、缴费基数及费率、待遇计发办法，同时要克服城镇企业职工基本养老保险制度下企业和自营业者费率负担过重的问题，以及为城乡居民社会养老保险制度建立合理的待遇计发标准和调整机制问题。

1. 城镇企业职工基本养老保险制度

（1）统一缴费基数及其上下限

将河北省企业缴费的费基由企业工资总额改为职工缴费工资基数之和，被保险人个人缴费的上下限改为本省上一年度职工月平均工资的 60% 和 300%，在此基础上，降低三省市企业保费费率，由现在的 20% 降到 12%，以减轻企业的保费负担，并为企业补充性养老保险制度的发展留下空间。此外，为了解决收入低的城镇个体劳动者无法承受城镇企业职工基本养老保险制度的保费问题，建议借鉴日本的做法，让城镇自营业者加入城乡居民社会养老保险制度，并通过税收优惠措施，引导收入高的自营业者参加个人储蓄型补充养老保险，以促进我国补充性养老保险制度的发展。因企业费率降低以及个体劳动者加入城乡居民养老保险制度而少收的保费，由中央和各省市政府分担。

（2）建立统一的基础养老金计发标准和调整机制

由于三省市社平工资水平相差很大，三省市基础养老金计发不宜采用统一的基数，建议按照津冀的计发标准修改北京市的计发办法，即以本省或市上一年度在岗职工月平均工资和本人指数化月平均缴费工资的平均值为基数，缴费每满 1 年，发给 1%。为了实行弹性化的退休制度，设定被保险人领取基础养老金的年龄资格为 60 岁，满 60 岁后，可以自主决定何时开始领取养老金。领取全额养老金的条件是年龄 60 岁以上、缴费满 40 年，全额养老金的目标替代率为 40%。对于缴费年限不满 40 年的，缴费每差 1 年，其基础养老金给付率降低 1.2 个百分点；对于缴费超过 40 年的，每多参保 1 年，其基础养老金给付率增加 1.2 个百分点，目的是鼓励迟领

多得、贯彻国家的延迟退休年龄政策。为了避免基础养老金因通货膨胀引发的基金贬值，应建立合理的养老金调整机制，即每年 1 月 1 日按照被保险人所在省市上一年度的通货膨胀率调整其基础养老金，增发养老金所需资金由省或直辖市政府补贴。

2. 城乡居民社会养老保险制度

（1）统一参保与开始领取年龄

按照河北省的年龄标准，统一京津两市的参保年龄，即不分男女、年满 16 周岁未满 60 周岁的全体城乡居民，均需参加城乡居民社会养老保险制度。养老金开始领取年龄为 60 岁，为了落实国家延迟退休年龄的政策，被保险人满 60 岁后，可以自主决定何时开始领取养老金。

（2）建立统一的基础养老金计发标准和调整机制

目前三省市的基础养老金均采用定额发放，难以统一计发标准，且不利于建立规范合理的养老金调整机制。本文建议基础养老金以各省市上一年度农村居民人均纯收入为基数，个人账户缴费每满 1 年，其基础养老金发给 0.5%。为了贯彻国家的延迟退休年龄政策，设定领取养老金的年龄资格为 60 岁，领取全额养老金的年龄为 65 岁，在满 65 岁前，每提前领取 1 年，其基础养老金给付率降低 0.7 个百分点，在 65 岁以后，每推迟领取 1 年，其基础养老金给付率增加 0.7 个百分点。为了使基础养老金避免通货膨胀引发的基金贬值，建立合理的养老金调整机制，即每年 1 月 1 日按照被保险人所在省市上一年度的通货膨胀率调整其基础养老金，增发养老金所需资金由省或直辖市政府补贴。

（3）提高基础养老金统筹层次

河北省和北京市要把目前的市县级或区（县）级统筹提高到省市级统筹，以便三省市之间的转移接续业务顺利开展。

（二）完善养老保险制度转移接续办法

通过三省市社会养老保险制度整合，使跨省市跨制度移动的被保险人的养老金权益衔接成为可能，但是，要从根本上保障流动人员的养老金权益，并使京津冀不同统筹地区合理地分担流动人员的养老金支付责任，必须从基础养老金领取的缴费条件及其待遇计发标准入手，对现行转移接续办法进行改革。

1. 取消基础养老金最低缴费年限的规定

如前所述，设定基础养老金最低缴费年限，是为了实现养老保险的政策目的。德国俾斯麦政府 1889 年出台的《伤残和老龄保险法》，规定了老龄年金的领取资格为年龄满 70 岁、保费至少缴纳 30 年，其政策目的是为了限制寿命短、缴费年限短的被保险人领取年金，从而实现老龄保险缓解少数长寿劳动者的生活问题的目的[①]。英国为了解决缴费年限短的被保险人无年金领取权的问题，2007 年对年金法重新修订，取消了其年金制度的最低加入年限（男性缴费 11 年，女性缴费 9.75 年[②]）的规定，因此被保险人只要加入基础年金 1 年以上，达到年金开始领取年龄后，就可以领取基础年金。瑞典根据 1998 年年金改革法导入的所得比例年金也没有设定最低加入年限，国民只要有超过保费下限的收入，就必须缴费。这样能真正体现权利（给付）与义务（缴费）的对应关系[③]，实现普惠性的年金政策目标。

我国现在正处于工业化与城镇化的进程之中，已有许多农民工因最低缴费年限规定难以达到，与其雇主合谋不加入城镇企业职工基本养老保险制度，未来几十年我国还将有数亿农村居民转移到城镇，为了实现国家社会保障制度全覆盖的政策目标，取消最低缴费年限、改革现行转移接续办法的养老金计发标准是十分必要的。

2. 采用"分段计算、权益累加"的基础养老金计发标准

取消基础养老金最低缴费年限的规定，可以将养老金领取权赋予缴费年限短的被保险人，但要真正确保流动人员在不同省市不同制度参保缴费形成的基础养老金领取权，需要变革现行《城镇企业职工基本养老保险关系转移接续暂行办法》和《城乡养老保险制度衔接暂行办法》的缴费年限认定、待遇领取地确定以及按转入地标准计发养老金的相关规定，实行"分段计算、权益累加"的养老金计发办法，即参保人在不同省市不同制度参保的情况下，按照该省市参保制度的养老金计发标准和被保险人缴纳保费的月数，计算出其应得的养老金，把被保险人在各个制度参保应得的养老金权益相加就是该被保险人一生应得的养老金总额。下面举例说明。

假定一被保险人从 2006 年 1 月至 2007 年 12 月在北京市参加城镇职工基本养老保险，2008 年 1 月至 2009 年 12 月在天津市参加城镇职工基本养老保险，2010 年 1 月转入河北省的城乡居民养老保险，2014 年 1 月满 60 周岁开始领取养老金。北京市 2013 年职工月平均工资为 5793 元，天津市 2008、2009、2013 年的在岗职工月平均工资分别为 3465 元、3731 元、5714 元，该被保险人月平均工资 2006 年为 2500元、2007 年为 2550 元、2008 年为 2600 元、2009 年为 2650 元，按本文主张的"分段计算、权益累加"的养老金计发办法，被保险人在北京市参保期间取得的月养老金领取权=[5793+5793×（2500/3008.08+2550/3322.25）/2]/2×2%=104.23（元）；用同样的方法可计算出被保险人在天津市参保期间获得的月养老金领取权为 98.87元；被保险人在河北省参加城乡居民养老保险的养老金领取权=55 元×（4/15)=14.67

---

①　当时德国人的平均寿命仅有 40 岁，能活到 70 岁以上的男子仅占 17% 多一点。
②　英国把领取老龄满额基础年金加入年限（男性 44 年，女性 39 年）的 1/4 作为领取基础年金的最低缴费年限。
③　瑞典以无所得比例年金者或低额所得比例年金者为对象的保证年金，仅以居住年限为领取条件，需要在瑞典居住 3 年以上。

元，该被保险人每月的基础养老金金额共计 217.77 元，京津冀三省市分别承担各自应支付的部分。这样的计发办法可有效地解决参保缴费年限短、跨省市跨制度流动的被保险人的养老金领取权，厘清其参保地省市的养老金支付义务。

### （三）设置全国统一的转移接续监管中心

通过京津冀社会养老保险制度的整合与现行转移接续办法的完善，可消除被保险人跨省市跨制度流动时其养老金领取权对接的制度性障碍，但是要及时把握被保险人在不同省市及不同制度间的流动情况，确保被保险人及时办理转移接续手续，并监督检查各省市社保经办机构记录的被保险人参保信息，需设立一个全国统一的转移接续监管中心，加速各地社会保险信息系统与国家"金保工程"的对接，实现转移接续监管中心与各省市社会保险经办机构的信息共享。

养老保险转移接续业务设计如下：被保险人流出省市的社会保险经办机构月末要把本省或市流动人员的参保信息及转移接续资料通过互联网传送给转移接续监管中心，由该中心核实后，把转移时间及转入地情况计入被保险人的社会保障卡，同时把被保险人的转移接续资料转发给被保险人流入省市的社会保险经办机构，由流入地为被保险人办理转移接续手续，向被保险人发送缴费通知书。个人账户基金随被保险人转入流入地，社会统筹基金不转移。流动人员退休时，其提交的养老金申请材料通过退休地省市的社会保险经办机构转发给转移接续监管中心，由中心负责计算各省市应支付给被保险人的基础养老金，并通知相关省市。退休人员的基本养老金由退休地省市的社会保险经办机构或银行统一发放，其中代替转出地省市发放的基础养老金部分，每月通过转移接续监管中心进行净额划转清算。这样的转移接续业务设计，可以使流动人员养老关系的转移接续手续无须本人申请，由转出转入地的社保经办机构在转移接续监管中心的参与和监督下办理，可以避免日本发生的被保险人年金记录漏记问题[①]。

## 参考文献

（1）盖根路. 跨统筹跨制度参加养老保险均应适用分段计算[J]. 经济界，2011

---

① 2006 年日本推进社保经办业务电算化时，发现有约 5095 万份纸质缴费记录与现在的近 7000 万被保险人姓名或地址不符，年金机构采用书信跟所有参保人进行了确认，截止到 2013 年 6 月仍有 2134 万份缴费记录找不到其被保险人，主要原因是被保险人工作变更、搬家、离婚等原因应办理转移接续手续时，因不了解整个年金制度体系未办理转移接续手续，以新的被保险人身分重新取得年金番号加入不同的制度，加之隶属于不同年金制度的年金业务经办机构未正确记录被保险人的参保信息，而国家基于所有被保险人都了解年金制度体系、所有年金业务经办机构都正确记录被保险人的参保信息的假定，未设立转移接续监督检查机构，是导致年金记录问题发生的根本原因。

（04）：22-24.

（2）肖红梅. 基本养老保险跨省转移：困境与出路[J]. 北京劳动保障职业学院学报，2010（04）：11-14.

（3）褚福灵. 权益转续保障终生[J]. 中国人力资源社会保障，2010（03）：22-23.

（4）张雅菲，陈少晖. 我国养老保险关系转移接续问题探析——基于跨统筹区域转移的视角[J]. 北华大学学报（社会科学版），2013，14（02）：42-45.

作者简介：焦培欣，教授，天津财经大学经济学院财政系与公共管理系。

# 地方政府基本养老保险基金运营效率探究

刘秀丽　　薛秋霞

**摘　要**：地方政府基本养老保险基金的运营是我国养老保险制度运行的中心环节，其运营效率不仅影响退休老人安享晚年，而且影响养老保险制度可持续发展和国家的长治久安。本文在分析地方政府基本养老保险基金运营现状的基础上，发现了存在法律滞后、九龙治水、监管缺失、价值偏差、市场缺陷等问题，并据此有针对性地在法律法规、管理体制、监管机制、价值取向、市场健全等方面提出了改进建议，以促进地方政府养老金运营效率的提高。

**关键词**：地方政府；基本养老保险基金；运营效率

## 一、地方政府基本养老保险基金运营现状及问题

中国人口老龄化如一匹奔腾的野马，汹汹来袭，势不可挡。截止到 2015 年末，我国 60 岁及以上人口达到 2.22 亿，占总人口的 16.1%，其中 65 岁以上老年人口有 1.44 亿，占总人口的 10.5%[1]，预计到 2050 年，我国老年人口将达到 4.83 亿，占总人口的 34.1%[2]。老年群体基数庞大且规模加速扩展严重冲击了养老基金的收支平衡。在我国高度的行政和财政分权体制之下，地方政府实际承担着社会保障政策管理和运行的主要责任并拥有很大的行动空间[3]。因此，提高地方政府基本养老保险基金的运营效率，弥补巨大的养老金缺口，是当前社保工作的重中之重。当前地方政府基本养老保险基金的运营现状如下：

（一）基金收入逐年提高，但筹资存在"征缴难、费率高"的恶性循环

地方政府基本养老保险基金收入逐年提高。以天津市近五年的基本养老保险基

---

① 2015 年社会服务发展统计公报［EB/OL］.http://www.mca.gov.cn/article/sj/tjgb/201607/20160700001136.shtml.
② 中国城市发展报告 2015［EB/OL］. http://www.citieschina.org/research/index.html.
③ 彭宅文.财政分权、转移支付与地方政府养老保险逃费治理的激励［J］.社会保障研究，2010（01）：138-150.

金收入为例，2010—2014 年天津基本养老保险基金收入分别为 279 亿元、336 亿元、420 亿元、466 亿元、534 亿元[①]，呈稳定上涨趋势。基本养老保险基金收入主要来自企业和个人的缴费，相对养老金支出而言，2014 年只有 8 个省份的养老金征缴收入大于支出，比上一年少了 4 个。其中广东结余 634.25 亿元，为各省份中最高。此外，北京、上海、浙江、福建、江苏、新疆和西藏也有结余。另外 23 个省份都出现了当期扣除财政补贴后养老金收不抵支的情况，排在最后的辽宁、黑龙江、湖北、河北、湖南和吉林 6 个省份缺口共计 1666.82 亿元[②]。此外，地方养老保险基金征缴困难，企业欠缴养老金的现象普遍而又严重，2014 年城镇职工养老保险中，企业部门缴费人员占参保职工人数的比重仅 81.19%。这意味着，在 2014 年每 5 个参保职工中就约 1 人没有缴费[③]。由于养老金的动态调整机制，近些年来许多地区都进行了不同程度的养老金支付比例的上调，意味着养老金面临着更大的支出需求，这就显得养老金的筹集尤为迫切。因此，地方政府为了保证基本养老基金的收入，提高缴费率，从而陷入"征缴难、费率高"的恶性循环之中。

### （二）基金投资运营取得一定效果，但面对实际需求仍是杯水车薪

对基础养老保险基金进行投资运营，是实现养老金保值增值的必由之路。基本养老金的投资方式有两种：直接投资和委托投资。长期以来，基本养老保险基金由地方政府负责运营，由于养老保险基金的特殊性和重要性，国务院规定养老保险基金结余额，除预留相当于两个月的支付费用外，应全部购买国家债券和存入银行专户，严禁投入其他金融和经营性事业，因而大部分地方政府基本养老保险基金都是由地方政府直接投资于国债和银行存款，但已有部分基金由社保理事会负责投资运营。社保理事会经批准的境内投资范围包括银行存款、债券、股票、证券投资基金、资产证券化产品、信托贷款、股权投资、股权投资基金等；经批准的境外投资范围包括银行存款、债券、股票、银行票据、大额可转让存单等货币市场产品、证券投资基金，以及用于风险管理的掉期、远期等衍生金融工具等。社保理事会的基本养老金投资运营已取得一定效果，2015 年广东委托资金权益 1196.49 亿元，其中，委托资金 1000 亿元，累计投资收益 314.27 亿元，扣除按合同约定返还首个委托期，2年期应得收益 117.78 亿元后，首个委托期满至 2015 年末的投资收益累计 196.49 亿元；山东委托资金权益 536.95 亿元，其中，委托资金 500 亿元，投资收益 36.95 亿

---

① 国家统计局数据［EB/OL］.http：//data.stats.gov.cn/easyquery.htm？cn=E0103.
② 中国养老金发展报告 2015［EB/OL］.http：//www.yjbys.com/wage/240752.html.
③ 中国社会保险发展年度报告 2015［EB/OL］.http：//politics.people.com.cn/n1/2016/0722/c1001-28577309.html.

元[①]。但是地方政府基本养老保险基金的投资缺乏成熟稳定的长效运营机制，在地区间养老保险发展差异大、转制成本逐渐显性化、养老金支出需求持续施压的情况下，当前水平下的养老金投资效益无疑是杯水车薪。

### （三）基金支付水平不断提高，但地区承受能力各不相同

基本养老保险基金支付水平不是一成不变的，而是需要依据物价变动情况、职工工资增长情况，兼顾基金和财政承受能力等因素，以公式为基础决定每年的养老金提高标准，同时还要兼顾基本养老保险的公平与效率，建立起支付标准正常调整机制[②]。近几年，地方政府基本养老保险基金的支付水平不断提高。据不完全统计，截止到 2016 年 10 月中旬，全国已有 21 个省份公布上调基本养老金，北京、上海、广东、云南、广西等多地明确发放时间表。各省上调企业退休人员基本养老金的具体办法各不相同，一般采取普遍调整和适当倾斜两种方式。但是地区间经济发展水平的参差不齐、地区养老保险制度发展的不平衡以及省际间基本养老保险基金横向转移支付的缺失，导致了地区间基本养老金支付承受能力的不同。比如一些基金结余偏少、老龄化偏高的地区，承受养老金上调的支出能力和未来养老金足额支付的能力相对来说弱一些，基本养老保障服务均等化还需要很长的一段路要走。

## 二、地方政府基本养老基金运营存在问题的原因分析

### （一）法律滞后

中国养老保险基金制度的框架已经基本形成，但是法律建设相对滞后。作为中国社保事业的一项标志性成就——《社会保险法》以立法保障进入了规范发展的新阶段。但是《社会保险法》重制度原则，轻操作细节，在很多关键问题上《社会保险法》没有解决，而是抛给国务院另行规定，致使养老金运行的各个环节都存在缺陷和漏洞[③]。而且相关社保法没有根据养老金实际运行中出现的各种问题进行法律上的规范与调整，导致养老金运营中许多问题的解决存在盲区，无法可依，给不法分子打擦边球，利用政策漏洞牟取暴利提供了契机。

---

① 全国社会保障基金理事会社保基金年度报告［EB/OL］. http: //www.ssf.gov.cn/cwsj/ndbg/201606/t20160602_7079.html.

② 张瑶瑶. 构建合理的基本养老金支付标准调整机制［EB/OL］. http://www.cfen.com.cn/zyxw/gc/201603/ t20160314_1907799.html.

③ 张瑶瑶. 构建合理的基本养老金支付标准调整机制［EB/OL］. http://www.cfen.com.cn/zyxw/gc/201603/t20160314_1907799.html.

## （二）九龙治水

地方政府养老保险基金管理的一大诟病就是政出多头，九龙治水。横向上，地方政府与养老保险基金牵涉的部门包括地方人社局、地税局、地方社保经办机构等多个部门，权利不清，职责不明，管理混乱，导致了运营低效；纵向上，我国基本养老保险实行的是属地管理制，从中央到省级、市级、县级，统筹层次低且各地管理存在差异，管理机构重叠，造成了养老金运营的分散和无序。无论是横向上的职能部门还是纵向上的地方政府，在管理基本养老保险基金时，都存在利己主义倾向，趋利避害，甚至有些地方政府只顾着争抢养老金管理权，却不考虑未来的支付风险，这种利己行为暴露出地方政府"争钱"的实质，给养老金的运营造成十分恶劣的影响。

## （三）监管缺失

地方政府养老保险基金的征缴、投资、支付等各个运营环节都需要监督，但当前监管缺失、监管责任不到位的问题比较严重。具体表现在以下几个方面：一是监管形同虚设，养老金监管应该包括行政监管、法律监管、专门监管和社会监管，行政部门既负责监管政策的制定，又负责监管政策的实施，因此行政监管占据绝对优势，而其他监管疲软无力，形同虚设；二是监管的广度和范围有限，远远达不到全方位监管的要求；三是监管频率不足，开展专项检查的次数非常少；四是监管方式落后。基础养老保险基金的监管方式主要是现场监督和非现场监督，现场监督工作量大，难度较高，使得现场监督流于形式，达不到真正监管的效果①。

## （四）价值偏差

地方政府官员为了自身利益最大化，一味追求政绩引导下的地方短期经济增长，这种忽视社会保障功利的价值取向，迫使基本养老保险基金让位于经济发展甚至成为经济发展的附属品。地方政府为了招商引资发展地方经济，故意放低社保要求，使得养老保险基金收入损失；地方政府在养老金的资产管理上，更是以经济发展需要为先，随意挪用养老金，破坏了养老金的增值空间；在养老金支出环节，由于地方政府重视程度不够，监管不到位，使不法分子有机可乘，肆意侵蚀着老年人的养老金。价值偏差让地方政府基本养老保险基金千疮百孔，流失严重。

---

① 王旖. 社保基金监管中地方政府责任研究——以 C 市社保基金监管为例[D]. 上海：华东理工大学，2012.

## （五）市场缺陷

地方政府养老金增值空间的可待开发性暴露出我国资本市场不健全的问题。地方政府对养老金的投资采取保守态度，选择稳健方式，一方面是因为养老金的安全本位，另一方面是因为在养老金的投资运营上，资本市场还未建立起足够完善的风险控制体系，风险太大。当前，我国资本市场层次不清，体系不完备，债券市场薄弱，缺乏衍生品市场，市场分割与竞争不足并存，社会信用体系、法律环境不成熟，对资本市场的支持功能弱。

## 三、提高地方政府基本养老保险基金运营效率的建议

### （一）健全法律体系，弥补法律漏洞

完善社会保障立法，提高立法水平和立法层次，注重法律更新的及时性，加强法律的可操作性。在养老金征缴方面，完善养老金征缴体制，规范养老金征缴流程，加大企业和个人欠缴成本。在养老金投资方面，出台具体可行的养老金投资运营细则，奖惩分明，提高地方政府养老金投资运营的积极性和效率。在养老金支付方面，健全基本养老金发放审核制度，落实发放部门的具体责任，在法律条文中增设对个人欺诈、冒领、挪用、贪污养老金等违法现象的处置规定，加大惩罚力度，肃清违法乱象。此外制定地方补助政策，对部分养老金收不抵支的地方政府提供补助，帮助其顺利渡过难关，缓解燃眉之急。

### （二）优化管理体制，提高统筹层次

横向上，将地方养老金的运营从地方社保局、税务局、社保经办机构等职责部门交叉的乱象中剥离出来，由专门的社保经办机构统一负责管理，杜绝部门间的扯皮现象，实现高效运营。纵向上，提高统筹层次，减轻我国社保碎片化程度，将事权财权相结合，努力实现省级统筹，精简相关机构和人员，减少养老金管理费用，加强地区间的转移支付能力，当时机成熟时，可开征社保税，提高养老金征缴的强制性，缓解财政压力，提高统筹层次，解决跨地区养老保险转移接续等难题，兼顾公平与效率，延长养老保险制度的发展寿命。

### （三）建立健全全方位、多层次、高效率的监管体系，完善信息披露制度

对地方政府基本养老保险基金的运营建立全方位、多层次、高效率的监管体系，

建立一个独立的养老基金监管部门，专门负责对养老金全面有效的监管，重视养老金监管制度设计的效率性，同时，注重完善养老金运行过程中的信息披露制度。在征缴环节，加大对养老金征缴过程的监管，相关职能部门强化执法力度，加强对企业的监察频率和力度，密切关注劳动者的举报和投诉。在投资环节，利用养老金投资相关数据进行大数据分析，实现技术监管，及时发现风险，动态调整策略，有效控制发展。在支付环节，重视对养老金领取人身份的审核，建立指纹比对、逝者信息反馈、社区调查和社会举报为一体的防诈骗冒领养老金机制，在各个养老金代发网点安装摄像头，并将所有代发网点养老金发放情况的影像联网，实现互联网技术下对养老金发放的动态监管。

### （四）加强官员思想道德建设，弘扬为人民服务的价值本位

一方面，从官员自身角度来讲，地方政府官员应自觉加强自身的思想道德建设，时刻保持与人民群众的血肉关系，关注民生，在思想上提高对养老金的重视程度和为人民服务的意识，密切联系群众，做到自律自省。另一方面，从外部环境来讲，要贯彻落实十八届六中全会精神，全面从严治党，净化党内政治生态，弘扬为人民服务的价值本位，要完善绩效考核，改革官员晋升机制，将社会保障情况与人民满意度纳入官员业绩考核之中，落实官员责任制，实行不定期抽查考核，提高官员忧患意识，加强官员之间的竞争力度，择优选择德才兼备的人民公仆。

### （五）健全资本市场，充分发挥市场作用

投资运营是养老金保值增值的重要环节和必经途径，因此健全资本市场，提高养老金投资安全和收益，至关重要。进一步建立健全市场体系，推动资本市场发展，就要提高上市公司质量，规范上市公司运作，促进资本市场中介服务机构规范发展，创造适应多层次资本市场建设的监管环境，培养资本市场信用评级行业，建立严格的评级标准体系，选定经营良好、收益稳定、信誉较高的上市公司，进行严格审查和层层筛选，将其作为养老金投资渠道的备选，提高地方政府基本养老基金保值增值的空间。

## 参考文献

（1）2015 年社会服务发展统计公报［EB/OL］. http：//www.mca.gov.cn/article/ sj/ tjgb/201607/20160700001136.shtml.

（2）中国城市发展报告 2015［EB/OL］. http：//www.citieschina.org/ research/ index.html.

（3）彭宅文. 财政分权、转移支付与地方政府养老保险逃费治理的激励[J]. 社会保障研究，2010（01）：138-150.

（4）国家统计局数据[EB/OL]. http：//data.stats.gov.cn/easyquery.htm？cn=E0103.

（5）中国养老金发展报告 2015[EB/OL]. http：//www.yjbys.com/wage/240752.html.

（6）中国社会保险发展年度报告 2015[EB/OL]. http：//politics.people.com.cn/n1/2016/0722/c1001-28577309.html.

（7）全国社会保障基金理事会社保基金年度报告[EB/OL]. http：//www.ssf.gov.cn/cwsj/ndbg/201606/t20160602_7079.html.

（8）张瑶瑶. 构建合理的基本养老金支付标准调整机制[EB/OL]. http：//www.cfen.com.cn/zyxw/gc/201603/ t20160314_1907799.html.

（9）王亚柯. 中国养老保险基金管理：制度风险与管理风险——基于美国联邦社保基金管理经验的启示[J]. 华中师范大学学报（人文社会科学版），2012（03）：8-13.

（10）王旖. 社保基金监管中地方政府责任研究——以 C 市社保基金监管为例[D]. 上海：华东理工大学，2012.

**作者简介：**刘秀丽，教授，博士，天津财经大学经济学院财政与公共管理系；薛秋霞，学士，天津财经大学经济学院。

# 天津市公共文化服务的现状与问题①

杨书文

《国家基本公共服务体系"十二五"规划》提出，政府应当向全民提供五个方面的公共文化服务内容：一是向全民免费开放基层公共文化体育设施，逐步扩大公共图书馆、文化馆（站）、博物馆、美术馆、纪念馆、科技馆、工人文化宫、青少年宫等免费开放范围；二是为全民免费提供基本的广播电视服务和突发事件应急广播服务；三是为农村居民免费提供文化信息资源共享、电影放映、送书送报送戏等公益性文化服务；四是加强文化遗产保护和综合利用；五是为城乡居民参加全民健身活动提供免费指导服务。

## 一、天津市公益性文化服务的情况

1. 文化机构数量。依据《中国文化文物统计年鉴 2014》的统计数据，全国共有 3076 个公共图书馆，各省的平均值为 99.2 个，天津有 31 个，在四个直辖市中排名第二。全国共有群众艺术馆 382 个，各省的平均值为 12.3 个，天津 1 个，与各直辖市一样。全国拥有文化馆 2919 个，各省平均值为 94.2 个，天津有 18 个，与海南并列倒数第一。全国拥有文化站 40575 个，各省平均值为 1308.9 个，天津有 264 个，在全国排在倒数第五位。全国拥有博物馆 3069 个，各省平均值为 98.8 个，天津有 20 个，在全国排在倒数第四位。全国共有艺术表演团 7321 个，各省平均值为 235.6 个，天津有 48 个，在全国排在倒数第二位。全国共有艺术表演场馆 2364 个，各省平均值为 76 个，天津有 35 个，在全国排在倒数第六位。由此可见，天津市的文化机构还有很大的发展空间。表 1 为 2012 年末 4 个直辖市主要文化机构数量情况。

① 国家社科基金项目"我国地方政府执行力研究"（10czz029）和"公共图书馆以财政投入为主体的资金保障体系研究"的阶段性研究成果。

表 1　2012 年末直辖市主要文化机构数　　　　　　　　单位：个

| 直辖市 | 公共图书馆 | 群众艺术馆 | 文化馆 | 文化站 | 博物馆 | 艺术表演团体 | 艺术表演场馆 |
|---|---|---|---|---|---|---|---|
| 北京 | 24 | 1 | 19 | 323 | 41 | 324 | 96 |
| 天津 | 31 | 1 | 18 | 264 | 20 | 48 | 35 |
| 上海 | 25 | 1 | 26 | 213 | 90 | 147 | 117 |
| 重庆 | 43 | 1 | 40 | 997 | 39 | 244 | 31 |

　　资料来源：《中国文化文物统计年鉴 2014》。

　　2. 2013 年文化事业费。从全国来看，人均经费为 38.99 元。上海的人均经费为 121.96 元，在全国排第 1 位；北京为 115.66 元，在全国排第 2 位；天津的人均经费为 64.96 元，在全国排在第 8 位。从文化事业费占财政支出的比重看，上海为 0.65，北京为 0.59，重庆为 0.4，天津为 0.38，天津在全国居 19 位，在四大直辖市位居倒数第一。显然，在文化事业费的投入上，天津还有较大差距，与直辖市的地位不匹配。如表 2 所示。

表 2　四大直辖市近年来人均文化事业费及位次　　　　单位：元

| 直辖市 | 2010 年 | | | 2012 年 | | | 2013 年 | | |
|---|---|---|---|---|---|---|---|---|---|
| | 人均经费 | 全国排名 | 四市排名 | 人均经费 | 全国排名 | 四市排名 | 人均经费 | 全国排名 | 四市排名 |
| 北京 | 82.44 | 1 | 1 | 110.55 | 2 | 2 | 115.66 | 2 | 2 |
| 天津 | 43.55 | 7 | 3 | 56.11 | 9 | 3 | 64.96 | 8 | 3 |
| 上海 | 80.92 | 2 | 2 | 120.65 | 1 | 1 | 121.96 | 1 | 1 |
| 重庆 | 26.81 | 13 | 4 | 41.00 | 11 | 4 | 40.79 | 13 | 4 |

　　资料来源：《中国文化文物统计年鉴 2014》。

　　3. 农村广播电视。"十二五"规划期间，天津市的农村广播和电视节目已经做到了 100% 覆盖，超过全国平均水平，和上海、广东等省市都处于领先水平。如表 3 所示。

表 3　2010 年至 2012 年我国农村广播电视事业全国及地区发展水平统计

| 年份 | 地区 | 农村广播节目人口覆盖率（%） | 农村电视节目人口覆盖率（%） | 农村有线广播电视用户数（万户） | 农村有线广播电视用户数占家庭总户数的比重（%） |
|---|---|---|---|---|---|
| 2010 年 | 全国 | 95.60 | 96.8 | 7293 | |
| | 天津 | 100 | 100 | 40 | 33.5 |
| | 上海 | 100 | 100 | 69.90 | 73.30 |
| | 广东 | 96.10 | 96.10 | 433.60 | 37.8 |

| 年份 | 地区 | 农村广播节目人口覆盖率（%） | 农村电视节目人口覆盖率（%） | 农村有线广播电视用户数（万户） | 农村有线广播电视用户数占家庭总户数的比重（%） |
|---|---|---|---|---|---|
| 2011 年 | 全国 | 96.10 | 97.10 | 8123 | |
| | 天津 | 100 | 100 | 25.41 | 20.40 |
| | 上海 | 100 | 100 | 70.35 | 77.10 |
| | 广东 | 97.90 | 97.30 | 46142 | 40.40 |
| 2012 年 | 全国 | 96.6 | 97.6 | 8432 | |
| | 天津 | 100 | 100 | 36.35 | 29.40 |
| | 上海 | 100 | 100 | 67.54 | 74.20 |
| | 广东 | 98.90 | 98.80 | 520.02 | 43.30 |

资料来源：《中国文化文物统计年鉴 2014》。

4. 农村电影放映。国家"十二五"规划规定，农村电影放映工程以农村居民为主要覆盖对象，至少作到每个行政村每月放映一部电影，放映费用由国家和地方财政分摊，力争"十二五"期间播放场次达到每年 780 万场。2013 年全年放映农村公益电影 4.4 万余场，其中室内放映场次达到 21%。①2014 年天津市推进农村电影放映服务升级，实现了由流动放映向固定场所放映、露天放映向室内放映的转变。目前，天津市电影放映工程已经达到并超过国家标准。

5. 应急广播建设。2010 年 1 月 8 日，天津人民广播电台交通广播与天津市应急办联合开办《应急之声》广播节目。节目内容主要包括普及应急知识、传授自救互救常识、解读应急预案、介绍应急法规、分析典型案例、聘请专家讲座以及市民关心的有关热点、民生等问题。2013 年 3 月 16 日，确定为"天津应急广播频率"，按照"平急结合"的原则，主要宣传普及日常应急知识技能、发布突发事件应急处置信息、疏导交通、安抚民众心理等，努力打造成为天津市应急管理综合宣传平台。天津市的应急广播系统比国家应急广播成立还要早。

6. 新闻出版。以 2012 年图书总印数为例，天津市 0.5 亿册，上海和广东则分别为 3.4 亿册、3.0 亿册，广东是天津的 6 倍，而上海是天津的近 7 倍。天津市新闻出版总体规模并未进入全国前十。

7. 文物、文化遗产展示与文化惠民。2013 年天津市文化发展方面将文化为民、文化惠民落到实处，向市民免费发放"天津文化中心公益文化消费券"，各文化场馆共举办公益文化普及活动 715 场，展览 70 余个，演出近 300 场，文献外借 200 余万

---

① 数据来源于 2013 年天津市文化广播影视剧年度工作总结。

册，接待观众约 400 万人次。文化遗产保护工作全面推进。此外，天津博物馆《中华百年看天津》荣获"全国博物馆十大陈列精品展览"。精心举办《珍贵的瞬间——纪念周恩来诞辰 115 周年图片展》《"中国梦、我的梦"大型图片展》等特色展览百余个，积极组织博物馆开展送展览、送讲座进学校、社区活动，受到广大观众的热烈欢迎。但是，天津作为一个拥有 600 多年历史的文化名城，拥有着丰富的历史文化，政府等相关部门在文物、文化遗产的发掘发现以及宣传等方面做得还不够，没有充分展现出天津市丰厚的历史文化传统，也使得本市人民及外地市民并不认为天津是一个拥有丰富历史文化的城市。

8. 各地区文物部门财政拨款情况。天津在文物保护管理机构拨款和博物馆拨款上，在四大直辖市中处于倒数第一的位置，上海的博物馆拨款数额是天津的 1.33 倍。天津市在对博物馆财政拨款方面明显不足，这很难保证博物馆文物展示的公益性，从而使天津市文化遗产展示的目标群体缺乏了广泛性。

9. 群众体育。根据第五次全国体育场地普查数据可知，天津体育场地 8952 片，其中标准体育场地 5516 片，非标准场地 3432 片，总面积达 22972429.92 平方米，人均占有场地 2.275 平方米。近年来，天津市体育事业蓬勃发展，体育场地数量大幅提高，各类体育场地已达 20000 个左右，人均公园绿地面积 10.5 平方米，公园 84 个。社会体育指导员人数 18021 人。

但是，和其他城市相比天津还有许多不足，例如社会体育指导员培训教育在天津发展较晚，2012 年天津每十万人的社会体育指导员为 139 人，明显不能满足市民健身锻炼的指导需要；人均公园绿地面积 10.5 平方米位于全国 21 位，低于全国平均水平 12.26 平方米，与北京、广东等省市还有较大差距。同时，对群众体育设施管理统计不完善，与北上广等省市相比缺少人力与财力的投入。

## 二、天津市公共文化服务存在的问题

### 1. 优质公共文化产品缺位

优质公共文化产品缺位，也是公共文化服务体系建设中迫切需要解决的问题，主要表现在公共文化资源的欠缺，基础设施不足。就目前而言，天津的文化馆、博物馆、艺术表演团体的数量在四大直辖市中均排名倒数第一位，这直接导致天津市的公共文化服务覆盖面受限。优质公共文化产品缺位，主要有三个原因：一是公共文化产品和服务的总规模严重不足，与人民群众增长的基本公共文化需求不适应；二是市内六区之间和城乡之间，在公共文化产品服务上的差距较大；三是公共文化产品与服务品种过于单一，公共文化服务机制不灵，这都使得优质公共文化产品缺位。

2．文化事业费投入偏低

天津市公共文化的投入偏低，人均经费在全国排第 8 位；文化事业费占财政支出的比重，在全国居 19 位，在四大直辖市居倒数第一；天津在文物保护管理机构拨款和博物馆拨款上，在四大直辖市中也处于倒数第一，这不仅与直辖市的地位不匹配，而且与 600 年的历史文化名城的称号不匹配。

与此同时，社会体育指导人员不足，不能满足市民文化活动和体育健身指导的需要，这既包括市内六区，也包括各县乡。

3．基层公共文化提供方面存在较多薄弱环节

基层公共文化设施是先进文化建设的基本阵地和物质载体，是先进文化建设的一项基础性工作，只有建好基层公共文化设施，才能为广大人民群众提供丰富多彩、健康向上的公共文化产品和良好的服务。但是，目前基层公共文化提供方面存在着阵地建设、队伍建设、活动建设、传播手段建设等诸多薄弱环节，如基层图书馆、文化馆建设以及乡村宣传文化服务中心建设等都明显落后于群众需要。专门从事公共文化服务的人员不足，也导致了活动手段与文化传播方式方面的问题。

## 三、天津市"十三五"时期公共文化均等化发展的建议

天津市要继续深化文化体制改革，促进文化事业和文化产业协调发展，满足人民群众不断增长的精神文化需求，充分发挥文化引导社会、教育人民、推动发展的功能。

1．完善公共文化基础设施，构建具有天津特色的公共文化服务体系

根据 2015 年 1 月颁布的《国家基本公共文化服务指导标准》，结合天津人民群众需求、地方财政能力和文化特色，制定适合天津的实施标准，并形成国家标准与天津标准相衔接的标准体系；完善公共文化基础设施，力争新建一批公共图书馆、群众艺术馆、文化馆、文化站、博物馆、艺术表演团体和艺术表演场馆，从而缩小与全国其他地区的差距。与此同时，要继续引导和支持社会力量兴办各类博物馆，推进博物馆、纪念馆、图书馆、科技馆等公共文化基础设施的免费开放，推进区县、乡镇和社区文化设施网络标准化建设，基本建成覆盖城乡、较为完备的公共文化服务体系。

2．要推进重点文化惠民工程，保障公众的公共文化权利

"公益文化消费券"的消费范围，要从文化中心扩展到各区县，扩大公益文化消费的普惠性，还要适时提高各类文化消费的公益程度。实施优秀传统文化数字化

传播工程和文化信息资源共享工程，促进基本公共文化服务均等化，保障公众公共文化权利。解决文化产品定价过高，公民消费成本太大的问题。对于弱势群体，政府要加大支持其享有文化产品和服务的力度，切实维护低收入和特殊群体的基本权益。

3. 加强基层文化队伍建设，扶持和发展民间文化艺术

一方面，要加强基层文化队伍建设，进一步完善选人用人机制，着力培养一批具有现代意识、创新意识的公共文化管理者和基层公共文化服务人才队伍。设立城乡基层公共文化服务岗位，配置由公共财政补贴的工作人员。将公共文化服务专业人才培养纳入国民教育体系。另一方面，要大力弘扬志愿服务精神，构建参与广泛、内容丰富、形式多样、机制健全的文化志愿服务体系。动员组织专家学者、艺术家、优秀运动员等社会知名人士参加志愿服务，提高社会影响力。

4. 转变施政观念，推行公共文化服务优先的财政支出政策

按照基本公共文化服务标准，落实提供基本公共文化服务项目所必需的资金，保障公共文化服务体系建设和运行。提高文化支出占财政支出比例，扩大公共财政覆盖范围，完善投入方式，加强资金管理，提高资金使用效益，保障公共文化服务体系建设和运行；落实和完善文化经济政策，支持社会组织、机构、个人捐赠和兴办公益性文化事业，引导文化非营利机构提供公共文化产品和服务。创新公共文化服务投入方式，采取政府购买、项目补贴、定向资助、贷款贴息等政策措施，支持包括文化企业在内的社会各类文化机构参与提供公共文化服务。

5. 优化文化产业结构，加强公共文化市场监管

加快发展文化创意、立体影视、动漫游戏等战略性新兴文化产业，延伸拓展文化产品制造、艺术品交易等相关产业。促进文化与科技融合，运用高新技术改造传统文化产业，发展新型文化业态。加强公共文化市场监管，严格把好市场准入关，努力营造健康有序的文化市场环境。政府要根据发展变化了的现实情况，加强立法，规范公共文化市场，提高执法力度，真正将自身的市场监管职能履行到位。

6. 加强体育基础设施建设，大力发展体育产业

大力发展群众体育，加强公共体育设施建设和管理，建立覆盖城乡的全民健身服务体系。广泛开展群众体育活动，提高市民身体素质。大力发展体育产业，培育体育健身市场，开发体育竞赛市场和体育表演市场，推进休闲体育产业发展，打造高水平体育产业园区。

**作者简介**：杨书文，天津财经大学经济学院财政与公共管理系副教授。

# 国外医疗保险法实施述评及对我国医疗保险立法的借鉴<sup>①</sup>

# 国外医疗保险法实施述评及对我国医疗保险立法的借鉴①

刘　畅　郭思遥

**摘　要：** 国外医疗保险立法相对比较成熟，各国和地区根据自身社会经济发展情况制定了较为完善的医疗保险法，在比较不同国家医疗保险立法的基本内容和实施情况的基础上，深入分析我国《社会保险法》中有关医疗保险立法的内容，肯定取得的成绩，找出存在的不足，借鉴国外经验，提出我国未来医疗保险立法的发展方向。

**关键词：** 医疗保险；社会保险法；城镇职工

## 一、国外医疗保险法实施情况

一个国家或地区的医疗保险制度的形成和发展，与其经济、社会发展和医学科学技术的进步有着密切的关系，它既是一个长期的演变过程，又是一个逐步完善的过程。本文选取了几个有代表性的国家，对其医疗保险法制的基本概况进行了简单总结，对我国医疗保险制度的发展与完善提供可借鉴的经验，如表 1 所示。

**表 1　典型国家医疗保险法律**

| 国家 | 现行法律名称 | 最早法律 | 享受待遇宗旨 | 基金管理 | 医疗保险模式 |
|---|---|---|---|---|---|
| 德国 | 《医疗保险法》 | 1871 年《劳工疾病保险法》 | 社会互助医疗 | 国家财政负担 | 社会互助型 |
| 英国 | 《国家卫生服务法》 | 1948 年 | 全民福利医疗 | 国民健康服务基金 | 国家保险型 |

① 本研究是中国经济改革研究基金会招标项目"保障退休人员基本医疗保险待遇研究"（2016 Z013）的阶段性研究成果。

| 国家 | 现行法律名称 | 最早法律 | 享受待遇宗旨 | 基金管理 | 医疗保险模式 |
|------|------------|---------|------------|---------|------------|
| 日本 | 《国民健康保险法》 | 1911 年《工厂法》 | 缴费义务与享受权利对等 | 健康保险基金拨付 | 社会医疗型 |
| 俄罗斯 | 《俄罗斯联邦公民医疗保险法》 | 1999 年 | 权利与义务对等 | 联邦退休基金与地方基金 | 强制参保型 |
| 新加坡 | 《保险法》 | 1965 年 | 公民为健康买单 | 保险公司 | 储蓄保险型 |

资料来源：作者根据相关资料整理。

（一）德国《医疗保险法》

德国是世界上第一个建立医疗保险制度的国家，最早追溯到 1871 年，19 世纪下半叶的德国，新兴的资产阶级还势单力薄，俾斯麦当政后，通过制定社会政策和社会立法，保护劳动者，缓解劳资之间的矛盾，1871 年普法战争后颁布《劳工疾病保险法》，保护工人的身体健康，之后在 1883 年颁布了《疾病保险法》，至今已有 110 多年的历史，目前已形成较为完善的医疗保险体制。

威廉二世比俾斯麦时期更注重保护劳动者，且制定了一系列社会立法。但二战战败后的德国，满目疮痍，"马歇尔计划"施行，西德作为主要受援国之一，经济得以迅速复兴。战后几十年来，西德政府除了把握经济复兴的重点外，也颁布了一系列社会保障立法，1970 年规定体力劳动者和脑力劳动者一律强制投保疾病保险。正是得力于德国完善的劳动者医疗保护制度，德国的教育水平非常高，劳动力的素质也非常高，尤其是德国的工业发展举世瞩目，这为其经济增长提供了最重要的保证。

德国法定医疗保险几乎全部来自征收的医疗保险费。由于德国的医疗卫生政策不是由国家规定，各州有权根据宪法规定确定本州的医疗卫生政策，因此各州医疗保险的费率也不一样。但是每一个受保险人按自己收入缴纳相同比例的保险费，且不受本人的身体状况、性别、年龄和免缴保险费的家庭人数的影响，也就是说，受保险人及其参加家庭保险的成员，在因健康原因享受较高的医疗保险待遇时，不必比收入水平相同的受保险人缴纳更多的医疗保险费。

（二）日本《健康保险法》

19 世纪末 20 世纪初，日本经济迅速发展，工厂、工人数量增多，但同时也引发了新的社会问题，当经济不景气时，工人的生活便陷入困难。1911 年，日本内阁颁布了保护工人的立法《工厂法》，这是日本历史上第一部具有医疗性质的法律。随后不断对该法进行修订，最终于 1959 年 5 月颁布了《国民健康保险法（新法）》。

第二次世界大战给日本造成重创，经济面临全面崩溃的危险。20 世纪 60 年代到 70 年代中后期是日本经济重建阶段，经过一系列的恢复政策，日本由一个经济几乎全面崩溃的国家发展成为世界经济强国，在医疗保障领域实现了"全民皆医疗"，规定对 70 岁以上老人实行免费医疗，人们的社会福利在这一时期大幅度提高。但进入 20 世纪 80 年代后，日本老龄人口急剧增加，日本出现了严重的人口老龄化问题。在老年人数量和医疗保险费支出不断增长的双重压力下，老年人医疗全免费政策给日本财政带来了巨大压力，为了给政府减轻医疗费用负担，日本不得不对其医疗保险体制进行改革，改革的重点是将原来全免老年人的医疗费改为由个人负担一部分，并且在不断调整个人负担比例。

经过改革和发展，日本于 1961 年实现了医疗保险的全民覆盖，医疗保险制度是全民保险制度，日本国民参加保险者分三大类，每一类约有三分之一国民参加。第一类是工会健康保险，参保人员为大企业及政府等工作人员及其抚养的直系亲属。第二类是政府管理的健康保险，参保人员为中小企业职员及其抚养的直系亲属。第三类是国民健康保险，参保者为独资经营及靠养老金生活者。属于第一类的工会健康保险费用率一般较低，都能支付。属于第三类的保险费用率一般较高，而第二类介于两者之间。

（三）英国《国家卫生服务法》

在第二次世界大战结束后，贝弗里奇提出了"从摇篮到坟墓"的社会保障体系，即之后形成的《贝弗里奇报告》。英国在"贝弗里奇计划"的基础上，建立了覆盖全体国民、内容广泛的高福利制度，其中包括更为完善的社会医疗保险制度。

1948 年英国通过并颁布了《国家卫生服务法》，实施全民医疗保险制度。

英国国家医疗保险又称国民卫生保健制度（NHS），英国医疗保险制度的突出特点是全民福利性。英国是世界上第一个实行全民医疗的国家，《国家卫生服务法》规定，凡居住在英国的人，不需要取得保险资格一律可以享受各种医疗保障服务，其目的在于"让每一个社会成员以免费或低价享受医疗卫生"。

英国《国家卫生服务法》规定，对所有医疗机构实行国有化，政府同自由开业的全科医生签订协议，按注册的服务人数支付报酬，主要以税收支付全民的医疗费用，保证全民都能免费享有所有卫生服务，从而在西方首创了政府机构既负责筹集卫生资金，又直接提供卫生服务的国家卫生服务制度。

英国医疗保险的具体做法是由中央政府提供资金，分配预算到地区卫生部门，再由地方卫生局分配预算到医院和全科医生，免费向全民提供医疗卫生服务。英国的卫生和社会保障部是其医疗制度的最高权力机构，下设地区和地段（社区）卫生局共三级，卫生和社会保障部控制资源分配，地区的职能是计划，地段是提供医疗服务的执行机构。英国的医疗服务体系分为中央医疗服务、地区医院服务和地段家庭医生服务，中央医疗服务主要是负责疑难病的诊断和进行医疗科学研究，地区医院服务是提供综合和专科医疗服务，地段家庭医生是提供初级医疗服务。

（四）俄罗斯《俄罗斯联邦公民医疗保险法》

苏联时期，主要是国家预算拨款为公民提供免费医疗服务；苏联解体后，俄罗斯沿袭了免费医疗的传统，1991 年 7 月，俄罗斯通过《俄罗斯联邦公民医疗保险法》，推出公民医疗保险的新举措，即同时实行强制医疗保险和自愿医疗保险。1993 年通过的联邦宪法第 41 条明确规定：所有人都有保持健康和享有医疗帮助的权利。国家和市政医疗机关，必须依靠相应的预算、保险金和其他收入，为居民提供无偿的医疗帮助。根据 1998 年通过的《国家保障免费提供医疗计划》，急救、门诊看病、住院救治等全部免费。1998 年 9 月 11 日，俄罗斯联邦政府决议"关于国家保障向俄罗斯联邦公民提供免费的医疗保险计划"中提到，免费医疗的资金支持 80% 以上来自强制医保基金，尤其重要的是，34.6% 用于支付非劳动人口的强制医保。

俄政府在医疗保险以至社会保障中一直扮演着重要角色，承担了必要的转轨成本，一系列法规为医保制度的规范化运行提供了法律依据。在计划经济体制下，苏联实行国家保障体制下的免费医疗制度。国家负责实施各项医疗政策，卫生部统一领导医疗机构，医疗经费主要由国家预算拨款。国民福利由政府集中配置、统一安排，医疗供给高度平均化，医院的设备维护、医护人员工资都由国家买单，各类医疗服务免费，但药品需要患者自费购买。总之，虽然俄罗斯经历了政治和经济转轨的剧烈震荡，但社会却保持了相对稳定，社会保障体制改革循序渐进。

（五）新加坡《保险法》

新加坡在全国实行统一的医疗保险制度，没有行业的区别和特殊照顾。新加坡《保险法》规定政府高级官员与一般雇员享受同样的保健服务，它规定每一个有工作的人，包括个体户都按法律要求必须参加保健储蓄，保健储蓄金可用于支付本人及家庭成员住院治病和部分高昂的门诊检查治疗项目费用，保健储蓄账户的主人去世后，余额以现金形式归还给家属，且不缴纳遗产税。

新加坡的医疗保险制度是以个人负责为基础，政府负担部分费用并严格控制医疗费用增长，以保证政府和个人都能承受基本的医疗服务负担。新加坡政府坚持，卫生服务和医疗保险不能完全依靠市场机制，单纯的市场机制不能确保医药成本的降低，政府对此必须进行强有力的干预和严格的宏观调控。新加坡政府重点做好卫生服务业发展的宏观调控，严格控制高科技在国立医院普遍使用，严格控制药品的使用和采购环节以及严格控制医院业务收入的增长等四个方面的宏观调控。

新加坡政府的医疗保险由三个计划组成，即保健储蓄计划（Medisave）、健保双全计划（MediShield）以及保健基金计划 （Medifund）（简称为3M医疗保险模式）。新加坡卫生部在政府白皮书中倡导政府提供的是国民负担得起的医疗保健，政府主管中央公积金和两大医疗集团，医疗集团内部实行公司制的运作模式，政府制定的医疗方案能够在公立医疗机构有效贯彻，各集团内部既可合作形成规模效应，又可通过竞争降低医疗成本。

新加坡医疗保障制度的原则是"共同负担"，每名新加坡人都要自己负担医疗费用，而政府的角色是提供适当的补贴，保证每个人都能负担得起基本医疗费用。政府会对公立医院的门诊和住院费用实行政府津贴制度，《保险法》规定，"17 岁及以下和 66 岁及以上的新加坡国民，以及所有在校学生的医疗门诊费用，可以享受75%的政府津贴，其他国民则享受 50%的政府津贴。如果政府综合诊所推荐患者到专科诊所求医，同样也能享有政府津贴"。

## 二、我国医疗保险立法分析——以《社会保险法》为例

纵观世界各国的历史，建立社会保障制度几乎都是先立法，以法律的力量来推动社会保障制度的建立和完善。立法的意义不仅在于对社会保障制度的权威规范，更在于实现社会保障责任与权益的合理配置。相较于世界其他国家社会保障制度的发展历程，我国的社会保障事业起步较晚，即中华人民共和国第十一届全国人民代表大会常务委员会第十七次会议于 2010 年 10 月 28 日通过的《中华人民共和国社会保险法》（以下简称《社会保险法》），自 2011 年 7 月 1 日起施行。该法共十二章九十八项条款，从法律上明确了国家建立基本养老、基本医疗和工伤、失业、生育等社会保险制度，其中有关"基本医疗保险"的规定是第三章，共十项条款，远远谈不上完善。

《社会保险法》第二十七条规定了保障退休人员基本医疗保险待遇的相关条款，"参加职工基本医疗保险的个人，达到法定退休年龄时累计缴费达到国家规定年限的，退休后不再缴纳基本医疗保险费，按照国家规定享受基本医疗保险待遇；未达到国家规定年限的，可以缴费至国家规定年限"。

从上述条款可以看出，2010 年通过的《社会保险法》中明确指出，退休人员退休后不需要再缴纳医疗保险费用，这意味着退休人员退休后不必履行缴纳医疗保险

费用的义务，可直接享受基本医疗服务的权利。

## （一）《社会保险法》条款合理之处

我国城镇职工基本医疗保险的筹资方式是单位和个人共同缴纳保险费，对于退休老人来说，参保超过一定年限可以不再缴纳保险费用，这在一定程度上缓解了老年人看病的压力。

一方面，从医疗保障角度来看，政府财政的支持应是老年人医疗保险制度正常运转的重要前提。老年人用毕生的精力为社会作出了应有的贡献，退休之后随着年龄的增大，各种疾病缠身，在他们人生的最后阶段应该得到社会和家庭的支持，保障退休人员的基本医疗待遇，确保退休人员享有高效的医疗服务，减少资金的困扰，促进了社会的和谐发展。

另一方面，从社会参与角度来看，法律规定退休人员达到一定缴费条件之后，退休则不用继续缴纳医疗保险费用，这部分退休人员早期为我国的经济建设作出不可磨灭的贡献，当时工资水平较低，该项规定可以使退休职工共享经济发展的成果，满足退休职工的基本医疗需求，使退休职工感到社会的关怀。

## （二）《社会保险法》条款欠合理之处

### 1. 无法体现社会公平

我国医疗保障体系包括城镇职工基本医疗保险、城镇居民基本医疗保险、新型农村合作医疗制度和医疗救助4项基本医保制度，凡缴费者享受待遇，体现了责任分担、权利义务对等的原则。在我国，除了退休人员之外，享受基本医疗保险待遇的公民都需要缴纳基本医疗保险费，从这一方面来讲，退休人员并没有承担应尽的平等的社会责任。对比我国新型农村医疗保险的实施，相对有退休金的退休职工来说，广大农村地区的老人基本没有收入来源，收入十分拮据，但也需要为自己缴纳医疗保险费用，两方对比，退休人员的缴费压力相对较小。在一个社会中，基本医疗保险制度，城乡有别、职业有别，享受的医疗保险待遇明显不同，这显失公平原则。

该法律条文的规定，不利于公民权利的均等化实现，阻碍了我国公共医疗服务均等化的建设进程，影响了社会公平正义的建设，使我国城乡医疗卫生服务标准和水平差距越来越大，延缓了我国城乡医疗保险制度并轨和整合城乡居民基本医疗保险制度的进程，无法统筹推进城乡社会保障体系，在公共服务层面我国的城乡差距越来越大。

### 2. 医疗保险基金缺口严重

根据2015年各省统筹基金结余数据，32个地区当期医疗保险基金收大于支，但北京、天津、湖北、重庆、贵州和新疆生产建设兵团六个地区统筹基金累计结余不足 6 个月支出，医疗保险基金存在资金缺口。退休职工缴纳医疗保险费用，享受医疗服务待遇，可以有效分担社会责任，体现了权利义务对等的原则，弥补医疗资金缺口，减缓社会压力。而"基础"是公平的，是面向所有的，不是如保险制度那样是依据权利与义务对等的原则制定的。它体现为政府作为社会组织的优点，为社会成员提供风险分担，保证每个成员都可以有一份基本的、平等的生活资源和发展机会，在社会经济发展的同时，每个人的发展都能得到基本的保障。这种保障是人民作为社会成员的权利的具体表现。基础性也必须是长远的可持续发展的，是国家的社会、政治、经济环境不同变化和各种风险情况下都可以维持的。同时基础性也要考虑到政府财政、企业发展和不同情况的个人的承担能力和需求，确保社会面对重大挑战时，每个个人都能够满足基本的生活需求。总之，城镇职工医疗保险的改革任重道远。

3. 在职职工基金缴费压力较大

由于我国特殊的国情，退休人员不需要再缴纳医疗保险费用，这部分费用由城镇在职职工承担，由表 2 可以看出，近几年，我国城镇在岗职工基本医疗保险年末参保人数与城镇退休人员基本医疗保险年末参保人数的比例（简称为职退比）大约为 3：1，这意味着每一位退休人员大约需要三名在职职工为其承担医疗保险费用。而同时在职职工还需为自己缴纳医疗保险费用，双重的缴费压力给在职职工带来极大的经济负担。

**表 2    我国在职职工与退休人员比例一览表**

| 类型 | 2009 年 | 2010 年 | 2011 年 | 2012 年 | 2013 年 | 2014 年 | 2015 年 | 2016 年 |
|---|---|---|---|---|---|---|---|---|
| 在岗职工参保人数(万人) | 13420 | 14987.7 | 16410.5 | 17791.2 | 18948.5 | 19861.3 | 20501.3 | 21041.3 |
| 退休人员参保人数(万人) | 4600 | 5007.9 | 5526.9 | 5943.5 | 6278.6 | 6624.2 | 6941.8 | 7254.8 |
| 职退比 | 2.91:1 | 2.99:1 | 2.97:1 | 2.99:1 | 3.02:1 | 3.00:1 | 2.95:1 | 2.90:1 |

资料来源：《中国统计年鉴 2015》及《2016 年国民经济和社会发展统计公报》。

目前我国人口老龄化已呈现不断加强的趋势，退休职工人数不断扩大，退休人员相对来说，身体素质较差，发病率较高，经常产生高额医疗费用。而目前在职工作的人员，是计划生育政策时期出生的一代人，我国近几年人口出生率也呈现下降趋势，如果不采取有效措施，未来城镇职工的基金缴费压力会愈来愈大。

4. 阻碍城乡医保体系的整合进程

2016 年 1 月 12 日，国务院颁发了《关于整合城乡居民基本医疗保险制度的意见》（国发〔2016〕3 号文件），提出"整合城镇居民基本医疗保险（以下简称城镇居民医保）和新型农村合作医疗（以下简称新农合）两项制度，建立统一的城乡居民基本医疗保险（以下简称城乡居民医保）制度"。实施该项措施，可有力推进我国医药卫生体制改革的进程，确保城乡居民公平享有基本医疗保险权益，从总体上促进社会公平正义、增进人民福祉，对促进城乡经济社会协调发展、全面建成小康社会具有重要意义。

目前，除西藏自治区以外，其他各省市区和新疆生产建设兵团均已实现"整合"或作出了"整合"部署。其中，22 个省份理顺了管理体制，由人社部门统一管理各项医疗保险；还有几个省份从整合政策入手，仍维持分别管理的现状；只有个别省份"另起炉灶"。由此可见，城乡居民医保整合已经取得了决定性的进展，这将进一步改善和加强城乡居民医保的管理，提高管理效率和效益，确保广大人民群众获得更多的幸福感。可以预见，城乡居民医保的整合在不久就会全部实现，但城镇职工依然是独自运行一套体系的，阻碍了城乡医疗保险的统筹进程。

## 三、国外医疗保险立法对我国的借鉴

### （一）注重追求社会公平

综观世界各国老年医疗保健政策，不同的国家差别很大，这与一个国家经济水平、政治环境、文化传统等存在密不可分的关系。世界各国医疗保险的实践表明，由国家统一包揽医疗保险是不可持续的做法，日本和英国的医疗保险模式说明，国家承担所有的医疗费用支出，会给这个国家的财政带来较大隐患，最终都将危及民众的切身利益；新加坡的模式也说明个人负担太重，不利于医疗卫生事业乃至社会保障事业的平稳运行，不利于发挥社会保障原有的互助共济原则。苏联和我国计划经济时期的医疗保险模式都属于国家保险型医疗计划体制，随着苏联的解体和我国经济体制改革，已经基本告别这种不符合经济发展规律的模式。

### （二）利用"大数法则"探寻医疗保险的规律性

在医疗保险中，利用"大数法则"的基本运行规律来分析社会保险中大量风险发生的随机现象。由于人们患病是不可预测的，在一个时期内，患病者特别是患重病者总是少数，通过社会保险筹集的资金来解决患病者的困难，帮助他们度过患病时的难关，这样做是公平的，符合社会保险的目的，同时这样做的经济成本和社会成本都是较低的。对每个人来说，一生中总会生病的，当他生病时，可以得到必要的救济，这样每个人的机会都是均等的，对于其缴纳保险费，就能基于一种合理的心理预期，不会妨碍其缴费积极性。在假设生病的总是少数人的前提下，用多数不生病的人的钱来帮助生病的人治病，就一个正常的人对医疗保障的心理期待而言，机会均等远胜于结果平等，绝大多数人不希望自己通过生病来获得多花钱的结果。

### （三）注重保障退休职工医疗保险待遇

目前，探索适合我国经济社会发展的医疗模式，尤其是保障城镇退休职工的医疗保险待遇，实行退休老人终生缴费是比较现实的选择。这是因为，随着医疗保险制度的老龄化程度不断加深，从收入关联缴费转向按人头缴费（即退休老人终生缴费）是必然趋势。有学者根据全球社会保障制度及其他相关文献梳理后发现，在全球建立社会医疗保险制度的 77 个国家中，有 37 个国家的退休工人需要缴费，占48.5%。实行退休老人终生缴费不但有利于降低制度抚养比，改善社会统筹基金收支平衡状况，体现责任分担，还有利于促进劳动力流动，解决医疗保险待遇转移接续的难题，并为未来城乡医疗保险制度并轨奠定基础，合理强化医保个人缴费责任，增强居民医保和新农合制度的社会保险属性。

截至 2015 年底，全国退休人员的平均养老金达到了每月 2250 元，以这一金额为缴费基数，按照当前 8%的医保总费率（单位缴费 6%、个人缴费 2%），退休人员需要缴纳的平均额度为每人每月 180 元。随着老龄化所带来的老年人口增多和医疗费用增加，医保基金的开源是必须做的事情。但必须考虑到我国老年人收入水平等问题，下一步不能再继续降低老年人的收入。未来中国老年人越来越多，只让年轻人来全部负担老年人的医疗费用是不可持续的，退休人员可以交一部分费用，但必须划定收入水平，对于低收入者应该进行减免。

### （四）探索终生缴费与提高老年人医疗保障水平的动平衡机制

要实行退休老人终生缴费，就必须同步提高对老年人的医疗保障水平。而当前我国正在不断提高医疗服务水平，应该抓住这一历史时机，同步实施退休老人缴费制。否则，若待未来我国医疗保障水平已经达到较高水平时再要求退休老人缴费，实施阻力要远大于当下。由于当前我国退休老人养老金水平仍较低，为此，可以对退休老人实行分类终生缴费，可根据退休人员的年龄、性别、养老金的多少或经济承受能力的强弱来确定合理的缴费比例，为退休人员设立不同的缴费群体梯度，制定合理的缴费比例。例如，在退休人员年龄性别方面，可以适当增加较小年龄（例如男性 60—72 岁）退休者的自负比率，减少或者减免较大年龄退休者（例如男性

73 岁以上）的自负比率；在经济承受能力方面，可由政府参照最低生活保障制度，根据退休人员的养老金水平划定一个合理的最低缴费标准，既能保障退休人员的医疗待遇，又不增加退休人员的缴费压力，合理照顾部分有困难的退休人员的医疗保障问题，从而确保退休人员的利益不受损害。今后应逐步完善并推行退休职工缴费参保政策的一系列配套措施，以保障退休职工的医疗待遇，促进医疗保险事业的可持续发展和全社会的和谐稳定。

## 参考文献

（1）宋晓梧. 建国 60 年我国医疗保障体系的回顾与展望[J]. 中国卫生政策研究，2009（10）：6-14.

（2）宋晓梧. 逐步推行基本医疗保险均等化——医疗保险法制化建设的重大课题[J]. 中国医疗保险，2011（07）：9-11.

（3）司文晴. 人口老龄化背景下对养老与医疗保险基金支出的研究[J]. 劳动保障世界（理论版），2013（2）：20-22.

（4）董朝晖. 适应新常态加强风险防范——"十三五"时期医疗保险事业发展探讨[J]. 中国医疗保险，2015（12）：14-17.

（5）杜亚倩. 医疗保险基金支出与人口老龄化的相关关系研究[J]. 劳动保障世界，2015（S1）：17-19.

（6）王超群，张翼，杨宜勇. 城镇职工基本医疗保险退休老人终生缴费制研究[J]. 江西财经大学学报，2013（05）：79-85.

（7）文裕慧. 城镇职工基本医疗保险退休人员适当缴费研究[J]. 现代管理科学，2015（10）：91-93.

（8）吴中宇. 现代社会保障导论[M]. 武汉：华中科技大学出版社，2009.

（9）宋晓梧. 中国社会保障制度改革[M]. 北京：清华大学出版社，2001.

（10）何文炯. 退休政策与医疗保险基金[J]. 中国医疗保险，2012（08）：15-17.

（11）中国法制出版社编. 中华人民共和国社会保险法. 北京：中国法制出版社，2010.

**作者简介**：刘畅，博士，天津财经大学经济学院副教授，主要研究方向为公共管理；郭思遥，天津财经大学经济学院研究生。

# 公共服务需求的异质性及其平衡机制①

闫章荟

**摘　要：** 公共服务需求的异质化导致民众对公共服务不公的感观愈发强烈，在社会转型与全球化背景下，公共服务需求平衡愈发困难。公共服务的福利刚性、公平和效率的两难、整体提升与局部积极性的内容矛盾、城乡二元结构的负面效应等共同决定了公共服务需求的平衡机制是多种利益的妥协与折中。信任模式、目标管理模式、市场模式和民主模式等公共服务供给方式都存在一定的缺陷，单一模式难以保证公共服务的有效供给。应对公共服务实施差异化供给策略，以市场化手段，满足高端公共福利需求，以民间力量补充现有政府基本公共服务供给能力不足，以弱势补贴鼓励公共服务资源向贫困人口倾斜，以公共服务工作的细节化和战略化，避免公共服务项目的冲突。

**关键词：** 公共服务；需求；异质性；平衡机制

公平是公共服务的应有内涵，随着中国社会的急剧变迁，公共服务需求异质性日益明显，导致民众对公共服务供给不公平的感观愈发强烈。在社会转型与全球化背景下，我国人际间和区际间的公共服务需求平衡愈发困难。公共服务供给本身蕴含若干内在矛盾与冲突，没有一种公共服务供给模式能够同时满足所有的异质性公共服务需求。公共服务需求的均衡则是公共服务公平性的关键手段。因此，公共服务需求的平衡理应成为服务型政府建设的关键进程。如何在资源有限的前提下，平衡异质化的公共服务需求，稳步推进服务型政府建设，是当前我国政府创新过程中面临的重要难题。

① 天津市哲学社会科学规划重点委托项目"社会网络视角下京津冀跨域突发事件应急联动机制研究"（TJGLWT15-003）。

## 一、公共服务需求的异质性

在中国，由于人口、地理和历史等因素的作用，公共服务需求的异质性历来比较突出。近年来，伴随着中国经济领域的变革与全球化进程的加快，公共服务需求的异质性呈现出扩大化的趋势。

### （一）公共服务需求的区际分化

公共服务需求的区际分化与中国社会发展失衡密切相关，一方面，中、东、西部地区之间的公共服务需求分化；另一方面，城乡之间的公共服务需求分化。

虽然中国公共政策和资源已经开始逐渐向西部地区和东北老工业基地倾斜，但东、中、西部地区的发展水平差异却无法在短期内拉平，这导致了不同区域的公共服务需求侧重点有所不同。在东部沿海开放地区，经济社会发展速度较快，民众与社会对公共服务无论是数量还是质量的需求都比较高，公共服务职能在这些地区的地方政府职能体系中占据重要的地位，民生问题得到了地方政府更多的关注。相较于东部发达地区，广大西部地区的经济发展水平较低，地方政府公务人员整体素质也略低于沿海开放地区，公共服务供给数量和质量也相应受到影响，这些地区的公共服务需求尚处于初始阶段，以满足民众最基本的公共服务需求为主。

在历史原因、政策倾斜等因素的共同作用下，中国城乡二元化问题一直比较突出。过去由于信息通信技术落后，城乡二元化的区分尚未显现于民众的公共服务诉求方面，农村居民自给自足生活模式，对公共服务需求有限。农村家庭联产承包责任制的实施，解放了农村生产力和劳动力，户籍制度的放开和人口流动限制性措施的减少，使得农村人口的区域流动和职业流动成为常态。在通信技术发展和人口素质提升等多重因素叠加的影响下，农村地区的公共服务需求数量扩大化趋势明显，农村公共服务需求开始向纵深化发展。与此同时，城市中原有的公共服务供给方式发生了根本性变革，城市居民免费享受医疗、教育、卫生等公共服务的时代已经结束，一系列全新的公共服务需求迅速崛起，例如大学生就业服务、环保服务、社区服务等。总体而言，乡村地区公共服务需求的侧重点在基本公共服务数量扩张和质量提升方面，而城市地区公共服务需求的侧重点则在于公共服务的个性化要求。

### （二）公共服务需求的人际分化

20世纪80年代，中国经济体制改革的成果使得中国阶层分化成为可能，之后一系列改革的逐步推行使得这种可能成为现实。中国社会开始出现多元化的利益群体，例如白领、工人、农民、职业经理人、企业主、农民工、个体经营者等。不同利益群体在收入水平、收入方式、文化素养、家庭背景等方面存在巨大差异，其公共服务需求也表现出巨大的区分。例如，农民工的公共服务需求可能集中体现在享受与城市居民同等的公共服务方面，而白领群体的公共服务需求可能更多地体现在服务供给者的态度和获取服务的便利性方面。

公共服务需求的人际分化还表现在不同年龄群体、不同职业群体之间。例如，青年人对于职业发展服务的需求更为旺盛，老年人对于养老服务和医疗服务更为重视；教育行业的从业人员倾向于扩张我国的教育供给，增加教育服务的筹资水平；医疗行业的从业人员认为自身收入与付出不成比例，强烈呼吁中国改革医疗服务供给方式。

人际间的公共服务需求不仅表现出多元化特征，且存在着许多现实的与潜在的矛盾冲突。如老年人在享受免费乘坐公交车服务的过程中，在某种程度上侵犯了上班族的公交服务资源，造成了上班族与老年群体之间针对公共交通服务的矛盾冲突。农民工的基本公共服务需求与城市原有居民对公共服务品质提升需求是公共服务供给的两难困境之一，在基本公共服务供给数量有限的情况下，允许农民工及其子女享有与城市居民同等的教育、医疗等公共服务必然会降低城市居民现有的公共服务水平，而民众对于公共服务供给水平降低具有非常高的敏感性。

事实上，中国公共服务需求的区际分化与人际分化往往是交织在一起的，进一步表现为公共服务需求的异质化，中国政府面临着公共服务数量扩张、公共服务质量提升、民众公共服务需求回应等多重任务。而公共服务需求的满足也有赖于政府的公共政策倾斜和公共服务供给模式的变革。

## 二、公共服务需求的折中与妥协

公共服务的公平性要求公共服务在人际和区际间实现均等化，然而，同时满足所有的异质性公共服务需求并不具备现实可行性，受到诸多因素的限制。

### （一）公共服务既得利益者与新加入分享者之间的矛盾

民众对公共服务需求具有一定的"刚性"，即大多数人对既得的公共服务数量和质量具有只期待其上升、不容许其下降的心态。因此，新分享者的加入前提只能是公共服务规模的扩大，公共服务项目的增加，公共服务水平的提升。然而，公共服务的供给水平需与国家的经济发展水平相适应，在经济发展水平尚未能够满足公共服务数量扩展、公共服务品质提升的大背景下，旨在通过降低公共服务供给质量，满足新加入者的公共服务需求是蕴含巨大风险的。

### （二）社会发展效率与公平之间的两难

公共服务公平是社会公平的重要指标，而在社会发展过程中，政府对公平和效率进行着反复衡量。公共服务的公平性诉求在一定程度上是以牺牲社会发展效率为代价的，就社会整体而言，在预算一定的情况下，地方政府如增加公共服务供给数量，则必然降低经济建设的投入水平，如环境保护从来都是以污染型企业的退出为先导的。就社会个体而言，公共服务的按需供应在某种程度上还可能助长社会闲散风气，给一些人提供"搭便车"的机会，从而降低整个社会的工作效率。因此，需要寻找效率与公平的平衡点，在中国尚需加快发展步伐的时代，尽量实现不损害效率的公平。

### （三）宏观平衡与地方积极性的内在冲突

地方政府是公共服务的核心供给者，也因此引发了地区间公共服务的巨大差异。公共服务需求的平衡往往需要中央政府的宏观调控来完成。但对于国家全局发展而言，力求平衡地区间公共服务差距，旨在以发达地区的资源满足欠发达地区的公共服务需求的政策可能会打击地方政府发展的积极性。

### （四）产业结构调整与人口结构变动的长期性

产业结构调整、城镇化发展是中国人口结构变动的巨大推动力，而城乡公共服务需求的有效满足是巩固这种成果的重要手段。满足乡村居民和城市移民的基本公共服务需求，是学界和政府都十分关心的课题。然而，由于中国农村人口基数过于庞大，人口结构的转型必然是一个长期而复杂的过程，在这一过程中，公共服务在数量的稀缺和质量的短暂缺位在所难免。

综上，异质化公共服务需求的折中和不同群体地区间的妥协是服务型政府建设中不可避免的现实。没有一种公共服务模式能够同时满足所有群体不同的需求，因此不存在完美的公共服务模式，公共服务需求的均衡机制实际上可以称之为公共服务需求的折中和妥协机制。

## 三、公共服务需求的平衡

正如公共服务供给模式有多种选择一样，公共服务本身的类别划分也有多种方式，本文对公共服务进行分类的目的是为了平衡异质化的公共服务需求，鉴于此，本文引入"需求弹性"和"供给弹性"两个概念，用以区分不同类别的公共服务。

（一）概念框架

公共服务需求弹性是指在一定时间内，在其他条件保持不变的情况下，某种公共服务的需求迫切性程度对公共服务价格和用户收入的反应程度。公共服务需求弹性又可细分为公共服务的价格需求弹性和公共服务的收入需求弹性。

公共服务需求弹性=公共服务需求水平/（公共服务价格×用户收入水平）

公共服务价格需求弹性=公共服务需求水平/公共服务价格

公共服务收入需求弹性=公共服务需求水平/用户收入水平

事实上，公共服务不同于一般的商品，大部分公共服务仍由政府提供，政府的公共属性使得公共服务价格在一定时期内能够保持稳定和低价。即使是由市场组织提供的公共服务，其价格也受到政府的监控，因而能够保持在相对合理的范围之内。基于此，公共服务需求弹性的重点在于公共服务收入需求弹性。

公共服务的供给弹性是指在一定时间内，在其他条件保持不变的情况下，某种公共服务的供给水平对政府能力的反应程度。其中，公共服务的供给水平既包括公共服务的供给数量，也包括公共服务的供给质量。

公共服务的供给弹性=公共服务供给水平/政府公共服务能力

上文提及的政府公共服务能力是就某一地方政府而言的，具体包括地方的经济发展水平、政府自身可支配收入和中央的政策倾斜。在现实生活中，公共服务供给弹性在很大程度上还受到公共服务支出偏好的影响，由于受到以国内生产总值（以下简称GDP）为中心的政绩观的影响，地方政府公共服务的支出偏好存在着异化现象，地方政府公共服务的支出普遍集中于投资回报率高的公共服务产品。

（二）现有的公共服务供给方式选择

大体来说，有以下四种公共服务供给方式：

1. 信任模式

信任模式是指民众相信特定的部门和人员，并对其所提供的公共服务品质有着充分的信心。信任模式的逻辑思路是：政府设定服务的标准，并提供公共服务预算资金，公共服务供给方按照自己的意愿对这些预算进行支配。信任模式的基本假设是：公共服务的供给者之所以愿意提供公共服务主要是源于他们对于大众福利的关注，而不是出于对自身物质私利的追求，他们唯一的追求就是满足服务用户的需求，他们唯一的兴趣就是社会福利。

2. 目标管理模式

与信任模式不同，目标模式也被称之为命令模式或控制模式，所有人和组织都是管理等级的一个部分，在其上级的指示下提供公共服务。

目标管理模式在公共服务实践中又表现出若干种形式，其中最为著名的一种形式被称之为"目标管理法"。这种方法给公共服务供给方设定各种各样的目标，并将这些目标进行量化处理，量化的目标是对公共服务供给方及其工作人员进行绩效评估的标准，若目标达成则进行奖励，目标未能达成则进行惩罚。

3. 市场模式

建立公共服务市场，通过公共服务购买者的选择和公共服务供给者的竞争实现公共服务的公平公正、高效率、高品质和回应性目标。市场模式有两个关键因素：选择和竞争。所谓选择是指公共服务享受者的选择，为了维护公共服务的公平性，政府一般会给民众发放公共服务券，民众用公共服务券购买公共服务。竞争是指在公共服务领域形成"准市场"环境，在公共服务市场中存在若干独立的提供者，既包括政府组织也包括企业和民间组织，它们之间是相互公平竞争的。

4. 民主模式

民主模式是一种自下而上管理的公共服务供给模式，是指民众有权向公共服务提供方及其上级就公共服务的提供数量、品质和方式等提出申诉，迫使其进行变革，申诉的主体可以是个人也可以是集体，申诉的方式包括各种类型的行动和抗议。例如，中小学组织家长理事会，并就学生教育问题与教师和校长谈判；病人就医疗服务启动正式的诉讼程序；民众就环境问题向人大代表投诉等。

（三）公共服务类别

不同类别的公共服务，其有效供给模式也不尽相同。本文以公共服务的需求弹性和供给弹性划分了四类公共服务，如图1所示。A 区所代表的公共服务，政府的供给弹性与民众的需求弹性都很高，此类公共服务一般是指高端社会福利，如专家会诊、定期体检、单间病房、高等教育等。民众此类公共服务的需求对价格和收入反应灵敏，一旦此类服务价格降低或者民众收入水平提高就会产生对此类公共服务的需求；就政府而言，此类公共服务具有较高的投资回报率，在政府能力允许的范围内，政府提供该类公共服务的意愿较高。B 区所代表的公共服务，政府供给弹性较低而民众的需求弹性较高，此类公共服务一般是指教育、医疗、卫生、养老等基本公共服务，对其个性化要求或品质要求较高，如随着民众收入水平的提高和民主意识的觉醒，希望能够享受更加便捷的交通，更加人性化的医疗服务等。而在以 GDP 为核心的政绩观影响下，政府收入的提高并不会必然提高此类公共服务意愿。C 区所代表的公共服务，政府供给弹性和民众需求弹性都较低，这意味着此类公共服务是政府存在的基础，是民众安全生活的保障，一般是指自然环境和安全服务，提供此类服务是政府存在的根本，也是民众能得以正常生活的基础。D 区所代表的公共服务，政府供给弹性较高而民众需求弹性较低，这类公共服务是指基础设施、义务教育、基本医疗等服务，政府对于这些服务往往进行有选择性地供给，如公共交通，在一些经济欠发达地区，由于公共交通服务的供给成本较高，且民众未对此项要求提出强烈的需求，政府往往不愿意将资金投入到道路建设上来；又如一些区域的义务教育供给明显不足，在教师、校舍和教学工具等方面都存在着较大的缺口。而民众无论收入高低，对此类公共服务的需求都是生活必须支出。

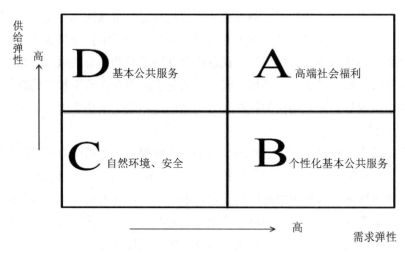

**图 1　公共服务分类**

## （四）公共服务需求的平衡与公共服务的有效供给

### 1. 公共服务需求的异质性与公共服务分类

公共服务需求的平衡并不是消除公共服务需求的异质性，而是针对多元化的公共服务需求，寻求差异化的公共服务供给模式，制定公共服务供给战略，将潜在的公共服务需求冲突维持在可控的范围之内，确保社会的和谐与稳定，促进社会的健康发展。

如前所述，公共服务需求具有异质性，这种异质性表现为区际异质性与人际异质性。然而，就不同公共服务类别而言，公共服务的异质性并不完全相同。很显然，自然环境、公共安全与基础设施服务的异质性较小，公共服务消费的排他性也相对较小。如公共交通和国防一般被认为是完全不具备排他性的公共服务，在这些类别的公共服务供给方面若设置限制性条件，将部分民众隔离于公共服务之外，则会引发社会的巨大不公平感，甚至影响民众的正常生活，造成社会动荡，因此，C 类和 D 类公共服务不适合采用市场模式进行供给，公共安全、环境保护与基础设施的供给应采取全国统筹的方式，尽快拉平区际间和人际间的公共服务差距。

在高端社会福利和个性化公共服务需求方面所表现出的异质性是正常的，只要人与人之间存在收入水平、教育程度和文化背景差异，他们对于教育、医疗卫生和社区管理等服务的需求就具有其身份特征。正是由于这些类别公共服务的个性化特征，以市场化模式提供高端社会福利和个性化公共服务非常必要。市场化模式在满足个性化需求方面具有先天优势，同时市场选择和竞争方式又将价格因素引入了公共服务供给过程之中，从而排除了部分无力进行高端公共服务消费的人群。

2. 公共服务类别与公共服务供给模式选择

第一，对于 A 类高端公共服务项目和 B 类个性化公共服务项目，民众愿意在收入水平提高的前提下，支付更多的可支配收入用于购买此类服务，因此，可以考虑采用市场模式提供此类公共服务，只是要注意竞争的公平性，以防政府在高额利润的驱使下，利用自身政策资源垄断高端公共服务产品的供给，从而造成有选择、无竞争状况的存在，进而推高公共服务定价，并阻碍公共服务技术创新和品质提升。例如，我国现有的通信服务厂商只有中国移动和中国联通，民众通信服务选择权可行使的范围非常有限，这使得中国通信服务价格长期高于国际平均水平，通信服务质量提升无法与民众需求同步。

第二，对于 C 类和 D 类公共服务而言，民众几乎没有任何需求弹性，只有这两类服务得到了有效供给，民众才能得以进行正常生活，因此，C 类公共服务和 D 类公共服务宜采用目标管理模式、民主模式与信任模式相结合的供给方式。对于基本环境安全服务而言，政府为民众提供良好的治安环境是政府组织的应负职责之一，政府组织系统应用目标管理模式，以强制命令在层级之间逐步推动公共安全和环境服务品质的提升是可行的。近年来随着社会对环境保护认识水平的提升，大量民间环保组织兴起，将一部分环保服务供给职责转移给具有专业知识，且立足公益的民间环保组织具备可行性。对于基本公共服务而言，政府供给具有明确的选择性，因此，民众发言权的加强势在必行，通过自下而上的压力促使政府改革现有的基础设施供给方式和结构，保障基础设施建设的稳步推进。同时，由于中国地区间经济水平的差距和政府能力的悬殊，可暂时考虑采用信任模式，由部分民间组织提供少部分的公共服务项目，例如现在已经在实行的希望工程、开往春天的校车、母亲水窖等公益项目即是由民间组织或准公共部门发起的，利用民间资源供给基本公共服务的例子。应该引起重视的是，在 C 类和 D 类公共服务项目中引入信任模式，事实上是将政府的一部分职责转移给了社会，而转移出去的职责又不是社会应该承担的事项，虽然短期内能够解决部分公共服务供给不足的问题，但从长期来看会造成政府社会的责任倒挂和民众公益心的衰退。

3. 公共服务需求的折中方式

以需求弹性和供给弹性对公共服务进行类别划分，并以此为依据判断公共服务的供给方式，在理论上是可行的，但实践中仍难以避免因收入差距、生活环境等外在因素所造成的公共服务供给水平差距。因此，公共服务需求的折中与妥协势在必行。

第一，对于高端社会福利和个性化公共服务而言，在市场化供给过程中应确定一个基准或底线，确保高端社会福利和个性公共服务享有不会侵犯其他民众的基本公共服务享有质量，包括时间、空间和心理等方面。例如，某一特定个人可以通过直接付费的方式，享受更加便捷和高端的医疗服务，但是当医疗资源有限的情况下，医院不能因为一个富有的感冒患者支付了10倍于贫穷急性疾病患者的资费，而置贫穷患者的生死不顾；可以付费购买更加宽敞的住宅，但不能因为其私人花园梦想，而挤占普通民众的公共绿地；可以购买私人飞机，但不能因为其时间宝贵，而插队购票上车；可以在私立学校接受更高质量的教育，但不能通过贿赂、人际关系等手段享受更高质的教育资源。

第二，对于教育、医疗、养老、基础设施以及安全环境等基本公共服务而言，应确立全国的统一服务标准，不管户籍住址、经济环境或其他方面的差异，都不影响民众对公共服务的需要和享有。然而，我国的地域差异和不同阶层的贫富分化仍将存续一个较长的时间，拉平地区间经济发展水平，实现"均贫富"是不现实的。目标管理模式辅之以信任模式和民主模式的供给方式也不可能在短期内实现人际间的公共服务公平和区域的公共服务均等，甚至由于目标的异化，可能还会拉大公共服务的人际分化。例如在幼儿保育服务供给过程中，一些幼儿园设置价钱昂贵的亲子班，只有参加亲子班的学员才能够进入该所幼儿园，这就使得一些经济困难的家庭更加难以享受公办幼儿园的保育服务。因此，在短期内难以平等地满足所有民众基本公共服务需求的前提下，应建立基本公共服务公益供给机制和弱势补偿机制。所谓基本公共服务公益供给方式，即吸纳有爱心和道德高尚的人，建立社会服务事务所，负责向贫困地区和贫困家庭提供一些基本公共服务。弱势补偿机制是指鼓励现有的公共服务供给方向贫困人口提供基本公共服务，如一个小学招收一名农民工子弟，即给予一笔"弱势补偿金"，这笔补偿金的数额应略高于其培养一名小学生的成本。

上述折中模式是就阶层间公共服务需求失衡和地域间公共服务供给不均而言的，在服务型政府建设实践中还存在着很多由于政府工作不细致，公共服务项目随意设置造成的暂时性公共服务需求冲突，这些小型冲突的解决则有赖于政府公共服务供给能力的提升。

## 参考文献

（1）朱利安·勒·格兰德. 韩波译. 另一只无形的手：通过选择与竞争提升公共服务［M］. 北京：新华出版社，2010.

（2）Bharosa N, Lee J, Janssen M. Challenges and obstaches in sharing and coordinating information during multi-agency disaster response: Propositions from field exercises［J］. Information Systms Frontiers, 2010, 12(01): 49-65.

**作者简介**：闫章荟，管理学博士，天津财经大学经济学院财政与公共管理系，副教授。

# 中国公立医院发展态势、问题及成因分析

范　围

**摘　要：** 中国"看病难、看病贵"并非因为公立医院不够大、不够多，而是结构性供给不足。优质医疗资源都集中在大城市大医院、公立医院，而公立医院几乎垄断了先进医疗设备和好医生。公立医院规模扩张过快，部分医院单体规模过大，挤压了基层医疗卫生机构与社会办医院的发展空间。大医院"一号难求""一床难求"并未因规模扩张而缓解，医疗费用却在上升。大医院就像磁铁，越大就吸附了越多的医疗资源和病人，这种倒金字塔结构是"看病难、看病贵"的症结。

**关键词：** 公立医院；治理；医改

2015 年 1 月 19 日召开的国务院常务会议通过了《全国医疗卫生服务体系规划纲要》（以下简称《纲要》），《纲要》的通过被认为是标志性事件，它意味着起自 2009 年的新医改进入下半场。之前，政府主要从需求方发力，建立和完善全民医保，以缓解看病贵问题；现在，政府把着眼点放在供给方，重塑医疗卫生服务体系，以改善看病难的状况。尽管《纲要》明确的前四项重点任务都与公立医院息息相关，但它还是专列了一项"加快推进公立医院改革"。公立医院改革牵扯各方利益，与社会保障和社会利益的分配密不可分，长期以来，一直被视为新医改的核心和难点，是最为艰巨、难度最大、涉及面也最为复杂的问题。

## 一、中国公立医院发展的总体态势

### （一）个人卫生支出比重继续下降

2013 年，全国卫生总费用预计达 31661.5 亿元，比 2012 年增长 12.6%，卫生总费用占国内生产总值（以下简称 GDP）百分比为 5.57%，人均卫生费用为 2326.8 元。卫生总费用中，政府、社会和个人卫生支出分别占 30.1%、36.0% 和 33.9%。卫生筹资结构得到调整，居民负担相对减轻，公平性有所改善。与"十二五"规划目标（降

到 30%以下）相比，还差约 4 个百分点，需继续加大政府和社会投入的力度。①

（二）需求增加带动医疗服务机构和床位数量增长

截至 2014 年 9 月底，全国医疗卫生机构数达 98.2 万个，其中，医院 2.5 万个，医院中，公立医院 13341 个，民营医院 11963 个。医院数量从 2005 年的 18703 家增长到 2014 年 9 月的 25304 家。② 2013 年末，全国医疗卫生机构床位数 618.2 万张，与上年比较，床位增加 45.7 万张，其中，医院 457.9 万张（占 74.1%），床位增加 41.7 万张。我国医疗卫生资源总量不足。2013 年，每千人口医疗卫生机构床位数为 4.55 张，2012 年为 4.24 张。2014 年，全国总诊疗人次达 78 亿人次，比上年增长 6.6%；入院人数 20500 万人，比上年增加 6.69%；年诊疗量和住院量较 2009 年分别增长 42.1%和 54.6%，而卫生技术人员仅增加 38%。③ 具体情况如图 1 所示。

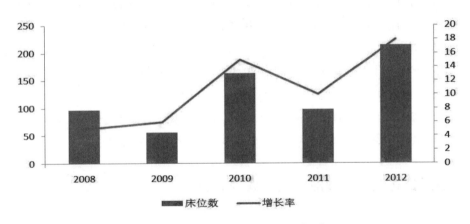

**图 1　医疗机构床位数量增长情况④**

（三）新增资源向非公医疗机构倾斜

2013 年年末，卫生技术人员 721.1 万人，与上年比较增加 53.5 万人（增长 8.0%）。其中，执业（助理）医师 279.5 万人（全科医生 14.6 万人），注册护士 278.3 万人。2013 年，我国卫生资源配置进一步优化，一是每千人口执业（助理）医师数为 2.06 人，注册护士数为 2.05 人，医疗卫生机构床位数为 4.55 张，分别比 2012 年增加 0.12 人、0.20 人、0.31 张，说明卫生技术人员和床位的增长速度快于人口增长速度。二

---

① 数据来源：各年《中国卫生统计年鉴》。
② 数据来源：《国家卫生计生统计直报系统月报》。
③ 数据来源：中国卫生事业发展统计公报。
④ 数据来源：各年《中国卫生统计年鉴》。

是医务人员学历水平进一步提高，卫生技术人员中本科及以上学历者占 28.5%，比 2012 年提高 1.8 个百分点。三是新增资源正在向非公医疗机构倾斜，民营医院占医院床位数比重由 2012 年的 14.0%提高到 2013 年的 15.6%，民营医院床位增长速度（22.5%）快于公立医院（8.0%）[①]。

### （四）医疗服务利用增速回落，居民年平均就诊 5.4 次

2013 年，全国医疗卫生机构总诊疗人次达 73.1 亿人次，比上年增加 4.2 亿人次；居民年平均就诊次数由 2012 年的 5.1 次提高到 5.4 次。我国居民的就医诊疗总次数从 2008 年 49 亿人次增长到 2013 年的 73.1 亿人次，居民平均就诊次数也从 3.7 次增长到 5.4 次。[②]

2013 年，全国医疗卫生机构入院人数 19215 万人，比上年增加 1358 万人，年住院率由 2012 年的 13.2%提高到 14.1%。全国居民的住院人数从 2008 年的 1.15 亿人次增长到 2013 年的 1.92 亿人次，居民年住院率从 8.66%增长到 14.13%，年均复合增长率均超过 8.5%。

2013 年，全国医院病床使用率为 89.0%，比上年下降 1.1 个百分点。医院出院者平均住院日为 9.8 日，比上年缩短 0.2 日。统计数据显示，医疗服务利用延续近年增长势头，2013 年增速有所回落。2013 年门诊总量比 2012 年增长 6.1%，增速回落 3.7 个百分点；住院总量比上年增长 7.6%，增速下降 9.1 个百分点。[③]

## 二、中国公立医院治理的问题及成因分析

2015 年 4 月 1 日中央深化改革领导小组第十一次会议审议通过了《关于城市公立医院综合改革试点的指导意见》。公立医院改革为什么要试点？试点就是说还不明确走向目标的路径。各级领导在不同场合分别表示过，没有公立医院改革的成功就没有这一轮医改的成功。在过去几年，公立医院改革的成效很难被公众所感知。公立医院改革仍然任重道远。新医改方案中提出了"四个分开"，其中医药分开的路径已相对清晰，在营利和非营利分开上各方面目标比较清晰。当前关键的还是政事分开。

中国城市公立医院治理中存在"政医不分"与"政医分离"问题，所有权与管理权的缺位、越位与错位并存问题，政府与公立医院及公立医院内部的委托代理问

---

① 数据来源：各年《中国卫生统计年鉴》。
② 数据来源：各年《中国卫生统计年鉴》。
③ 数据来源：各年《中国卫生统计年鉴》。

题，以及办医职能分散化的多头治理问题，公立医院与政府间关系呈现出公立医院不自主、依附式自主、膨胀式自主、萎缩式脱离几种不良类型。中国公立医院治理中存在的上述问题波及办医、管医、就医与行医各个方面，积累与引发了系列次生问题与矛盾。

（一）医疗资源存量错配：看病难

在医卫界，一直流传着一组数字：我国医疗资源百分之八十在城市，其中三分之二又在大医院，如表1所示。政府直接管理或间接创办的公立医院占据了医疗服务市场的主要份额。这导致了大医院门庭若市，一号难求，甚至出现了借机食利的黄牛。

表1　医疗资源存量错配①

| 年份 | 床位数 | | | | 卫生技术人员数（人） | | | | 诊疗人次数（万人次） | | | |
|---|---|---|---|---|---|---|---|---|---|---|---|---|
| | 公立 | 占比（%） | 非公立 | 占比（%） | 公立 | 占比（%） | 非公立 | 占比（%） | 公立 | 占比（%） | 非公立 | 占比（%） |
| 2011 | 3243658 | 87.55 | 461460 | 12.45 | 5284427 | 85.33 | 908431 | 14.67 | 205254 | 90.87 | 20629 | 9.13 |
| 2012 | 3579309 | 86.01 | 582177 | 13.99 | 5651006 | 84.74 | 1017543 | 15.26 | 228866 | 90.05 | 25295 | 9.95 |

如表1所示，资源分布畸形的状况是无疑的。医疗资源配置不合理，过多地集中在大城市，过多地集中在大医院，这不适应疾病谱的变化。由此滋生的"看病难"是有目共睹的。按照国家卫计委公告，目前，我国每千人口医生数为2.06人，与发达国家相比，虽有差距，但并不悬殊（参见表2）。现有资源没有有效利用，上面多下面少，城里多村里少，浪费宝贵的卫生资源，加剧很多人的"看病难"。

表2　部分国家统计数据②

| 项目 | 国家 | | | | | | |
|---|---|---|---|---|---|---|---|
| | 澳大利亚 | 美国 | 英国 | 法国 | 德国 | 日本 | 中国 |
| 每千人口医师（人）（2005—2010年） | 3 | 2.4 | 2.7 | 3.5 | 3.6 | 2.1 | 2.1 |
| 每千人口医院病床（张）（2005年—2011年） | 3.8 | 3.0 | 3.3 | 6.9 | 8.2 | 13.7 | 4.6 |
| 卫生总费用占GDP（%） | 8.7 | 17.6 | 9.8 | 11.9 | 11.7 | 9.5 | 5.6 |

---

① 数据来源：各年《中国卫生统计年鉴》。
② 中国是2013年数据，此表数据来源于《2012年世界卫生统计年鉴》。

## （二）过度医疗与个人支出占比较高：看病贵

医疗保险覆盖范围快速推进，成绩令人瞩目，但个人医疗卫生支出占全国总支出的 33.9%（应当小于 20%），经济合作组织国家均在（10%—15%），社会支出仅占 36.0%（应当大于 50%）；人均医疗费用增长率约为 14%（2012 年达到 20%），远远高于 GDP（7.8%）增长率；药品占医疗费用的 40% 以上（国际标准为 15%），检查项目和医用耗材占比越来越高。这一系列数据显示，我国确实存在过度医疗问题，看病仍然很贵。

## （三）公立医院门诊量增速最快，病人流向变化不大

2013 年，医院门诊量占门诊总量比重由 2012 年的 36.9% 升至 37.5%。医院门诊量增速（7.9%）快于基层医疗卫生机构（5.1%），三级医院增速（13.8%）快于二级医院（3.8%）。部分地区存在大医院"虹吸"现象，基层首诊、双向转诊制度尚未见效果。基层医疗卫生机构（含村卫生室）门诊量占总量的比重由 2012 年的 59.7% 下降到 59.1%。不少农村人口由于经济收入偏低、交通不便等因素，只能选择村卫生室就医，拉升了基层诊疗量占比。若不将这一部分计入，会更明显呈现"虹吸"与"集聚"现象。三级医院门诊量占比由 2005 年的 13.9% 升至 2013 年的 23.4%，基层医疗机构由 2005 年的 47.5% 降至 43.6%。三级医院的诊疗人次占比逐年攀升，对二级医院也造成了挤压，后者诊疗人次占比持续下降，由 2008 年的 23.5% 降至 2013 年的 20.6%，与三级医院相差 2.9 个百分点。[①] 具体情况如图 2 所示。

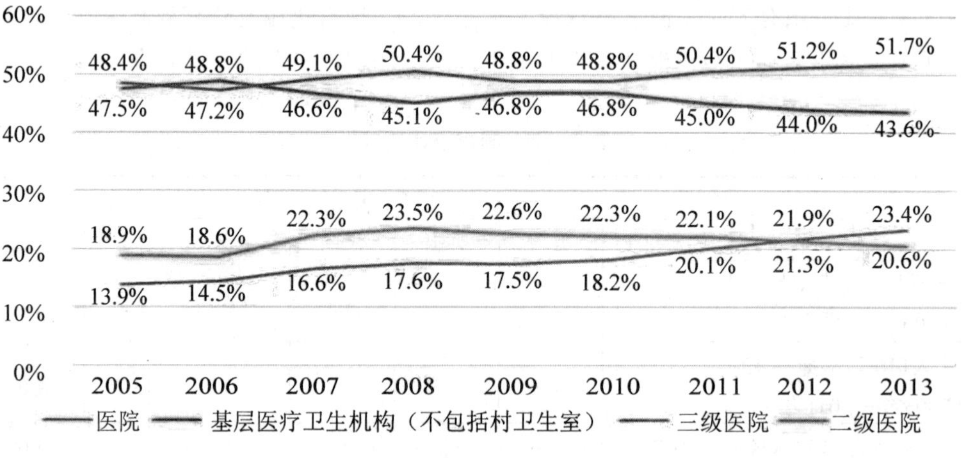

**图 2　2005—2013 年全国各级医疗卫生机构诊疗人次的占比**

---

① 数据来源：各年《中国卫生统计年鉴》。

2013 年，非公医疗机构门诊量占比下降，住院量占比提高。非公医疗机构门诊量占比 22.3%，比 2012 年下降 0.5 个百分点；民营医院住院量占医院住院量的 12.1%，比 2012 年提高 1.1 个百分点。住院量占比与"十二五"规划目标值（20%）相差 7.9 个百分点。目前民营医院大多规模较小、设施落后、技术薄弱，难以形成竞争格局，病人大多选择到公立医院住院。

（四）医疗费用上涨

在居民就医总量增长的同时，患者的次均门/急诊费用、住院费用也出现稳步增长，但不同医疗机构增长幅度不一。医院次均门诊费从 2008 年 138.3 元增长到 2013 年的 206.4 元（见表 3）；医院住院费从 2008 年 5234.1 元增长到 2013 年的 7442.3 元（见表 4）；日均住院费用 756.2 元，按可比价格上涨 5.7%。[①]

按可比价格计算，2013 年，公立医院门诊和住院费用分别上涨 4.8% 和 4.6%，涨幅比 2012 年分别回升 0.2 和 1.3 个百分点。乡镇卫生院门诊和住院费用分别上涨 4.4% 和 8.3%，涨幅分别回升 3.4 和 2.5 个百分点。但费用涨幅低于城乡居民人均收入增长速度。2013 年，医院门诊药费占 49.3%，比上年下降 1.0 个百分点；医院住院药费占 39.5%，比上年下降 1.6 个百分点。[②]

表 3　医疗机构次均门诊费用　　　　　　单位：元

| 年份 | 2008 | 2009 | 2010 | 2011 | 2012 | 2013 |
|---|---|---|---|---|---|---|
| 医院 | 138.3 | 152.0 | 166.8 | 179.8 | 192.5 | 206.4 |
| 社区卫生中心 | 87.2 | 84.0 | 81.5 | 82.8 | 84.6 | 86.5 |
| 乡镇卫生院 | 42.5 | 46.2 | 47.5 | 47.5 | 49.2 | 52.7 |
| 加权平均门诊费用 | 106.6 | 115.9 | 125.7 | 136.1 | 145.1 | 156.0 |

数据来源：各年《中国卫生统计年鉴》。

表 4　医疗机构住院费用　　　　　　单位：元

| 年份 | 2008 | 2009 | 2010 | 2011 | 2012 | 2013 |
|---|---|---|---|---|---|---|
| 医院 | 5234.1 | 5684.1 | 6193.9 | 6632.2 | 6980.4 | 7442.3 |
| 社区卫生中心 | 2514.2 | 2317.4 | 2357.6 | 2315.1 | 2417.9 | 2482.7 |
| 乡镇卫生院 | 790.8 | 897.2 | 1004.6 | 1051.3 | 1140.7 | 1267.0 |
| 加权平均门诊费用 | 3847.1 | 4177.1 | 4721.8 | 5226.0 | 5557.2 | 6001.6 |

资料来源：各年《中国卫生统计年鉴》。

① 数据来源：各年《中国卫生统计年鉴》。
② 资料来源：2013 年我国卫生和计划生育事业发展统计公报。

2009—2013 年，全国财政医疗卫生支出累计 30682 亿元，年均增幅 24.4%，同口径对比，我国医疗卫生支出占财政支出的 22.5%左右。虽然个人卫生支出占卫生总费用比重由 2008 年的 40.4%下降到 2012 年的 34.4%，但 2012 年国家卫生总费用较 2008 年上涨了 91.44%，其中个人支出上涨了 64.31%。

费用上涨的原因：第一，物价上涨提高了医疗机构人力和运营成本。第二，医疗保障水平提高、医疗条件改善和技术水平进步等扩大了医疗服务需求。第三，人口因素。根据我国人口统计数据显示，1978 年 65 岁以上老年人口占总人口比例为 4.9%；到 2010 年 65 岁以上老年人口已经达到 1.098 亿，占总人口比例上升到 8.2%。老年人口对医疗服务需求的快速上升导致医疗费用随之快速增长。卫生部门四次抽样调查结果显示，65 岁以下人群两周就诊率平均为 15.5%，65 岁以上人群平均两周就诊率为 29.1%；65 岁以下人群的住院率为 4%，65 岁以上人群的平均住院率为 9.5%。65 岁以上人口就诊和住院的几率明显大于其他人群。第四，疾病模式的改变等各类因素均对病人费用增长带来影响。

## （五）零差率之换汤不换药

顺加 15%差价率时期，医院大都会多进高价药，推行零差率后，医院按进价向病人销售药品。医院不加价了，但是，中间环节的药品经销商仍然可以加价销售，进价越高，药品经销商越赚钱，给医生的回扣越多。零加成依然没有切断医院领导、采购人员及医生的利益链条，高价药依然受热捧。

## （六）行政定价制度违背价值规律

医院招聘人员、采购物品、盖楼买设备要去市场，但是医疗服务价格却不是由市场决定，而是由政府制定，而且长期定价过低，致使医生的心思并不集中于医疗，主要依靠药品回扣来获得主要的报酬。在市场经济的大背景下，政府依然对医疗服务和药品实行行政定价，不计算成本，不参照供求关系，价格永远定不准。若要实施医药分家，提高医生的诊疗服务价格是必须的。医疗服务价格由政府一刀切也不利于医疗市场的竞争。医疗服务的需求不同，要按照医生的实际付出来分别定价，提高体现医务人员技术劳务价格的手术费、治疗费和护理费等标准，切实反映医生的技术含金量。

西方发达国家实行市场化的公共定价制度。医疗服务（包括药品）的定价，均为医保机构和医疗机构集体谈判而成。绝大多数西方国家的医保机构是公立的，政府通过医保机构参与到药品定价的谈判之中。在公立医院治理中，取消药品加成是改革推进中最为艰难的环节，在地方政府补偿不到位、不及时的情况下，医院将因减少收入面临更大的资金周转压力，合理提高医疗服务价格很有必要。只有医疗机构正常运转，才能让医患关系取得平衡。

（七）集中采购与招而不采

集中采购遏制了分散式腐败，催生了垄断式腐败，不买对的，只买贵的，还剥夺了医院的二次议价权。集中采购导致部分质优价廉的药品、耗材彻底从市场上消失。由于不能兼顾不同医院的个性化需求，设备招标有时只招"裸机"，供应商和医院再谈判进行配件和软件增购，实际成交价远远高于招标价。

（八）分级诊疗难有序

分级诊疗在我国并不是一个新课题。在改革开放之前，我国就已经实行分级诊疗。然而，随着经济体制改革措施的推进，原有分级诊疗体系已经不存在，就医秩序逐步紊乱。2014年12月26日，"第三届中国卫生发展论坛——分级诊疗体系建设研讨会"在北京召开，卫生、人社等部门的人员及业内专家、各地开展分级诊疗模式的践行者，就构建分级诊疗遇到的实际问题进行了分析和讨论。构建分级诊疗是一个很复杂的问题，要放在比较大的、复杂的情景中考虑。截至目前，全国已有十余个省份针对分级诊疗展开不同程度的探索。各地构建的分级诊疗共有四种模式，分别是由卫生部门牵头推动的模式，比如湖北、浙江等；由医保部门牵头推动的，比如青海、甘肃等；医疗机构自发组成医疗集团，比如镇江、武汉等；国内外一些项目在各地的运用，比如陕西汉滨区、宁夏盐池等。从上述地方开展的情况看，基层首诊难落地、老百姓就医习惯难改变、医院动力不足、医保杠杆效果有限及各部门难以形成合力等都是实际操作中的难点。

## 参考文献

（1）各年《中国卫生统计年鉴》。
（2）各年《我国卫生和计划生育事业发展统计公报》。
（3）各年《世界卫生统计年鉴》。

**作者简介**：范围，管理学博士，天津财经大学经济学院财政与公共管理系讲师，研究方向为公共组织与管理。

# 德国法定医疗保险支付方式改革及其启示
## ——兼论治理环境的变迁

刘小青

**摘　要**：在医疗费用快速上涨成为全球性问题的背景下，医疗保险支付方式改革成为各国学术界和政策层探讨的热门话题。在我国，此话题也成为新医改以来的热点和难点。如何进行有效的支付方式改革？似乎并不仅仅是技术层面的问题。德国法定医疗保险制度是我国社会医疗保险制度的效仿模式，也是世界范围内社会医疗保障制度的典范。20世纪90年代以来，该国也因医疗费用的过快增长，开始了支付方式的改革。然而值得注意的是，这种改革的实现并不是单一的技术革新，而是法定医疗保险体系治理环境的相应变迁，它既是支付方式改革的前提，也是支付方式改革得以推行的直接动力。

**关键词**：德国；法定医疗保险；支付方式；支付方式改革；治理环境

## 一、德国的法定医疗保险制度和支付方式概览

德国的社会医疗保险（Social Health Insurance，以下简称 SHI）制度建立于 1883 年，直至今日，依然堪称世界范围内社会医疗保障制度的典范，其保障模式也被称为"俾斯麦模式"。社会医疗保险体系有三个传统特征：医疗服务的筹资方和提供方严格分离；在医疗服务领域，疾病治疗和医疗康复严格区分；医院诊疗和门诊医疗分别独立经营。各个主体的运营管理都坚持自我治理原则，医疗服务筹资方和付费者主要是社会医疗保险制度下的非营利医疗保险公司——疾病基金（2015 年为 130 个），医疗服务提供方则是社会医疗保险制度下的定点医疗机构，联邦政府提供法律框架，州政府为基层制度的实施提供规范性框架。在严格的法律框架下，德国医疗体系注重权力分散、有效的谈判机制和"社团的/合作的"决策制定方式。

支付方式（provider payment），也称之为对医疗机构的补偿制度（reimbursement systems），在我国被简称为"支付方式""付费方式""费用支付方式"，即医疗服务付费者（如政府、保险人、患者）将资金在医疗服务提供者之间进行分配的方式。在德国，法定医疗保险的支付方式是指疾病基金根据参保人接受诊疗的情况依法向医疗服务机构进行支付的依据、标准和操作环节的过程。相应地，本文所研究德国医疗保险支付方式改革就是对疾病基金向门诊部门和住院部门进行支付时所依据的标准与形式的变化过程。

## 二、德国医疗保险支付方式的改革与治理环境变迁

观察德国医疗保险支付方式的改革过程，可以发现该过程的持续性和时间的连续性，为了将医疗费用控制在合理的范围内，德国法定医疗保险的支付方式改革的强度在增加。然而，仍然可以发现改革所经历的三个重要的时间节点，在这些节点上，门诊和住院部门的支付方式出现了变化，疾病基金、医疗机构和政府三方的相对力量也发生了明显改变。

### （一）20 世纪 90 年代初的支付方式改革及治理环境

#### 1. 门诊服务支付方式的改革

在门诊部门，从 20 世纪 60 年代起，门诊医师主要通过有总额限制的按服务项目付费制度。从疾病基金到门诊医师（个体或集体）要经历两个步骤：第一步，地区疾病基金基于参保人数与地区医师协会谈判并支付医疗费用总额；第二步，地区 SHI 医师协会向其会员分配总费用，依据是国家统一价值标准以及地区层面与疾病基金在个体"费用分配协议"中达成共识的"费用分配标准"。在分配给 SHI 定点医师之前，单个的地区医师协会必须核查个体 SHI 医师的会计数据，并把所有 SHI 医师的个体数据组合起来。在统一价值标准中，所有服务都以点的形式表示价值，而非货币单位。每个 SHI 医师每一季度末向地区医师协会汇报所提供服务的总点数。

因此，门诊部门的按服务项目付费可以归结为一个简单的函数式：总支付费用 = 点数 × 点值。疾病基金对门诊医疗服务的支付方式的改革是从改变三个变量的关系开始的，而为了控制医疗费用，德国最多的尝试手段是对总额进行预先控制。

1987—1991 年，门诊医师的医疗服务费用的控制通过设定支出上限来实现。支出上限制，即在每一季度结束时对转化因子（基于某季度医师费用的总体期望水平和该季度实际的医疗服务量，可以回溯性地计算转化因子）进行回溯性计算，在这种情况下，由于总医疗费用水平等于医疗服务项目数（没有明确控制）乘以服务的

单位价格，总医疗费用的控制通过调整价格或转化因子来实现。

1993 年医疗卫生改革前后，门诊医师的总费用的控制主要采用了支出目标制。与支出上限制的不同之处在于预先设定转化因子，通过计算当年医师费用的期望水平，并估算该年的医疗服务量，由此得出转化因子。同时为了控制医师总费用的不合理增长，新法案将门诊（即一般）医师费用的增长率与疾病基金参保人的收入增长率联结起来，医师费用增长率范围控制在 1993 年和 1995 年之间。起始基准增长率的计算以 1991 年医师总费用为基础。因此，1993 年的医师费用目标为 1991 年医师费用加上 1992—1993 年收入增长的量，1994 年医师费用目标为 1993 年医师费用加上 1993—1994 年收入增长量，依此类推。

2. 住院服务支付方式改革

与门诊部门类似，疾病基金对医院服务的支付方式的改革也是以 1993 年的医疗卫生改革为重要节点。1993 年以前，医院所获补偿基于每床日费率（per diem rates）计算，在一个医院内实行统一费率，而不论医疗强度、住院日和诊断，但是医院之间存在费率差异。这一同质性补偿制度造成不同科室间极大的互补，早期治疗费用被较晚期治疗费用补贴，重病治疗费用被轻症治疗费用补贴。因此，产生了一般每床日费率和特殊每床日费率的区分，允许医院对一些高成本诊疗的特殊费率进行评估。特殊每床日费率针对患者群体的不同进行额外协商。这些群体包括慢性病或精神疾病、妊娠期妇女、新生婴儿以及烧伤患者等。对于非常特殊的医疗服务，如器官移植、种植医疗和特殊手术诊疗，都实行以病种费用为基础的付费制度。

具体而言，个体医院与疾病基金之间经过谈判确定对每床日费用的年度弹性预算。预算基于来年预期使用率和历史费用数据进行计算。因此，每床日费率等于总协商预算除以预期使用率。如果没有达到预期使用率，医院只承担 25% 的已发生损失，而剩余部分由疾病基金补偿，因为总费用的 75% 被视为固定的，只有 25% 取决于使用率。当一定时期内使用率超过弹性预算时，医院只被允许保留 25% 的利润。这一计算方法的目的在于激励医院更有效率地经营，同时赋予个体医院更多的责任。然而，由于大部分医院尚未形成可信的内部成本测量方法来预测年度支出，同时也因为他们只承担一个名义上的损失比例，所以这一计算方法的有效实施缺乏激励。另外，医院管理者受到院内医师的压力，他们希望将足够的资金用于发展自己的科室服务上，他们认为医疗质量和最大可能的治疗具有优先性。1993 年的医疗改革也致力于解决这些问题，并计划广泛推进按病种付费的实施。

1993—1995 年，总额预算制逐步引入所有医院，即统一的医院基础费用和科室具体费用相结合。预算总额以 1992 年预算为基础，同时在此期间只依据疾病基金收入的增长率计算增加额。

3. 20 世纪 90 年代初的医疗保险治理环境

首先，控制医疗费用增长得到政府的重点关注。1977 年，德国政府颁布了《医疗保险费用控制法案》，核心的措施是稳定医保缴费率，在当时取得了明显的效果；但是到 1990 年前夕，德国在控制医疗费用增长方面并不成功。进入 90 年代，控制医疗费用快速增长成为历届政府在医疗领域的主要议题。

其次，刺激疾病基金之间竞争的法案出台。比如 1992 年颁发的《卫生结构法案》（1993 年 1 月 1 日实施）和 1993 年《卫生保健改革法案》取消了参保人选择疾病基金的专业性或地域限制之后，疾病基金之间的竞争更加激烈；同时，法案也致力于提升医疗机构之间的竞争效率，门诊机构与医院之间的界限进一步模糊了。不同级别医疗机构的纵向合作受到鼓励，从 1993 年开始尝试"守门人"制度。

最后，在已有的支付方式外施加医疗行为控制。虽然门诊服务实行了支出目标制，但是疾病基金对门诊医师进行支付的具体方式仍然是按服务项目付费。这样，门诊医师处在一个囚徒困境之中，如果不考虑其他医师的行为，个体医生可以通过扩展服务来使他的收入在总费用中的比例最大化。因此，在实际中，为了得到一定水平的收入，门诊医师仍然被迫提供更多的服务。为了达到控费效果，德国同时引入了经济监督的方式对个体医师的行为进行控制，设置了代表疾病基金和医师协会的委员会，该委员会对每个医师总体服务水平进行比较，包括开处方药、救护车服务和其他诱导服务（与专业团体的平均水平有出入的）等。如果医生的服务水平大大超过平均水平，他将被要求向医师协会返还不合理服务产生的收入。为了限制医生转入私人部门，1993 年《卫生保健改革法》允许地区医师协会按照新医生的专科类别分地区严格配置，任何有此意愿的医生都必须在开始私人诊疗之前至少在医院类医疗机构工作 6 年。

（二）20 世纪末至 21 世纪初的医疗保险支付方式改革及治理环境

1. 门诊服务的支付方式改革

门诊服务的支出目标制一直延续到 1996 年，而自 1992 年以来，尤其是 1995—1996 年，医疗服务点值的货币价值不断降低。为了阻止这种趋势，1997 年引入了一种新的补偿分配手段，有学者翻译为"医生诊疗预算"，用以限制对每一名患者所提供医疗服务的数量。在一个计费期间，预算额度的计算以每个病种所对应的点值和参与治疗的患者数为基础。而且，对 SHI 成员（包括他们的家属）以及年老退休人员赋予不同的点值。如果医生的必要诊疗费用超过了既定的点值，他不会受到额外服务的补偿。实际上，这种制度的引入意味着门诊医师付费方式从按服务项目付费转变为按人头付费和按病种定额付费。这一阶段的新制度对医疗服务提供者的行为确实产生了明显的影响，有学者发现这一制度稳定了点值，因为 1997 年之后，点值没有继续降低。但是这些影响似乎又走向了另一面：总额预算控费措施的引入和相应的支付方式的变化（引入按人头付费）引起了医疗服务的供应不足，按人头付费和按病种定额付费确实发挥了保持低水平医疗费用的作用，但是没有体现在提高医疗质量方面的激励。

然而，SHI 通过预算限制来控制医疗费用的手段，也给医生带来其他方面的刺激。医师有动力寻找其他收入来源，最重要的是参加私人医疗保险的患者。另外，社会救助下的患者也成为额外的收入来源，因为这部分患者的医疗费用由税收承担，而且主要基于私人医疗保险的补偿办法进行支付（2004 年 1 月，社会救助资金也被纳入社会医疗保险基金的预算之内，从而消除了对医师的激励）。1998 年 SHI 医师协会通过的所谓个体医疗福利（即个人自付部分，不受 SHI 补偿）也成为该协会争取额外收入的尝试。

2. 住院服务的支付方式改革

1996—2003 年，德国 SHI 医院的支付方式综合了前期各种支付方式，同时引入按病种付费，对于不能实施按病种付费的医疗服务，则实行科室预算。这一做法将筹资风险全部转移到医院，从而迫使医院提高效率，但是，怎样监督医院内部的效率和提供具有成本效益的医疗服务，还有待解决。同时，预付制度要求在医院内设置一个切实可行的成本核算制度，但是，当时德国医院的核算制度仅限于达到政府所要求的标准，还没能被作为内在成本控制机制或规划手段。

自 2004 年 1 月起，德国对澳大利亚版的按疾病诊断相关分组（Diagnosis Related Groups, 以下简称 DRG）进行了改良，并要求所有急症医院逐步实施以 DRG 为基础的预算制度，同时希望此制度逐步转变成为价格制度，即统一每一个病例组合的支付费用，在此基础上制定预算。

3. 20 世纪末、21 世纪代初的医疗保险治理环境

首先，政府希望将费用转移至患者和参保人。这一阶段的主要目标在于提高医疗服务的质量和效率，同时不增加企业的负担。这些措施主要体现在 2004 年实施（2003 年 10 月通过）的《法定医疗保险现代化法》中。

其次，继续鼓励不同级别医疗机构的纵向合作。在 1993 年尝试"守门人"制度之后，2004 年强力推行"家庭医师照顾模式"，试图将更多患者留在初级医疗机构。

最后，将医疗付费者和提供者的谈判与合作用于支付方式改革。以 DRG 的引入为例，为了准确计算 DRG 费用权重，疾病基金协会筹资建立了德国 DRG 研究所，主要负责计算费用权重，每一个德国医院被要求每年向研究所提供医院相关数据，研究所依靠从这些回溯性数据来探索 DRG 分组机制。任何一版 DRG 制度都基于前

两年的费用和结构数据计算而来。每一年在发起协议谈判之前，SHI 会向每个医院发放 DRG 目标的电子表格，里面建议的病例组合指明了 DRG 点数及总数。在总点数之内允许通过再分配的形式减少、甚至移除一些病例组，但是制度不允许减少总体的病例数、病例组合或总预算。谈判集中于医院 DRG 点数的分配、病例组合和全国意义上的增幅，还会涉及对未纳入 DRG 系统的新诊疗方法和自由量裁服务的支付方式。谈判双方为 DRG 主要组别商定一个"范围（corridor）"，当实际的服务量或病例组合低于这一范围，且对额外合理诊疗的支付超过这一范围时，医院要向SHI 返回一定资金。年末，SHI 从医院收集账单和待支付的医疗记录数据，并进行审查、批准和支付。医疗审查委员会对不清晰或有争议的病例作出决定。

### （三）21 世纪初医疗保险支付方式改革及治理环境

#### 1. 门诊服务的支付方式改革

2007 年《加强法定医疗保险竞争法》对 SHI 医师的补偿办法作了改革。第一步，2008 年 1 月对统一价值标准作了改革。2008 年的统一价值标准通过平均增加 10% 点数的方式增加了医师服务的价值，同时进一步将家庭医师和专科医师的补偿标准化。为了提升医师收入的透明度，每一点对应固定的货币价值，统一价值标准下的医疗服务的点值被设为统一指导价，进而形成欧元费用代码。

自 2009 年 1 月起，原来的门诊总额预算方法被更加灵活的考虑人口发病率的方法取代，新的预算费用包括了三个部分，第一，也是核心的部分，是以发病率为基础的总补偿费用，主要参考患者诊疗要求、区域定位指标值和每个疾病基金的参保人数等得来。总预算额度由地区疾病基金和地区 SHI 医师协会谈判确定。第二，疾病基金用于应对不可预测医疗需求时的准备金。第三，疾病基金在以固定价格对个别医疗服务进行支付时超过或高于以发病率为基础所得总费用的部分。除此之外，这一年同步实施了对服务量的控制，开始计算每个 SHI 医师每季度基于实际的标准服务量。标准服务量设置一个医师可以在特定时期提供账单而且能在欧元费用代码范围内可支付的服务量。在每一个季度之初，医师会被通知预期的标准服务量。标准服务量等于医师所在特定专科组别的病种率乘以该医师的病种数，再乘以发病率为基础的权重因素。一个医师所能覆盖的病种数会受到数量限制。如果一个医师超过了标准服务量，他会（在该年未来季度）得到一个递减的标准服务量。

2010 年以发病率为基础的总补偿费用（作为所有补偿费用的主体部分）又得到细化，即在该年第三个季度开始，将永久地分成了两个部分，一部分用于专科医师服务，一部分用于家庭医师，从而避免资源互相挤占。同时，对不受以发病率为基础的总额费用限制的医疗服务，都设置了服务量封顶线，而对于特定病种的"自由量裁服务"，则设置了基于质量的额外服务量。总体而言，地区 SHI 医师协会和疾病基金目前主要基于标准服务量和以质量为基础的额外服务量等指标对门诊医师医疗服务量进行控制。

2. 住院服务支付方式改革

2004 年所有医院仍然实施原有的总额预算制度，DRGs 只是作为支付单元，制度转化开始于 2005 年，到 2010 年初，转化阶段结束。目前全国范围内医院补偿的公式为：病例组合数（或病例组合指数×病例数）×州级基准费率。此时，德国医院的补偿制度全部转为 DRG 预算制度。如果医院一年的实际收益超过约定的医院收入预算，医院必须返还多余收入的 65%（相反，实际收入少于约定预算，将受到 25% 的差额补偿）。还有一个机制用于预防约定医院收入的逐年增长：多余病例组合的基准费率降低 25%（比如，多余的服务量只能获得 75%的补偿）。

之后，《医院筹资改革法案》又对医院引入了以绩效为基础的定额补助制度，将之与 DRGs 有效融合在一起。此外，德国还引入了整合式医疗的试验项目，期望将基础医疗和二级医疗连接起来治疗某些患者群体。

3. 21 世纪初医疗保险治理环境

这一时期仍然将竞争激励作为重要内容，并发生了明显的变化。一方面是付费方和提供方本身构成都有变化：疾病基金的数量变化（参见图 1）、医院的所有制变化（私人医院数量增多，公立医院数量减少，但后者在床位数上仍占优势）以及整合式医疗的发展。这些变化说明医疗服务付费方和提供方的竞争都在加剧，也表明基础医疗与医院服务完全分离的状态有望通过支付方式的改革得到改变。

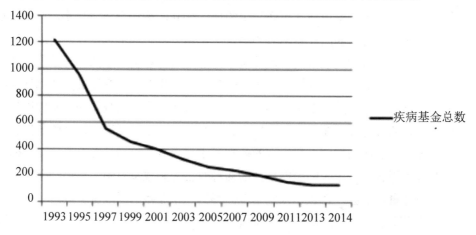

**图 1　德国疾病基金数量变化趋势**

资料来源：Busse R，Blümel M. Germany: Health System Review. Health Systems in Transition，2014，16（2）：1-296. 本图由作者自制。

　　另一方面是为了实现支付方式在国家层面的可调节性和政府的有效干预，这一时期的突出特点是医疗保险基金筹资、分配和支付标准决策权力的上移。这是政府加强干预的第一个表现。

　　2007年《加强法定医疗保险竞争法》的核心内容是引入中央再分配基金池，也称健康基金。一方面，它将法定医疗保险的筹资集中，使得疾病基金的分配标准化；另一方面，对门诊医师的补偿也进行了标准化处理，浮动点值转变为统一指导价。2009年，门诊医疗新的预算方法中还引入了服务量的标准化。而在医院部门，DRG单一定价制度也被列入计划日程，在随后的几年内，DRG制度逐渐过渡为州层面的统一价格机制。这一系列"标准化"倾向的改革措施，表明德国支付方式的改革带有了明显的政府干预色彩。第二个政府加强干预的表现是权力的集中和上移，政府于2004年以法律的形式将社团组织联邦层面的付费方—提供方协调委员会集中到联邦联合委员会（参见图2），随后将所有决策制定的权力赋予一个代表小组，而联邦联合委员会的代表中政府部门名额占了大多数，这被莱因哈德·巴斯等评价为具有了更多的"政治性"。

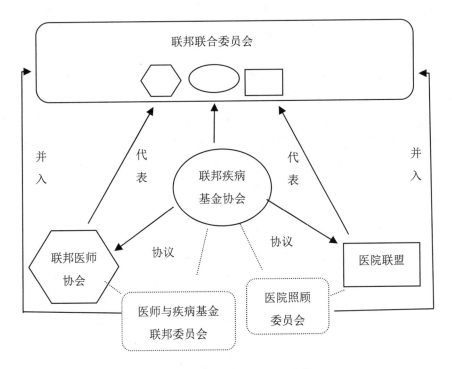

**图2　联邦层面社团组织形态的变化**

资料来源：作者自制。

值得注意的是，在以上组织形态的变化中，医疗服务付费者和提供者之间的自治性发生了变化。政府力量不仅介入了疾病基金的管理和分配，还在组织形态上占据优势，医疗服务的付费者和提供者的自治性都受到限制，其中门诊医师的自治性在这个过程中降低得比较明显。

## 三、德国医疗保险支付方式改革的启示和意义

### （一）德国医疗保险支付方式改革的启示

德国医疗保险支付方式的改革是德国医疗体系改革的一部分，要全面了解其中原委，有必要观察改革所在的时间窗口和参与主体之间的治理结构，这两个元素共同构成了德国医疗保险支付方式改革的治理环境。

德国医疗保险支付方式改革的时间窗口是与医疗体系问题的产生相一致，并逐步推进的。20世纪90年代早期是德国医疗费用过快增长且未成功解决的时期，支付方式的改革由此开始。进入21世纪，医疗保险支付方式逐渐走向标准化，推动改革的目标不仅仅局限于控制医疗费用增长，而且致力于医疗体系的整合，其中以提高医疗质量为落脚点。

特定时间窗口下各种举措的实施离不开参与主体的行动，德国医疗体系治理结构的变革为支付方式改革的推进创造了可行环境。首先是增强了医疗服务提供者和疾病基金之间的竞争，促使双方有动力开展支付方式的改革；其次是平等谈判机制在支付方式改革中的运用，使新的支付制度得以快速施行；最后是政府对自我管理组织的有效干预，疾病基金筹资权力的上移客观上赋予政府更高的调控能力，这正是门诊服务和住院服务支付方式标准实现统一化的基本前提。

### （二）德国医疗保险制度变化对我国医保支付方式改革的借鉴意义

我国社会医疗保险制度的建立主要借鉴了德国法定医疗保险的模式，因此，德国医疗保险制度的变化值得我国研究。而从治理环境的角度分析德国医疗保险支付方式改革历程，对于反思我国当下医疗保险制度的改革提供了一个重要的视角。

首先，我国医疗保险支付方式改革主要停留于技术层面，即应该引入怎样的支付方法和标准，缺乏对履行支付行为的参与主体之间关系的重视。

其次，医疗保险支付方式的重要性被过分夸大了。支付方式只是医疗体系中一个重要的环节，这一环节问题的解决并不能确保整个医疗体系的完善。然而，多数研究将我国医疗费用过快增长归因于支付方式改革，认为以支付方式改革为杠杆会撬动整

个医疗体系，从德国医疗保险支付方式改革历程来看，这种判断显然是不足的。

最后，医疗保险支付方式的改革有赖于整个医疗保险体系治理结构的优化。没有合理的治理结构，就没有适当的激励，激励不当，支付方式改革的目标就难以实现。

## 参考文献

（1）Wasem J. A study on decentralizing acute care to home care settings in Germany. Health Policy, 1997(41): 109-129.

（2）Henke K-D, Ade C, Murray M A. The German health care system: Structure and changes. J. Clin. Anesth 6, 1994: 252-262.

（3）张文学，路小亮. 社会医疗保险支付方式的经济学分析[J]. 统计与决策，2005（07）下：47-48.

（4）Marc Jegers, Katrien Kesteloot, Diana De Graeve, Willem Gilles. A typology for provider payment systems in health care. Health Policy, 2002(60): 255-273.

（5）Worz M & Busse R. Analyzing the impact of health-care system change in the EU member states—Germany. Health Economics, 2015(14): S133-149.

（6）Busse R, Blümel M. Germany: health system review. Health Systems in Transition, 2014, 16(2): 296.

（7）Bevan G., Helderman J-K, Wilsford D. Changing choces in health care: Implications for equity, efficiency, and cost. Health Economics, Policy and Law, 2010(5): 251-267.

（8）Sauerland D. The German strategy for quality improvement in health care: still to improve. Health Policy, 2001(56): 127-147.

（9）Sheaff R, Chambers N, Charles N, Exworthy M, Mahon A, Byng R, Mannion R. How managed a market？ Modes of commissioning in England and Germany. BMC Health Services Research, 13(suppl 1), 2013(13): 8.

（10）Obermann K, Muller P, Muller H-H, Schmidt B, Glazinski B. Understanding the German Health Care System. Mannheim Institute of Public Health, 2013.

**作者简介：**刘小青，管理学博士，天津财经大学经济学院财政与公共管理系讲师。

# 京津冀医疗服务均等化问题研究

孙　敏　黄　珊　高树兰

**摘　要**：京津冀协同发展战略是打造中国经济新版图的重大战略抉择，但是京津冀的医疗资源分布存在不均衡的特征，北京的医疗资源服务比较集中，其原因主要可以归结为京津冀地区经济发展水平的差异与首都特殊的政治地位。缩小京津冀医疗服务水平的差距，实现城乡医疗服务均等化有助于京津冀的医疗资源协同发展。加强顶层设计，建立京津冀医疗资源共享机制，探索医保以及卫生方面的人力资源合理流动体制是推动京津冀医疗资源协同发展的重要手段。

**关键词**：京津冀协同发展；医疗服务均等化；PPP 模式

## 一、京津冀医疗协同化的现状

京津冀地区由于历史的原因，功能定位不同，造成医疗卫生服务资源差距较大。尤其是河北省和北京市相比，医疗卫生资源多寡悬殊，由于二者相邻，北京市外地看病的人中有 20% 以上来自河北。在财政预算方面，没有具体支持非基本公共服务，也缺乏对医疗服务业的考虑。北京市财政的现行预算管理体制，还是沿用了传统的预算编制模式。对非基本公共服务下的医疗改革推进缺乏必要的准备。

在近两年的财政预算报告中，医疗服务业的扶持资金依然笼统地归属在医疗卫生支出之中，其中，包含政府投资或者购买的部门，没有单独列表。这样的财政预算编制体系不利于支持资金的到位使用，也不利于精确化财政预算管理。在财政支出方面，补贴医疗机构和患者的政策有待细化，医疗服务的一大特色是对服务的供给方和需求方的双向补贴。由于医疗服务的多元化，供给方和需求方的地位往往存在较大的差异。危重病治疗和康复机构拥有较大的市场，而健康管理等市场门槛较低的公司往往受到消费者的挑选。因此，财政支出不能均摊有限的经费，而是需要有针对性地进行支出补贴选择。此外，市场信息千变万化，财政支出应立足于基础性领域。要协同发展京津冀三大区域的医疗卫生服务资源,把一些医疗卫生资源迁移至河北省,充分发挥北京的优质医疗卫生资源带动辐射作用,努力实现京津冀区域优质医疗卫生资源共享,提高医疗卫生资源的配置效率。通过对以下几方面的比较,明确京津冀之间的差距。

## (一)城镇基本医疗保险基金支出

京津冀城镇基本医疗保险基金支出如图1所示。

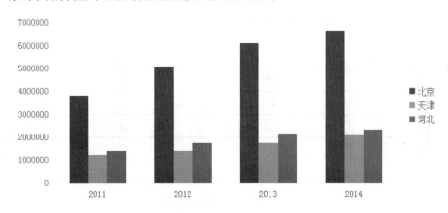

**图1　京津冀城镇基本医疗保险基金支出**

由图1可以看出,北京的城镇基本医疗基金支出远大于天津和河北,北京的人数没有河北的多,但是基本医疗基金支出比河北多,所以医疗资源严重不均衡。建立开放型基本社会医疗保障体系是有必要的。

## (二)卫生技术人员

京津冀每万人中的卫生技术人员如图2所示。

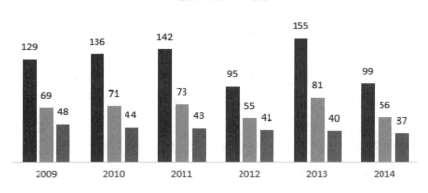

**图2　京津冀每万人中卫生技术人员**

由图 2 可以看出，卫生技术人数北京明显偏高，在 2013 年之前基本大于天津和河北的总数之和。2014 年虽然呈现下降趋势，但是总体仍然较高。

### （三）执业医师数量

京津冀每万人中拥有执业医师数如图 3 所示。

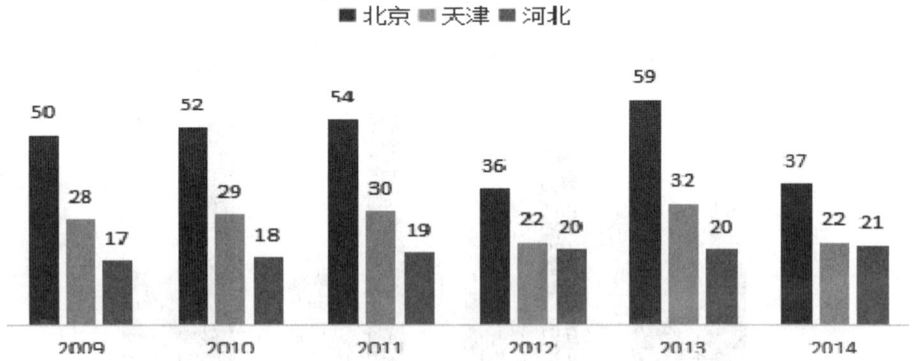

图 3　京津冀每万人中拥有执业医师数

由图 3 可以看出，北京拥有的执业医师的数量比天津、河北明显高出许多，医疗服务均等化存在严重问题。

## 二、京津冀医疗服务均等化存在的问题

### （一）医疗资源的不均衡

京津冀医疗服务均等化的首要问题就是医疗资源的不均衡。北京市优质医疗资源的集中有其悠久的历史背景。如今北京各大医院，无疑是拥有其品牌号召力的，用市场的话语说，已然构成了巨大的无形资产。而这些优势，又是与其地理位置分不开的，甚至久而久之已经潜移默化地在北京城区内成为一种传统，要改变现状，并不容易。近几年，即使在寸土寸金的北京市中心地段，三大医院——协和医院、北京医院、同仁医院也纷纷扩展了自己的医院面积。这样的优势其他任何地方是难以难以实现的。河北省的某些城市，受到"京津冀一体化"的鼓舞，已经对在本地集中配置优质医疗资源跃跃欲试。但是，在一个或若干个中等城市或者小城市，集中过多的医疗资源，也有可能带来诸多问题，如交通的压力、居住的压力、物价上涨的压力等。另外，医院过于集中，是否会对环境保护不利，甚至带来公共卫生的问题。

### （二）诊疗任务承担的不对称

京津冀三地之间的医疗资源分布状况和三地所承担的诊疗任务之间出现了不对称的现象，作为医疗资源相对紧张的河北，其医师日均担负诊疗人次却远远低于北京和天津。原因显而易见，北京市的优质医疗资源，其服务对象并不局限于北京市民，而是面向全国（主要是中国的北方地区）。每年各类疾病患者，尤其是疑难病症患者进京求医，势必加剧北京原本就已经患上的"特大城市病"。试想，当众多的病人在其亲属的陪同和搀扶下，从全国各地涌向从崇文门到东单大约不到2平方公里内的3家医院时，那是一种多么壮观的景象，然而这正是在这个地区每天都在发生的实实在在的事情。"京津冀一体化"的目标之一，就是要分流北京的人口和资源压力。当然，事实上应该还有更重要的目标，就是将优质医疗资源在空间上进行均衡分布，在更大范围内实现基本公共服务的均等化。如果优质医疗资源的一体化布局滞后，那么仅河北一省，就会有更多的病人涌入京津两市求医，尤其是北京。

### （三）医保制度标准的不统一

京津冀三地在卫生资源配置标准、管理体制机制等方面差异显著。城镇职工和居民医保、新农合等医保统筹层次、保障水平、报销比例、管理制度等差异较大，支持社会办医、社会资本参与公立医院改革等政策有待衔接，这都造成了京津冀医疗保险的制度性障碍。以统筹层次为例，北京实现了医保市级统筹，天津实现了医保市级统筹，北京和天津在这方面应该是处于全国领先地位的，只是在城乡之间还有差别。而河北尚未实现全省范围内的三种基本医保统筹，统筹层次处于较低水平。此外，三地医保缴费水平和报销比例不同，由欠发达地区向发达地区迁移的人口流动会促使大量患者流向京津两地的大医院，不仅会造成当地医疗资源紧张，还会进一步引发"看病难、看病贵"等问题，同时医疗保险基金也会向京津两地集中，带来医疗保险基金风险隐患。突破京津冀基本医疗保险制度差异性问题是实现三地医保制度整合的重点和难点。

### （四）京津冀医保结算尚未实现

目前京冀流动人员的医保政策规定，北京市参加职工医疗保险和城镇居民医疗保险的人员在京冀接壤的河北地区居住的，可按北京市医疗保险异地就医政策在河北省的定点医疗机构实现就近就医，并享受北京市医疗保险待遇。但是北京医保患者若在河北医院就诊及住院，仍不能实现即时结算，报销过程依旧较繁琐。即使京冀两地政府在燕达医院试验接轨的"新农合"，因报销流程设计不合理、报销手续繁杂、报销周期过长、患者自行垫付的医药费较多等客观因素,给患者医疗费用结算带来极大的不便。长期执行的基本医疗保险属地化管理制度,给三地医保结算"一体化"带来很多困难,如何协调利益冲突,成为落实三地医保结算"一体化"的关键。如果在医疗服务上实现了"京津冀一体化",那么河北省的城乡居民进入京津两市看病会不会成为常态化,接踵而来的是,异地就医的医药费报销会不会产生问题。这似乎也是一个不大不小的难题:如果从制度安排上限制异地就医,那么"一体化"就没有实质性的意义;如果不限制甚至鼓励异地就医,那么就又有悖于减少北京市"人口和资源压力"的初衷。

## 三、京津冀医疗协同化问题的原因

### (一)河北省医疗服务的财政投入较低

一直以来,我们都在追求城乡一体化、基本公共服务均等化,体现在医疗领域就是京津冀医疗协同化。河北省各级有关部门也在逐年加大对基本医疗服务领域的投入力度,在某些方面也取得了一定的成绩,比如,配置了更加完善的医疗设施,提高了医疗服务质量等。河北省专项补助在基本医疗方面的费用每年都在增加,从2009年到2013年,人均补助分别为15元、18元、25元、25元、30元,由此可见,政府确实加大了对基本医疗服务的支持力度。但也存在很多需要改进的地方,首先,河北省政府确实增加了对医疗服务的投入,在每年的工作报告中也都有体现,但是增加的这些投入远远不能满足不断增加的基本医疗服务项目的需求,二者存在一定差距。也就是说,河北省财政每年都在增加基本医疗服务领域的支出,但是投入的这些财政经费没有达到基本医疗服务的要求。所以,财政投入的增加和提供的服务项目需要进行科学的估量与计算。在《河北经济年鉴2013》中,295.1亿元和50.9亿元这两个数据分别是专项项目支出的预算和基本医疗服务专项支出,差距可见一斑。其次,河北省政府预算内财政医疗投入不足。河北省各市政府预算内财政医疗支出不足,与北京、天津存在一定差距,导致的直接后果就是在河北省的部分地区,基层医院的医疗设备陈旧落后、缺乏高素质的医卫人员,对所服务辖区的医病患者没有吸引力,造成已有资源的闲置和浪费,愈发没有资金能力提高医院的设施,不管是硬件设施还是软件设施,如此恶性循环。

### (二)京津冀"净财政受益"差异较大

长期以来,北京和天津作为两大直辖市,经济发展能力强大有目共睹,与河北省相比,在很多方面享受着先行先试的优惠政策或政策性倾斜,这些政策多以税收优惠或财政补贴等方式存在，京津同河北相比会产生较大的"净财政受益"。具体到京津冀医疗服务供给方面，北京和天津享受较大的"净财政受益"，随之而来的是优质医疗资源的集聚，河北与之相比，在财政对医疗服务供给方面，不具有优势。西方经济学中的"净财政受益"差异指的是，在某个行政区域内，居民或企业所支付的税收或行政收费与他们所能够获得的公共服务等方面的受益之间的差异。经济学中，人都是理性人，那么净财政受益低的区域的居民就有意愿向净财政受益高的区域发展。河北在医疗服务供给方面与京津比较，财政支持确实偏弱，但是长久以来对京津的政策倾斜也是造成目前京津冀医疗服务供给现状的一个重要原因。

（三）京津冀医疗资源分布的地区性差距较大

目前，河北的医疗资源与北京、天津相比，存在很大差距，不管是在数量上还是医疗资源的质量上。究其原因，主要有这几个方面：首先，京津的政治地位的特殊性。北京，作为国家的政治文化中心，对优质的医疗资源无疑是具有吸引力的，天津是四大直辖市之一，优越的政治经济地位，吸引了优秀的卫生医务人员，汇集了优质的医疗资源。国家财政的支持，经济的高速发展，人口的趋向性，使这里拥有的医疗设备是先进的，引进的人才也是最优秀的。而河北省特别是偏远地区，医疗设施落后，医疗卫生服务人员的整体素质较低，不管是硬件设施还是软件设施，都没能够赢得所服务地区的人们的信任，这就出现了该地区的医疗资源闲置，而当地患者却去其他地方求医，造成资源浪费。其次，不同地区财政支持力度不同，没有做到因地制宜。政府在对医疗服务供给进行财政拨款时，没有根据不同地区医疗资源的存量不同而实行差别化对待，简单使用统一标准进行资金划拨或财政补助，造成的后果是有的地区医疗资源因没有充分利用而浪费，有的地区因医疗资源分配不到位、医病患者众多而资源紧张。最后，像北京和天津这样的地区，医疗资源较为丰富，因为经济发展较好，常住人口很多，相应的医疗机构服务的群体就很大，不仅有当地的病患，还有很多本地区以外的病患，因为超过了其服务承受的能力范围而出现资源紧张的情况。

## 四、促进京津冀医疗服务均等化对策建议

（一）推行 PPP 模式等多种方式筹集资金

我国在 2015 年明确提出政府和社会资本合作（Public Private Partnership，以下简称 PPP）模式是公共服务供给机制的重大创新，鼓励私营资本对公共医疗服务的投入。要使京津冀的公共医疗服务向均等化发展，河北省可以大力发展以 PPP 模式

建立优质的医疗服务。利用 PPP 模式建设医院具有的优势有：

一是能够解决政府由于财政资金不足而无法满足民众医疗卫生服务需求的矛盾，借助社会资金、技术和管理能力，在短时期内提高当地的医疗技术水平，缓解医疗卫生资源不足的状况，满足民众的医疗健康需求。

二是有利于进一步完善医疗服务提供体系，理顺政府与医院之间的关系，解决医改中难以解决的体制和机制问题，有效实现政事分开、管办分开，厘清政府与医院职责，促进医院建立和完善现代医院制度和法人治理结构，规范医院运营和管理。

三是有利于建立社会竞争机制，促进医疗机构提高服务质量和服务效率。然而，政府在引入 PPP 模式建立医院时也应注意遵循国家有关的法律法规和相关制度规定，按照"公平、公正、公开"的原则遴选医疗服务提供商，对合作年限及资金回报进行科学测算，最大限度地维护公众利益。PPP 模式的实施也对政府监管医院提出了更高的要求。由于社会资本的逐利性，使其在医院经营过程中容易产生逐利行为，因此，在 PPP 模式的资金回报设计以及运营监管中，政府应建立相应的制度，防范投资方因过度考虑资金回报而侵蚀社会公众利益的情况。我国现行的社会医疗保险制度为 PPP 模式的发展提供了制度保障，"花钱买服务"的理念将逐步淡化公立与私立医疗机构的界限，使之在相同的政策环境下为民众提供医疗服务。

鼓励私营企业提供优质医疗服务。私营资本有着相对较高的回报率，同时民营医院的发展可以缓解公立医院的就诊压力，而且能够提供更加优质高效的服务。政府对提供公共医疗服务的私营资本公司给予税收、土地等优惠，保证其正常运转并有相当的盈利。这种做法可以缓解北京市医疗服务的压力，同时可以提升河北的医疗服务水平。民营医院是公立医院的良好补充，政府对社会办医应给予支持，在项目立项、审批、职称评聘、科研项目等方面适度给予优惠，以促进其更好更快的发展，同时保证公共医疗服务的"公立性"。

医院有其固有的公益性和公立性，不论采取何种形式的 PPP 模式，在改革后都体现其盈利性质，都必须符合市场的要求，对其进行市场化的管理，应建立退出机制，优胜劣汰。

## （二）加大人才交流力度

积极争取京津合作医院在河北招收研究生的数量，河北省政府的有关部门可与京津合作医院开展博士研究生和硕士研究生的专项培养，可以规定学生毕业后在攻读学位的医院工作一年，之后回本省的医院工作，或者在其招生计划中争取一部分名额给河北医务人员。京津冀协同发展就要使京津冀人人享有平等的基本医疗卫生服务，为京津冀提供安全、有效、方便、价廉的公共卫生和基本医疗服务。在全民医疗保险基础上，实行政府提供的基本医疗服务或许是一种可行途径，促进了医疗服务更加公平。要保障公民能够及时、高效、平等地获得基本医疗服务，法制化是重要的驱动力。

京津冀医疗资源一体化的主要形式是医疗机构合作，通过医院共建、技术合作、人员培训等方式让河北医疗资源和北京、天津实现均质化，比如北京与河北双方已签订一系列共建协议、合作协议。另外，北京拥有丰富的医疗资源，但河北、天津也有比北京优秀的地方，应加强三地间的互动与合作。跨区域医疗联合体的成立，使广大居民享受京津冀一体化的医疗服务，同时为京津冀一体化医疗卫生事业的均衡发展创造条件。

### （三）对河北医疗服务业的税收优惠政策范围及力度

把握北京医疗服务业基础雄厚、门类齐全等产业特点，科学制定财税政策体系。其一，要以市级预算改革为中心，调整医疗卫生支出与基础设施投入等方面的科目设置，明确财政支持医疗服务业的方向、种类和力度。其二，兼顾国家导向，2013年10月国务院印发《关于促进健康服务业发展的若干意见》，对中央财政支出领域和方向产生影响。其三，建立科学合理的财税政策支撑体系，确保财税政策的合理性和有效性，解决预算精确度不高、管理制度暂缺和预算失衡等问题，形成有力支持医疗服务业发展的财税政策支撑体系。

尽快核算非基本公共服务体系下医疗服务业的税收优惠范围。依据产业发展规模、行业重要程度和财政支撑能力，对具体行业和产业的税收优惠细则进行补充和调整，建立不同类别企业的税收优惠范围，测算不同减免政策下，市区县财政的承受能力。具体来看，对土地使用、人员工资、固定资产购置等相关税收优惠范围和力度，要有总的规划和统一管理。

#### 1. 加强财政资金的绩效评估与监督管理

支持医疗服务业的财政资金管理要遵循财政管理的基本原则，也要摸索适合行业发展的监管模式。其一，要有基本的管理规范，对支持医疗服务业的每一笔财政资金都要有据可查；其二，建立监督评估制度，运用已有数据评估财政资金的效果，防止财政资金的低效使用；其三，善于总结行业特点，创新管理机制，重视医疗服务业特点，对人员支出和劳务支出予以支持，促进医疗服务业吸引优秀人才，填补市场空缺，发挥财政资金使用效益。

#### 2. 促进多部门协调，强化财税政策枢纽作用

利用北京市政府信息化程度较高的基础条件，尽快解决各部门掌握的医疗服务业信息沟通不足的问题，包括行政政务信息的互联互通和及时跟进财政资金报批、

审核、方法及监督的全过程。发挥财税政策枢纽作用，将支持医疗服务业的政策与财政资金运行相结合，促进行政事务便利化。将财税信息分享到各职能部门，成为调整年度医疗服务业支持政策的主要依据。

## 参考文献

（1）李兰翠，王玉君，付晓萌. 京津冀医疗一体化现状及改革方向[J]. 天津社会保险，2016（01）：49-50.

（2）董香书. 京津冀医疗资源协同发展的实现路径[J]. 首都经济贸易大学学报，2016（04）：20-27.

（3）陟赫然. 京津冀医疗保险制度协同发展问题研究[J]. 中国人力资源社会保障，2016（11）：42-44.

（4）李亚红. 京津冀医疗协作需打通"肠梗阻"[J]. 金融世界，2016（02）：102-103.

（5）周建菊，胡燕生. 基于京津冀医疗共建的异地医保报销模式探讨[J]. 中国医院，2015（09）：72-73.

（6）王晓洁. 京津冀医疗卫生服务均等化量化研究：基于 AHP 方法的分析[J]. 中国卫生经济，2015（10）：48-50.

（7）袁慎勋，倪江涛."京津冀"医疗一体化：梦很美，路还长[J]. 环球市场信息导报，2014（26）：34-38+112.

（8）韩璐. 京津冀医疗保险制度协同发展的研究[D]. 北京交通大学，2016.

（9）王晓真. 京津冀医疗卫生服务供给一体化的财政支持研究[D]. 河北经贸大学，2016.

**作者简介**：孙敏，工学学士；黄珊，经济学学士；高树兰，经济学博士，天津财经大学财税与公共管理学院教授。

# 公共管理硕士（MPA）教育的实践创新与发展设想
## ——以天津财经大学为例①

郭　昱

**摘　要：**天津财经大学 MPA 教育经过十年的发展，逐步明确了人才培养的目标和理念，在招生管理、培养体系、特色建设等方面取得了明显进步，MPA 品牌影响力逐步提升。面对当前国家行政体制改革和专业学位教育改革发展的需要，从 MPA 教育中长期的发展考虑，我们应从注重培养学生的公共精神、完善实践教学体系、试行国际化办学等方面，着力培养一批高素质的公共管理人才队伍。

**关键词：**公共管理硕士；MPA 教育；实践教学；国际化

## 一、引言

自 2002 年 3 月开始在 24 所高校招收公共管理硕士（Master of Public Administration，以下简称 MPA）以来，我国的 MPA 教育历经十几年的发展，MPA 培养院校从最初的 24 所发展到现在的二百多所。自开办以来，全国共计录取 159431 名 MPA 学生，已有 99597 人获得公共管理硕士专业学位②。MPA 培养模式也从单证发展到单证与双证并行，直至现在的只招收双证。与国内其他 38 个专业学位教育相比，MPA 教育的发展速度之快、变化之大可谓有目共睹。回顾过去十几年 MPA 的发展历程，各高校在 MPA 的教育实践中都已经形成了自己的办学与培养特色，在招生规模和教学培养方面都取得了一定成绩。然而，在为成绩欣喜之时，也必须正视发展中存在的诸多矛盾与问题，何况 MPA 教育也正面临新的挑战与发展机遇。在未来 10 年甚至更长的时间，MPA 教育如何发展与创新是各培养院校面对的现实

---

① 本文系 2017 年天津市教育系统调研课题（课题编号：68）的阶段性研究成果。
② 以上数据均来自全国公共管理专业学位研究生教育指导委员会。

问题。

天津财经大学是中国最早建立的财经大学之一，目前已形成了包括博士、学术型硕士以及专业学位硕士在内的层次完整、形式多样的研究生培养体系，专业学位研究生教育事业正在蓬勃发展。我校自 2007 年正式获得 MPA 学位授予权以来，目前已累计招生 955 人，共有 582 人获得公共管理硕士学位。当前我国正处于社会转型和改革发展的攻坚时期，研究生教育正面临着改革和调整，广大党政干部肩负着更加复杂而艰巨的任务，MPA 教育如何为从事公共管理的党政干部提供良好的教育支撑和智力支持，是 MPA 培养院校面对的紧迫问题。因此，我校的 MPA 教育只有在实践中不断探索与创新，才能实现培养高素质公共管理专门人才的目标。

## 二、MPA 教育的实践与特色

天津财经大学 MPA 教育始终坚持"服务需求，提高质量"的教育理念，紧密围绕培养高素质公共管理人才的目标，将"教书育人、管理育人、服务育人"紧密结合，将教学质量、管理水平、服务意识作为发展的重中之重。十几年来，我校MPA 教育在实践中积极探索，不断总结经验，在招生、教学和管理方面都形成了一些自己的特色，招生数量和招生质量均稳步提升，我校的 MPA 教育事业赢得了良好的社会声誉和品牌效应。

### （一）拓宽合作渠道，搭建公共管理人才培养平台

我校 MPA 教育自招生伊始就十分重视与政府或公共管理部门建立良好的合作关系，多年来不断拓宽合作渠道，积极探索公共管理硕士研究生的培养模式。MPA的发展，已经为天津市市场和质量监督管理委员会（原天津市工商行政管理局）、天津市国税局、天津市公安局、内蒙古自治区国家税务局等合作单位委托培养 MPA研究生共计 550 余人。在日常的教学培养工作中，MPA 教育中心充分考虑合作培养单位的需求，单独编班，单独管理；对于外地合作培养单位，集中上课时间的选定不仅要充分尊重合作单位人事教育部门的意见，还要考虑到学校学位论文开题与答辩等工作的时间要求，在保证完成 MPA 教学与管理任务的同时，尽可能减少外地学生的各项成本。

### （二）开展座谈会，搭建学生与教师沟通的桥梁

为保证MPA 教学工作的顺利开展，确保MPA 研究生的教学效果与教学质量，MPA 教育中心会组织形式多样的座谈会。首先，MPA 研究生均为在职人员，为帮

助 MPA 学生尽快熟悉校园环境和教学环境，及早进入学习状态，在每一届 MPA 新生正式开课之前都会组织召开以"我的职业我骄傲"为主题的新生座谈会。通过召开新生座谈会，学员们不仅能够了解和熟悉 MPA 教育中心的相关制度与规定和在学期间的各项教学工作安排，而且还有利于加深彼此之间的认识和了解，形成良好的 MPA 集体氛围。其次，MPA 教育中心会适时定期组织召开 MPA 研究生座谈会，听取学生对教学安排、教师授课、案例开发、导师指导等多方面的意见和建议；同时定期组织召开授课教师恳谈会，及时掌握授课教师对 MPA 授课计划、学生出勤、学生听讲、教学管理等方面的反馈意见，认真听取导师在辅导 MPA 研究生案例开发及学位论文写作过程中面临的问题。经常聆听师生对 MPA 教育管理的意见和建议，有助于 MPA 教育真正实现教学相长，达到提高 MPA 研究生人才培养质量的目的。

### （三）鼓励案例开发，不断完善 MPA 人才培养方案

案例开发与案例教学是我校专业学位研究生培养模式改革的重要内容。近年来，MPA 中心积极鼓励师生共同开发和编写原创教学案例，并将案例评审结果与双证 MPA 研究生毕业资格挂钩，规定从 2013 年 9 月入学的双证 MPA 研究生开始，独立或与导师合作开发的案例通过评审验收后可以作为科研成果进行毕业资格认定。截至目前，已经有三届学生完成近 150 篇的案例开发工作，评审结果普遍良好。MPA 研究生毕业资格标准的重新认定，是对 MPA 人才培养方案的一项改革与创新。学生开发的公共管理教学案例多是围绕自身工作实际进行选题与撰写，一方面，可以提高学生发现问题、分析问题、解决问题的能力，将公共管理理论与实际工作紧密结合；另一方面，学生可以在编写案例的基础上将案例延伸拓展为硕士学位论文，将基础理论知识运用于实践当中，保证了 MPA 研究生在学期间的研究连贯性和导师指导工作的有效性，达到教学相长、师生共同进步的目的。

### （四）规范管理与服务，营造良好的 MPA 教育氛围

MPA 研究生进校不离岗的学习方式使得学生们普遍面临学习与工作的矛盾，很多学生不能充分保证课程学习的时间和精力，甚至不能按时参加课程考试。为此，一方面，教育中心通过严格制定日常管理、教学管理、论文管理等各项管理制度，对其实行规范化管理。在学位论文工作环节，考虑到学生的研究兴趣和导师的研究方向，教育中心进一步细化学位论文的工作流程，在选导师之前增加了学生选题环节，先由 MPA 研究生自由选题，中心统一审核，只有在公共管理范围内的选题才能通过审核，然后根据选题分配指导教师，以便导师能够对学位论文进行有效指导。另一方面，教育中心积极转变观念、强化服务，采取特色化、人性化的服务举措。

在班级管理中，为每个班级建立"班主任—班委—小组"三级负责制，借助微信、飞信、QQ 群等现代化通信方式及时传达各项通知，时时处处解答学员们的各种疑惑。

## 三、MPA 教育存在的短板

### （一）教学的实用性、互动性欠缺，实践教学有待提高

MPA 研究生绝大多数是政府部门或非政府公共管理部门的在职人员，他们不仅关心教师授课内容与自己工作的紧密结合程度，而且看重授课内容的实用性以及如何将理论知识运用到实际问题当中。专业学位的教育特点决定了实践教学在人才培养和课程设置中的重要性，MPA 专职教师由于平日到实践部门工作或学习的机会有限，也很少感受到公共管理实践的多样性和复杂性，对实践教学的理解缺乏深度和广度，在日常教学中，教师课堂讲授内容与在职学生工作实际联系不够紧密，实践教学有待进一步提高。另外，尽管在 MPA 日常的教学活动中，经常聘请一些具有丰富经验的政府相关部门工作的人员作为 MPA 兼职导师或定期邀请其做专题学术讲座，但是明显缺乏实践导师与研究生之间的互动，不能有效调动 MPA 研究生的学习兴趣，实践教学效果不明显。

### （二）人才培养不能紧跟公共管理实践的需要，培养特色有待加强

依托学校传统的财经类学科优势，我校的 MPA 专业方向从办学时起就基本设定为行政管理、公共政策分析、公共财政与税收管理、社会保障、教育经济与管理五大类，但随着国家行政体制改革和公共管理实践的发展，这些研究方向已远远不能满足公共管理实践专业分化发展的需要，也不能满足学生来源多样化的需要。对与相关政府部门合作的行业班，因实践型教师较为缺乏，使得行业班授课的专业化程度还不够高，公共管理人才培养特色不够突出。

### （三）师生的对外合作交流不足，国际化办学有待落实

MPA 教育要想做大、做强，必须采取"走出去""国际化"的发展战略。一方面，学校要通过激励措施，鼓励 MPA 专职教师以课题承担、决策咨询、挂职锻炼的形式，与公共管理实践部门展开合作与交流，丰富教师的实践知识，改善 MPA 师资队伍"重理论研究、轻管理实践"的情况。另一方面，学校既可以通过引进海归公共管理人才，提升 MPA 教师队伍的国际化水平，也可以积极与国外知名高校合作，通过联合培养模式，为 MPA 研究生提供更多国际交流学习的机会。虽然我

校的 MPA 教育一直比较重视专职教师的对外学习与交流，但多数也仅限于参加师资培训或学术研讨会，赴国外参加公共管理教育的交流学习、引进海归公共管理人才和国际化合作培养 MPA 研究生尚存在空白，这些是制约我校 MPA 教育发展的短板，同时也是 MPA 教育今后努力的方向。

## 四、对 MPA 教育未来发展的建议

### （一）强化教育理念，注重对 MPA 研究生公共精神的培养

培养什么样的公共管理专门人才首先是一个事关培养理念的问题，尽管教育管理部门并未就 MPA 教育理念作出专门界定，但 MPA 培养单位的培养方案都提出或隐含着这一共识：MPA 教育应以公共精神和能力建设为基本理念。公共精神源自现代政府的定位和中国当代政治特有的禀赋；能力建设是实现公共精神的基本要义。[①]当今美国的 MPA 教育体系中，伦理和价值方面的教育一直为公共管理研究者和教育者所重视。MPA 重点以公务员为培养对象，我国正处于转型时期，公共精神匮乏的公务员队伍很容易缺乏效率、滋生腐败。因此，我们要不断强化教育理念，在今后的课程体系建设中强化公共伦理及其相关课程，将公共精神的培养真正融入教学体系当中，通过 MPA 教育提升公务员的素质。

### （二）突出实践教学，完善 MPA 研究生的社会实践训练体系

为持续深入地开展 MPA 实践教学，首先，我们应继续鼓励在职研究生在导师的指导下，选取与本职工作相关或者本地区所发生的公共管理实践中具有典型性的真实事件为案例，以第一手调查资料为依据，在对案例进行详细描述的基础上，运用公共管理理论及研究方法对问题进行科学分析，总结经验教训或提出解决问题的相关政策建议。其次，鉴于 MPA 研究生难以保证全程参与传统的社会实践活动，我们应建立公共管理实践实验室，采用现代化的技术手段，通过提供实践场所对现实情境进行模拟，从而提升学生的实践能力。最后，MPA 研究生来自不同的行业领域，为培养其多视角分析问题、解决问题的能力，提倡专业或行业领域之间的交流与借鉴，我们应加强与基层单位或部门的合作，建立稳定的 MPA 研究生实习实践基地，并将撰写社会调查报告作为实践教学考察的一项内容与学分挂钩，鼓励学生积极参与，从实践经验、实践能力、分析能力等方面强化 MPA 研究生的社会实践

---

① 周建国，陈谦. 中国 MPA 教育中长期发展的困境与出路[J]. 中国行政管理，2015（11）：88-92.

训练。

## （三）学习先进经验，注重 MPA 教育发展的国际化

发达国家正式开设 MPA 教育已有 90 余年的历史，MPA 教育发展相对成熟，有许多经验值得我们学习和借鉴。同国内许多高校一样，我校的 MPA 教育也是在模仿中不断发展的。面对新的发展环境，我们的 MPA 教育既要体现特色化，又要具有国际化。一方面，应尽快跨越模仿阶段，在借鉴国外经验的同时，积极探索适合我国国情和 MPA 研究生实际需求的教育方式；另一方面，积极与国际 MPA 教育合作，开展学分互认、联合授予硕士学位等有益尝试，以提升 MPA 研究生的国际化视野，同时派任课教师和教育管理人员赴国外高校访问学习先进的教学与管理方法，促进我校 MPA 教育的发展。

在 MPA 未来的发展中，遵循学校国际化办学的理念，为提升 MPA 教育的国际化，我校 MPA 教育要寻找时机，积极试点国际公共管理硕士（IMPA）项目，开设全英文的课程，让更多的国外学子和公共管理者了解中国公共管理的实践，熟悉中国公共部门的管理特点和运行方式。当然，在开展国际公共管理硕士（IMPA）项目的过程中，我们也培养了一批可以全英文授课的教师队伍，开发了一系列全英文公共管理课程，也为开展学生课堂互动和赴国外访学交流奠定了基础。

## （四）树立服务意识，建设业务精、能力强的管理团队

MPA 研究生教育作为培养高素质公共管理专门人才的摇篮，不仅需要有一支实力雄厚的师资队伍，还应该有具备良好的敬业精神和组织协调能力、扎实的业务知识、开拓创新的意识等综合素质较强的管理团队。优秀的 MPA 教育管理者不仅能从在职研究生的实际出发制定相关的管理规定，不断探索科学有效的管理方法，更要实现从管理人向服务人的理念转变，时刻树立服务意识。只有这样，才能让 MPA 研究生感受到教育管理的亲和力，从而乐于接受教育管理；只有这样，才能充分调动授课教师的上课热情和导师辅导学生的积极性。

## 参考文献

（1）周建国,陈谦. 中国 MPA 教育中长期发展的困境与出路[J]. 中国行政管理, 2015（11）：88-92.

（2）董克用，许兴建，王春. 立足实践 坚持创新 构筑有中国特色的 MPA 人才培养模式——中国人民大学公共管理硕士（MPA）教育综合改革实践[J]. 学位与研

究生教育，2014（1）：4-9.

（3）施巍巍. 我国公共管理硕士教育的问题及其建议[J]. 中国教育学刊，2012（增）：187-189.

**作者简介：**郭昱，天津财经大学 MPA 教育中心，助理研究员。

# 天津财经大学公共管理学科评估与学科发展工作探析

齐 文

2016 年教育部进行了第四轮学科评估，从 2002 年教育部学位与研究生教育发展中心（学位中心）推出首轮学科评估以来，经过 14 年三轮学科评估的不断调整，从最初的 1300 余个学科发展到今年参评学科 7450 个，学科评估不仅吸引着高校的目光，也成为社会关注的焦点。学科评估的真正内涵就是要推动各高校的学科建设更加科学、更加严谨、更加符合高校特点，突显学科特色，是对高校学科建设的一次全面诊断，对建设目标和方向具有现实的政策指导意义。

公共管理是研究政府及其他公共组织的价值定位和实践活动规律的一门实践性和综合性较强的学科。中国公共管理学是从西方引进的，作为一门新兴学科，公共管理学科的发展既面临着极好的机遇，也面临着空前的挑战。我校公共管理学科参与了本轮学科评估，本文以公共管理学科为例，结合评估体系指标分析我校该学科当前现状和面临的问题，并由此得出今后的发展方向。

## 一、我校公共管理学科简介

天津财经大学公共管理一级学科下设公共事业管理、行政管理和社会保障三个二级学科，分别于 2001 年、2002 年和 2003 年招生。经过学校重点建设，二级学科发展势头良好。2003 年我校获得社会保障硕士学位点，2010 年劳动与社会保障获批天津市战略新兴专业，行政管理专业是天津财经大学重点强化建设专业。2007年我校获得公共管理硕士（MPA）学位点，2010 年获批公共管理一级学科硕士点。至此，我校已初步构建起从本科生、硕士研究生、全日制学术型人才培养到非全日制专业学位相结合的多层次专业人才培养体系。

天津财经大学公共管理学科的学科定位是：学科建设与发展立足我国经济建设与社会发展需要，特别是围绕地方经济社会发展的重大问题和政府改革的重大关切，以公共服务创新、城市管理体制改革、公共事业改革、社会保障制度为重点，倾力打造财经特色鲜明、竞争优势显著、适应社会人才需求、服务区域经济社会发展、突出公共管理与财政学科高度融合的特色品牌学科，成为支持和参与政府决策咨询的重要力量，成为优秀公共管理人才培养的摇篮。

本学科特色鲜明，主要体现在：（1）学科交叉融合优势明显。依托我校经管类学科优势，致力于公共管理学科与应用经济学、管理学的交叉融合，实现学科间学术平台、资源、信息共享，在公共财政、政府预算等研究领域发挥优势。（2）与国家、地方经济社会重大发展战略耦合度高。本学科主动适应经济社会发展需要，响应国家发展战略，服务地方经济建设。通过承接多项国家和地方的研究课题，为国家或地方公共管理和公共经济中一些重大问题的解决提供依据。

## 二、我校公共管理学科现状——基于评估指标的分析

本轮评估在第三轮的基础上进行完善与修改，本着"质量、成效、特色、分类"的指标体系设计理念，分为师资队伍与资源、人才培养质量、科学研究水平和社会服务与学科声誉四个一级指标，下面依次分析我校公共管理学科在这四个方面的现状和不足。

1. 师资队伍与资源

师资队伍与资源包括专任教师基本情况和骨干教师与团队情况。专任教师基本情况需要提供师资队伍的年龄结构、学历结构、学缘结构、职称结构、海外经历等基本情况，既考察学科师资队伍的整体质量，又考察师资队伍的结构质量。采用"代表性骨干教师"评价师资队伍水平的方法，提供20名骨干教师（其中青年教师不少于6名）情况和团队情况，克服单一"以学术头衔评价学术水平"的片面性；同时将"青年人才"单列评价，考察人才队伍的可持续发展能力；采用主观评价方式，由专家从整体上考察师资队伍水平、结构及国际化情况等结构性质量。

我校在这方面基本满足了评估指标，具体教师结构如表1所示，在人员年龄、职称、学历、学缘结构等方面较为合理，在骨干教师方面选取了10名45岁以上教师和10名45岁以下教师，可以看出本学科形成了较为合理的学术梯队以保证人才队伍的传承。通过对比指标也发现本学科在师资建设方面存在的一些问题，主要包括：骨干教师的学术头衔较薄弱；45岁以下骨干教师具有海外经历的仅有2人；学缘结构中本校毕业人数较多；团队建设较差。

**表 1    我校公共管理学科师资人员结构**

| 专业技术职务 | 专任教师人数合计 | 35岁及以下 | 36至45岁 | 46至55岁 | 56至60岁 | 61岁及以上 | 具有博士学位人数 | 具有海外经历人数 | 外籍教师人数 | 女性人数 | 博导人数 | 硕导人数 |
|---|---|---|---|---|---|---|---|---|---|---|---|---|
| 正高级 | 15 | 0 | 3 | 6 | 4 | 2 | 11 | 4 | 0 | 8 | 4 | 15 |
| 副高级 | 11 | 1 | 7 | 3 | 0 | 0 | 9 | 1 | 0 | 7 | 0 | 11 |
| 中级 | 9 | 4 | 4 | 1 | 0 | 0 | 8 | 0 | 0 | 5 | 0 | 1 |
| 初级 | 0 | 0 | 0 | 0 | 0 | 0 | 0 | 0 | 0 | 0 | 0 | 0 |
| 无 | 0 | 0 | 0 | 0 | 0 | 0 | 0 | 0 | 0 | 0 | 0 | 0 |
| 总计 | 35 | 5 | 14 | 10 | 4 | 2 | 28 | 5 | 0 | 20 | 4 | 27 |

| 学缘结构 | 最高学位获得单位（人数最多的5所） | 南开大学 | | 天津财经大学 | | 中国人民大学 | | 天津大学 | | 北京大学 | | |
|---|---|---|---|---|---|---|---|---|---|---|---|---|
| | 人数及比例 | 11（31.43%） | | 8（22.86%） | | 5（14.29%） | | 4（11.43%） | | 2（5.71%） | | |

## 2. 人才培养质量

人才培养是高校的核心任务，本轮学科评估建立了培养过程质量、在校生质量、毕业生质量三维度的评价模式，全方位评价人才培养质量，如表 2 所示。

**表 2    我校公共管理学科学位授予情况**

| | 在校生数 | 学术学位博士 | 学术学位硕士 | 专业学位博士 | 专业学位硕士 | 备注 |
|---|---|---|---|---|---|---|
| | 学术学位博士 | 0 | 105 | 0 | 565 | |
| 授予学位数 | 年度<br>学位类别 | | | | | |
| | 学术学位博士 | | | | | |
| | 专业学位博士 | | | | | |
| | 学术学位硕士 | | | | | |
| | 专业学位硕士 | | | | | |

（1）培养过程质量主要包括课程教学质量和学生国际交流两个方面。我校公共管理学科在这两方面都处于较为落后的状态。2012 年至 2015 年，在教学成果奖、精品课程建设、合作办学、学生境外交流等方面均没有成果，可见本学科与高水平学校在教学质量、课程建设、交流国际化进程、国际交流与合作意识等方面还存在较大差距。

（2）在校生质量主要包括优秀在校生和学位授予情况两个方面。其中，优秀在校生属于主观评价指标，考察学生在校期间的突出表现。我校从现有在校生中选取了 15 名学生，包括学术硕士和专业硕士，从数量上满足了评估指标，从质量上看，这些学生大多在科研领域或工作领域作出了一定的成绩，可见本学科的在校生质量较好，但仍有上升空间。

（3）毕业生质量主要包括毕业生就业情况、优秀毕业生和用人单位评价三个方面。以"代表性优秀毕业生"职业发展情况来体现该学科毕业生质量，促进单位关注人才培养的反馈机制，本次评估首次试点开展用人单位调查，体现高校所培养学生的社会认可度和契合度，将学生质量评价的话语权扩展到"系统外"。

本学科毕业生就业情况良好，2012 年至 2015 年共 407 名毕业生，就业率达到99.75%，升学 0.25%，未就业率 0。签约类型以及地域涉及面广泛，从党政机关、科研机构 、事业单位到国有企业、三资企业 、民营企业，从本市到全国其他地区，可见本学科就业领域广泛，就业渠道广阔，具体如表 3 和表 4 所示。

**表 3　我校公共管理学科就业情况**

| 学位类别 | 毕业生总数 | 签就业协议、劳动合同 | 就业情况（人数及比例） | | | | 未就业 |
|---|---|---|---|---|---|---|---|
| | | | 升学 | | 自主创业 | 其他形式就业（含博士后） | |
| | | | 国内 | 国（境）外 | | | |
| 硕士 | 407（100.00%） | 406（99.75%） | 1(0.25%) | 0(0.00%) | 0(0.00%) | 0(0.00%) | 0(0.00%) |
| 博士 | 0（0.00%） | 0（0.00%） | 0(0.00%) | 0(0.00%) | 0(0.00%) | 0(0.00%) | 0(0.00%) |

（表头：Ⅱ-5 毕业生质量／Ⅱ-5-1 毕业生就业情况／（一）就业情况统计）

**表 4　我校公共管理学科就业情况**

签约单位类型分布（人数及比例）

| 单位类别 | 党政机关 | 高等教育单位 | 中初等教育单位 | 科研设计单位 | 医疗卫生单位 | 其他事业单位 | 国有企业 | 三资企业 | 民营企业 | 部队 | 其他 |
|---|---|---|---|---|---|---|---|---|---|---|---|
| 硕士签约 | 279(68.72%) | 22(5.42%) | 4(0.99%) | 2(0.49%) | 4(0.99%) | 30(7.39%) | 47(11.58%) | 5(1.23%) | 13(3.20%) | 0(0.00%) | 0(0.00%) |
| 博士签约 | 0(0.00%) | 0(0.00%) | 0(0.00%) | 0(0.00%) | 0(0.00%) | 0(0.00%) | 0(0.00%) | 0(0.00%) | 0(0.00%) | 0(0.00%) | 0(0.00%) |

签约单位地域分布 （人数及比例）

| 单位地域 | 本省 | 东部地区 | 中部地区 | 西部地区 | 境外 |
|---|---|---|---|---|---|
| 硕士签约 | 324（79.80%） | 22（5.42%） | 5（1.23%） | 55（13.55%） | 0（0.00%） |
| 博士签约 | 0（0.00%） | 0（0.00%） | 0（0.00%） | 0（0.00%） | 0（0.00%） |

在优秀毕业生方面，本学科在近 15 年毕业生中选取了 20 名优秀毕业生，这些

毕业生有的在政府机关担任重要职务，有的在企业中担任领导，有的是高校中的科研主力，他们都在工作岗位上作出了重要的贡献，对社会、企业产生了重要的影响，由此可见，我校公共管理学科在毕业生质量方面较为优秀。

3. 科学研究水平

科学研究水平下设科研成果、科研获奖、科研项目三个指标。

（1）科研成果包括学术论文质量、出版专著和国家级规划教材与马工程教材。在论文质量和出版专著方面，数量均达到评估指标，但质量还有待提高，论文缺乏 A 类期刊论文，发表论文人员较为集中。在教材编写方面，我校公共管理学科还存在较大差距。本次评估首次将教材编写列入科研成果，主要是为了落实教育部加强教材建设的意见，鼓励教师积极参与高质量教材编写，促进学科基础建设质量提升。

（2）科研获奖包括省部级以上科研成果奖、科技进步奖、技术发明奖等，我校公共管理学科在这方面还存在较大差距，说明本学科在科研成果转化能力方面需要加强，服务社会的贡献度有待进一步提高。

（3）科研项目方面，2012 年至 2015 年共 7 项国家社科基金项目，2 项教育部人文社科项目，经费共计 126 万元，省部级及横向课题填报了 30 项，经费共计 231.6 万元，其中三分之二的科研经费低于 10 万元。由此可见，本学科无论在科研立项数量上，还是科研经费上都存在较大差距，承接科研项目的能力有待加强，同时科研经费短缺也是制约本学科发展的难点和重点。

4. 社会服务与学科声誉

社会服务与学科声誉强调学科的特色贡献，分设社会服务贡献和学科声誉两项指标，体现学科的社会服务功能、作出的贡献以及社会影响。其中，"学科声誉"根据评估简况表中撰写的《学科简介》对学科的学术影响力和学术道德情况进行评价；"社会服务贡献"则是根据学科提供的若干对社会经济建设作出贡献的"典型案例"来评价，体现不同地区、不同类型高校对社会经济建设作出的贡献。我校公共管理学科结合自身的特色优势和人才培养模式选取了四个代表性案例：（1）公共经济与公共管理研究中心——服务基层政府公共管理创新；（2）公共管理硕士（MPA）教育中心：为地方政府培养优秀人才；（3）基本公共服务研究中心：助力京津冀协调创新发展；（4）天津市"十三五"规划政策咨询。这四个案例体现了本学科在承担社会服务，为社会培养优秀人才，发挥智库作用，在制定政策法规、发展规划、行业标准提供咨询建议等方面取得了优异成绩，提升了我校公共管理学科的影响力。

## 三、我校公共管理学科发展方向及对策

综上所述，公共管理学科作为 2016 年获批的天津市重点学科，在这几年当中取得了一些成绩，有了较大的进步，这都为学科建设搭建了良好的发展平台，结合本轮学科评估存在的问题，在今后的时间里，本学科将贯彻"管理学与经济学连通，理论与实践结合"的原则，致力于将公共管理学科建设成为"特色鲜明，研究方向清晰，理论视野开阔，成果实效突出"，在天津市乃至全国财经高校公共管理学科领域形成优势特色的学科。

1. 凝练研究方向与特色

行政管理、社会保障、财税政策分析、公共财政管理是我校公共管理学科已经形成的四个研究方向。今后将努力寻找公共管理学科服务地方的研究领域，重点围绕天津市地方政府管理、天津社会保障发展、天津公共财政政策与实效等开展深入研究，突出"服务地方""深度融合"与"创新引领"的基本原则，构建"高校—政府—社会"的科研教学模式，瞄准中国及天津市政府公共管理现实问题和前沿科学问题，扎实开展政府体制改革、公共政策创新、社会管理创新等基础与应用研究，加快研究成果的实效转换，力争形成有一定影响力的科研团队和教学示范中心。

2. 大力发展师资队伍建设

第四轮学科评估对师资队伍建设有了新的更高要求，更加突出国际化、高层次人才引进，更加强调合理的学缘结构，更加注重师资队伍的稳定性和可持续发展。师资队伍的建设水平直接决定地方高校从人才培养、科学研究到社会服务与学科声誉的水平。师资队伍整体水平的提高，离不开高层次人才的引进，离不开遵循教师成长规律而开展的各类培训，更离不开科学有力的使用方法与合理有效的监督机制。今后要大力发展人才引进，根据已有的师资现状，找对人才引进的重点和关键，通过人才引进优化教师队伍的年龄、学缘、出国经历等师资结构。同时注重促成青年教师向骨干教师、向学术骨干的转换，针对不同类型、不同层次的教师，定期组织开展高层次培训，如国内访问、高级研讨班、中青年学科带头人等，逐步出台中青年教师的培养制度，与国内著名高校教师交流制度，学科平台促进制度等。

3. 建立国际交流制度

我校已将建成国际知名高水平大学作为目标，本学科将通过制度构建促进国际交流，一是鼓励中青年骨干教师到国内外知名高校或科研机构从事与公共管理学相关的访学和进修；二是聘请国外知名学者做学科发展咨询、系列讲座，指导研究生，进行项目合作研究；三是采取预研项目等方式追踪本学科国际学术前沿理论，并以

此引领本学科逐步走向前沿化、高端化和国际化。

4. 加强研究生科研创新能力培养

研究生教育体系不断由"外延式"发展向"内涵式"发展转型，要健全包括价值塑造、知识教育、创新能力培养的"内涵式"发展教育体系，要在日常教学与生活中，引导研究生理论结合实际，激发他们解决实际问题、追求学术真理的愿望与兴趣，形成社会公共价值与公共管理价值理念的有机结合。一是支持学术研究生社会调研项目，针对经济社会发展中的重要现实问题和典型案例进行调查研究；二是支持专业学位研究生课外学术实践项目，突出学术实践和创新、创业特征；三是加强实训基地建设，着力打造两大实训基地，即地方政府行政管理实务实训基地和地方政府公共管理科学发展实训基地。

5. 出台智库培育计划

通过建设高水平"智库"和协同创新中心，增强本学科、学位点服务社会经济发展的应用能力，针对国家和京津冀区域经济发展中急需解决的重大问题开展理论和实证研究，形成一批对政府决策产生重要影响的决策咨询报告，不断提高本学科的知名度和社会影响力。

**作者简介：** 齐文，天津财经大学经济学院财政与公共管理系，助理研究员。

# 政府和社会资本合作（PPP）模式面临问题和对策研究

李晓娴　李　颖

**摘　要**：现阶段，政府的制度变革、结构优化成为中国经济发展的新支持和新动力。PPP 模式作为一种发挥资源配置效应的有效手段，也逐渐受到各界的重视和探讨。本文首先介绍 PPP 模式的定义及其特点，分析 PPP 模式在我国的发展历程，然后分别从政府机构和社会资本机构考虑中国目前环境下，PPP 模式还有什么需要解决的问题，并从整体的角度，对所提出的问题给予一些政策建议。

**关键词**：PPP 模式；公共产品和公共服务；社会资本

## 一、PPP 模式的定义

政府和社会资本合作（Public Private Partnership, 以下简称 PPP）模式是一种公共私营合作制，也就是政府机构和社会资本机构合作的一种模式，这种模式是指政府部门为了加大对提供公共物品和公共服务的能力，提高供给公共物品的效率，通过特许经营、股权合作或购买服务等方式，以给予一定特殊权利为基础，两者构成一种契约合作的联系。公共部门与私人部门通过提前签订条约来表明彼此的权利和责任，与社会资本建立一种风险共担、利润共享的长期合作关系。

PPP 最早于 1992 年在英国被应用，但实际起源可以追溯到欧洲 18 世纪发生的以收费来建设公路的计划。随着经济和时代的发展，发达国家经历了很多次经济危机，尤其是在 20 世纪 70 年代，政府财政吃紧。于是在 20 世纪 90 年代，由于长期福利制度导致企业和财政负担重、社会失业率增高，英国便提出私人融资计划，也就是 PPP 最早期的形式。一般来说，PPP 的工程可以适用于交通、公共安全、教育、卫生、国防等项目。

## 二、PPP 模式的特点

PPP 模式是建立在长期合作基础上的。对于政府这种公共部门来说，最重要的是如何平衡赢利和风险；而对于社会资本机构来说，稳定的内含报酬率是最重要的。因此，PPP 模式存在着以下 3 个特征。

### （一）营利共享

PPP 模式是政府机构和社会资本机构对一个具体的项目达成了共识。不同于传统的公私合作，PPP 模式的项目基本上都是基础设施类的公共项目。这样的公共项目所带有的公益性，使得 PPP 模式不被允许像其他赢利项目一样通过抬高相关价格来实现私人部门的利润最大化。PPP 模式必须控制其可能的赢利利润，保持平稳的内含报酬率，实现各部门的赢利而非暴利。同时这样的赢利必须是政府机构和社会资本机构等多方共享的。

### （二）风险共享

PPP 模式因为有政府机构这样的公共部门参与，实际上会考虑到将项目整体的风险降到最低，因此会更多地利用公共部门和私人部门之间在风险上的优势互补来进行风险分担。举例来说，一个本该由政府机构运营的公共项目承担了比较大的风险成本，在 PPP 模式下，政府不可能为了降低成本而将项目风险全部转移至社会资本机构，但是为了让项目可以正常继续下去，政府机构势必要衡量风险的类别及其适用性，有条件地把部分适于企业的风险转移到私人部门。由此可见，在 PPP 模式下，政府机构和社会资本机构都应该评估自身的运营优势更适合承担哪种类型的风险，换言之，双方谁更能控制哪种类型的风险，谁就应该承担哪种类型的风险。

### （三）伙伴模式

PPP 模式一般都建立为伙伴关系，公共部门和私人部门之所以能形成伙伴关系，最重要的是双方必须有共同的目标，即在一个 PPP 项目的实施运营过程中，以最少的成本和资源，承担适量的风险，实现更多更好的公共产品供给。政府机构作为公共部门，必然要追求公共福利的最大化，社会资本机构作为私人部门，追求的也是企业利润最大化，因此想要保持长久且良好的伙伴关系，也要做到设身处地考虑对方的利益。

## 三、PPP 模式发展中的现存问题

随着经济社会的不断发展，目前我国 PPP 模式的运营已经逐渐建立并规范起来，但仍然存在诸多问题，我们分别从公共部门（如政府机构）和私人部门（如社会资本机构）来分析 PPP 模式究竟存在哪些问题，这些问题出现的原因又是什么。

（一）公共部门

1. PPP 模式缺乏一套完善的法律体系

我国 PPP 模式的运营目前是有法可循的，如《中华人民共和国招标投标法》《中华人民共和国政府采购法》等，然而这些法律并不是为了中国 PPP 模式而专门建立的法律，只能说是 PPP 模式可以参照的法律，因此也并不能完全体现 PPP 模式下可能出现的具体问题和解决的方式。任何一种公共物品本质上都是具有非竞争性和非排他性的，这个特点决定了公共物品的存在需要政府部门的进入，这样才能满足民众的需求。因此这就需要政府部门出台一部法律，以这部法律来明确公共部门和私人部门这两者的权利和责任都是什么，防止政府和社会资本之间的责任推诿，提高效率，确保提供更优质的服务。

2. 合作精神薄弱

PPP 模式的运营实质上是从双方签订合同开始的，这对双方的合作精神要求很高。但是自中华人民共和国成立以来，政府机构一直处于主导和权威地位。中国各地方政府一直存在着不同的地方债，地方债的对象和压力也各有不同。不得不说，这样的情况导致地方政府存在着因债务压力大而导致的信用不足的信任危机。因此当 PPP 项目刚开始建立时，政府机构可能会对社会资本机构积极承诺，许以良好的条件和利润前景，然后在完成项目建设的过程中有可能打破条约或在项目建设完成后并未按照合同支付相对应的金额。当然也会存在当政府有重大的政策调整或政府内部结构发生重大变化时，新任政府管理人员可能会出现责任推诿的现象，这本质上是损害国家的权益，当然也会损害社会资本机构的权益。

3. 公共利益受损

在目前的政府机构中，有这样一批管理人员，他们缺乏在 PPP 模式上的专业知识和技能，也并未进行认真的学习，采取旧有的管理方法来运行 PPP 模式，这样可能会出现一些损害国有资产利益的腐败现象，从而导致国有资产流失的现象发生。在私人部门和公共部门的合作中，有一些官员本身具备专业的素质和技能，但是因为其手中的权力而直接损害了公众和国家的利益，利用权力贪污腐败。在 PPP 模式下，公共部门如各地方政府肯定会更加关注自身的资金压力和项目的投资领域，因此会尽可能甩掉各种压力，这种行为会导致政府角色缺位、责任缺失，侵害了为民众提供的公共物品和公共服务的利益。

### 4. 价格机制形成不合理

在过去的几年里，我国的 PPP 模式一直处于不断摸索前进的状态，社会资本机构在与政府机构的谈判博弈中，已然克服了一些来自政府垄断的压力和供给的缺失问题。但除此之外，仅仅靠市场的运行和商品的供给关系是很难有一个合理定价的。在商品市场上，有投资回报率法和商品定价法两种定价方法，但它们都有局限性，比如投资回报率定在什么标准上才算优良、成本利润率到底如何定价才能控制成本，等等。PPP 模式下的政府招商也许不是公开进行的，没有竞争就没有标底，这样的定价可能只是被合作的社会资本机构的个人价格而不是整个商品市场的平均成本价格。

### 5. 严格监管的稀缺

PPP 项目的监管不仅来自政府，也可以来自一些社会机构甚至于民众。PPP 项目作为一种公共产品，建立之初是为了公共利益，那么也可以说 PPP 实施结果的最后负担者是整个社会中的每个人，但是我国公众参与 PPP 项目的方法却并不是很多，甚至有一些人根本不知道 PPP 项目具体有哪些或者什么是 PPP 项目。除对 PPP 项目实施社会监督，还需要加强司法监督、立法监督、业内监督等。因此，建立严格有效的监督管理机制对促进我国 PPP 模式的健康发展是十分必要的。

## （二）社会资本

### 1. 政府存在违约风险

政府在 PPP 模式下就是一个领头羊的身份，因此双方建立的合约能否完成，会受多方因素的影响。在我国早期的 PPP 项目中，由于社会资本机构缺乏一些可以盈利的项目，而政府又缺乏资金，因而使得两者之间形成了一个 PPP 项目合约。但是，在签订合约之初，并未合理评估市场风险，甚至并不一定评估了项目的可行性，这样社会资本机构在合约后期便会承担一些未知的风险，诸如市场环境发生变化、经济政策导向改变、地方政府管理层人员更换等问题。那么当未知风险变为已知时，政府可能难以兑现当初的承诺，加之私人部门和公共部门对于风险分担的不明确，PPP 项目极有可能就此中断，企业有可能因此而亏损。

### 2. 风险分担机制不合理

PPP 项目面临的风险主要来自国家政策、社会经济、专业技术以及营运过程中可能出现的危机等。合理的风险分担是指让更适合的一方承担风险，无论哪一方多承担了风险，都可能导致项目管理成本增加。一般来说，政府部门应承担来自国家政策和社会经济导向方面的政策风险，而私人部门则应承担财务风险、技术风险、营运风险。

3. 融资难度较大

中国目前 PPP 模式下的公共基础设施建设的项目一般投资期限长、涉及领域宽，这使得私人部门在 PPP 项目中是需要进行中长期融资服务的。但是由于银行等金融机构对于提供中长期贷款并无太大意愿，特别是随着金融市场利率不断下降、利率逐渐市场化，金融机构对长期贷款存在一定的风险规避，不愿意为私人部门提供中长期融资。尽管有的金融机构不排斥给私人部门中长期贷款，但是由于 PPP 项目存在着一定的风险，对于中长期融资的约束条件太多，会进一步导致融资难问题的显现。

4. 缺乏专业化的人才

尽管 PPP 模式下的项目类似于设施建设，但实际上它的运营也需要融资服务机构提供专业化的服务。由于 PPP 模式在中国应用比较晚，缺乏专业化的人才。

5. 审批程序复杂

不论是 PPP 项目还是其他项目，只要立项一定是要经过审批程序的，这种做法是为了保护项目的质量。但是每一个审批过程都会涉及多个不同的部门，社会资本机构的相关人员需要与政府官员磋商谈判，以便于为社会资本机构一方争取更大的可能性。但社会资本机构若是将很大一部分精力放在如何快速通过审批，就会导致政府的腐败现象；社会资本机构如果任由审批程序的周期拉长，必然也会加大项目的时间成本和运营成本，花费在审批上的成本在一定程度上也属于沉没成本，这样不但效率低，也会影响社会资本机构的利润。

## 四、PPP 模式下科学运营的对策建议

### （一）完善 PPP 模式的法律法规

PPP 模式是一种合同式的项目投融资和管理方式，它的有效运作需要一套完善的法律作为依据来确保项目参与各方的谈判有章可循，参与各方的责任和义务有明确的规定。因此，政府的相关立法部门需要制定一套行之有效的法律体系，不仅可以促进 PPP 项目在我国的良好发展，也可以让我国的市场与世界接轨。

我国现在对 PPP 模式已有一些相关立法，但是这些立法是针对各地方的特殊情况产生的特殊问题而制定的，并不属于全国的统一立法。虽然看似各地方都可以解

决问题，但实际上解决问题的方法杂乱无章，存在着相同问题不同的解决方法。

在完善法律框架的同时，政府政策也要同步进行。当政府机构与社会资本机构在合作过程中出现各种新问题、新情况时，由于法律的滞后性不能及时调整，政府政策则可以为此提供依据。

## （二）明确公共部门与私人部门的风险分担

风险识别和风险分担是 PPP 模式运营能否成功的关键。在分担风险前我们可以考虑先做好几件事：一是认真做好事前的规划研究工作；二是在 PPP 项目建立之前的立项中，就应当对可能出现的风险进行研究和评估，并提出相应的解决办法；三是在公共部门和私人部门之间合理分担风险；四是在后续 PPP 项目运营中出现的各种风险进行评估和分析，作出适当的调整。

在 PPP 项目建立之初，政府首先评估该项目的建立对社会、经济、环境以及民众需求等多方面是否存在效益,研究综合效益是否可行,最终确认是否可以采取 PPP 模式建立该项目。采取 PPP 模式主要考虑社会资本机构是否可以帮助政府提供公共产品，社会资本机构的加入是否可以为政府分担相应的风险，引入社会资本机构是否可以实现建立该项目的初始价值，引入社会资本机构政府是否可以平衡私人部门的利益和该项目的公益性。

其次,政府应当对建立该项目并引入社会资本机构后可能面临的风险进行总结，评估风险大小和产生风险的原因，制定 PPP 模式的风险表，这样可以保证当风险出现时双方有足够的辨识能力，也进一步提高了风险透明性，让社会资本机构能提前对风险有充分了解。

再次，政府机构和社会资本机构应当对项目进行交流和沟通，明确风险的分担责任。分担风险的原则应该明确按照由能控制风险的一方承担的原则，比如，政府对于政策导向比社会资本机构要更清晰，政策风险则应由政府承担，社会资本机构对于管理成本方面比政府更在行，运营风险由社会资本机构承担，而对于一些不可抗力所导致的风险则应由双方共同承担。尽管如此，当项目在建期间出现问题时，也可以根据项目的进度作当调整，建立动态的风险分担管理机制。

最后，政府作为 PPP 项目下的"股东"，应当谨记项目的完成状况和实施状况首先影响的是政府的利益和社会公众的公共利益，政府应是整个 PPP 项目所有风险的最终承担者。因此当社会资本机构在某些情况下遇到困难时也应该主动帮助其协调解决，为企业分担一部分风险，但是这并不是要求政府听从于企业、任由企业不规避风险，政府机构要有"引导者"的姿态。

### （三）加大对社会资本融资等方面的支持

在我国当下的经济环境中，引进社会资本是非常有必要的。从目前看来，政府加大对基础设施的建设，而地方政府融资压力逐渐增大需要分担，因此需要政府准许社会资本融资进入市场并且对社会资本融资持积极支持的态度。

首先，在融资方面应给予社会资本政策支持，调整银行的信贷评价体系，使私营企业与国有企业具有一样的平等地位，减少银行将大多数信贷给国企而拒绝私人部门的要求等现象；其次，对于参与 PPP 项目的企业，政府可以给予贴息、担保或其他措施，并且给予一部分的税收优惠措施；最后，政府还可以鼓励银行对 PPP 项目实行贷款开放，银行建立和完善为社会资本服务的金融组织体系，提供社会资本的融资协调服务。具体可以采用以下四项措施：

#### 1. 鼓励一些信托公司参与

信托公司本身具有资本优势，还可以源源不断地吸纳资本，信托公司参与 PPP 项目后，不仅可以利用自身的现有资本，还可以鼓励其他的委托方等第三方投入资本，形成共同投资。这样可以加大真正来源于社会的资本，也鼓励了民众的参与，加大知情范围和监督范围。

#### 2. 建立专门基金

本文提倡可以考虑建立一个专门的 PPP 项目基金，政府可以作为基金投入的引导者。政府作为一个标杆，其行为必然会引起追随效应，有利于社会资本的筹集；同时，政府加大投入也会加强社会资本的投资信心。

#### 3. 鼓励保险机构的参与

保险机构投资中的一部分是对固定收益的固定资产进行投资。而保险公司的产品设计有半数都是中长期，尤其是保险产品中的寿险。寿险一般对于资金的要求都是中长期，而 PPP 模式作为一个有很多中长期项目的产业，很适合保险公司参与投资。

### （四）建立有效的监督机制

任何一个项目都需要良好的监督管理，不但要对 PPP 项目执行者——社会资本机构进行监督，同时也要将政府机构纳入监督管理的范围。这就要求利益的双方都进入监督管理的过程中，以督促双方来履行义务，尤其是政府要正确地行使权力，这样 PPP 项目可以保证私人部门的安全性和可以得到利润的合理性。鉴于我国的实际情况，我们可以考虑建立专业监管为主、社会监督为辅的监督管理机制。对于每个 PPP 项目进行全过程监督，既包括经营效果评价，也包括社会公益性评价，并及时将评价结果公布在财政部建设的 PPP 综合信息平台上，提高项目的透明度。

## （五）优化 PPP 项目的审批程序

虽然 PPP 项目应当得到严格的监管，但是它的审批程序不能太繁琐，繁琐的程序会导致时间成本的上升，进而提高社会资本机构的管理成本乃至政府机构的管理成本，进而影响公共物品及公共劳务的供给可能带来的最大盈利。因此政府可以考虑简化 PPP 项目的审批程序，即规定一套标准的流程，让各个开发 PPP 项目的地方参考这一流程，比如通过项目的经济状况、投资效益指标等来评估其合理性和可行性。

## （六）建立 PPP 管理机构，培养专业人才

PPP 项目一般周期长、市场不稳定，这就需要政府设置一个专门的 PPP 设计、开发项目部门，培养专业的 PPP 项目管理人才，同时制定标准化、规范化的 PPP 操作流程，以此来提供技术指导和相关的政策支持机构。PPP 模式从现在看来也是一个理论与实际相结合的过程，操作涉及招商、管理、谈判、融资等多个流程，这需要金融、财管、法律等方面专业技术强的人才。加强对这方面人才的培养有利于 PPP 项目中社会资本机构管理者的投资信心，确保高效率。同时也可以建立一些数据库，有助于对项目的可行性研究和评估，减少 PPP 模式下的管理成本。

# 参考文献

（1）贺卫华. 推广运用 PPP 模式中存在的突出问题与对策[J]. 中国党政干部论坛，2017（02）：72-74.

（2）胡志强. 我国推行 PPP 模式面临的问题与建议[J]. 人民公仆，2015（11）：42-45.

（3）郭英华，崔莹莹. 公私合作（PPP）模式在我国实践中的问题及其对策研究[J]. 经济研究导刊，2017，（02）：44-47.

（4）刘婵娟. 完善政府和社会资本合作（PPP）融资模式的对策研究[D]. 扬州大学，2016.

（5）申国彦. 我国城市基础设施领域运用 PPP 模式研究——以郑州市为例[D]. 郑州大学，2016.

（6）任春玲. 我国 PPP 模式发展的现存问题及对策研究[J]. 长春金融高等专科学校学报，2016（01）：5-11.

（7）王宝华. 政府与社会资本合作（PPP）财政风险监管问题研究[J]. 新经济，2016（18）：17.

（8）温来成，刘洪芳，彭羽. 政府与社会资本合作（PPP）财政风险监管问题研究[J]. 中央财经大学学报，2015（12）：3-8.

（9）张明凯. PPP 融资模式应用、问题及对策研究[J]. 中国商论，2016（03）：80-82.

（10）周正祥，张秀芳，张平. 新常态下 PPP 模式应用存在的问题及对策[J]. 中国软科学，2015（09）：82-95.

**作者简介**：李晓娴，天津财经大学税务硕士；李颖，经济学博士，天津财经大学经济学院财政与公共管理系副教授、硕士生导师。

# "一带一路"下税收推动企业"走出去"的研究
## ——基于政府层面

吴丹丹　李　颖

**摘　要：**我国提出的"一带一路"倡议是企业"走出去"战略的延伸与升华，战略的实施对于本国企业自身的发展和经济结构的升级与转型都有重要意义。而在这个过程中不得不面临的一个问题就是税收，税收是推动企业面向国际的一个重要因素，一个趋于完善的税收制度能够大幅度减少企业在东道国的各种成本。本文将基于政府层面针对税收问题如何推动企业"走出去"进行研究，通过分析现状提出一些合理化的建议与对策。

**关键词：**一带一路；政府；税收；对策

## 一、引言

2015 年 3 月 28 日，国家发展改革委、外交部、商务部联合发布《推动共建丝绸之路经济带和 21 世纪海上丝绸之路的愿景与行动》。根据在商务部所查资料显示，2016 年我国企业共对"一带一路"沿线的 53 个国家进行了非金融类直接投资 145.3 亿美元，同比下降 2%，占同期总额的 8.5%，主要流向新加坡、印尼、印度、泰国、马来西亚等国家和地区。在对外承包工程方面，2016 年我国企业在"一带一路"沿线 61 个国家新签对外承包工程项目合同 8158 份，新签合同额 1260.3 亿美元，占同期我国对外承包工程新签合同额的 51.6%，同比增长 36%；完成营业额 759.7 亿美元，占同期总额的 47.7%，同比增长 9.7%。[①]根据以上数据可以看出，"一带一路"的实施为我国"走出去"的企业提供了一个更好的发展空间。它的出现使得本国利益与沿线国家和地区的利益都得到了保障，如果成功推行将会促进世界的贸易，让经济良好运转。但是在推行过程中不免会出现税收方面的问题，而这些税收问题又

---

① 数据来源于中华人民共和国商务部网站。

不同于以往的情况，它更多反映的是国家之间利益的权衡、税收之间的合作，而且沿线国家多为发展中国家，他们的普遍特点是税制结构不完整、资料信息缺少等。所以解决"一带一路"相关企业的税收问题为大家所重视，我们将从政府视角对目前存在的问题以及如何解决税收问题加以论述。

## 二、"一带一路"背景下我国税收的状况

### （一）签订税收协定

在"一带一路"沿线国家中，我国已经与 53 个国家签订了税收协定，还剩 13 个国家没有与我国达成协定。

### （二）税收征管合作

1. 通过税收情报交换条款和征管互助条款，提高双方的征管合作水平

截至目前，我国已经与外国正式签署了 100 个避免双重征税协定，其中生效的是 97 个。除此之外，还通过一系列条款来规定我国与大部分国家和地区在跨国运输过程所产生的税务相关处理。这些条款主要有税收协定、航空协定税收条款、海运协定税收条款等。对运输收入所制定的相关政策对"一带一路"中所发生的交通和营运有非常重要的意义。

2. 税收情报收集工作现状

截止到现在，我国已经与 10 个国家签订了税收情报收集协定，但是没有涉及"一带一路"沿线国家。也就是说，沿线国家的税收情报收集工作受到了限制，在我国鼓励企业"走出去"的现在，不与沿线国家签订此协定显然不符合国家政策的导向。

3. 签订《多边税收征管互助公约》

我国于 2013 年 8 月 27 日正式加入《多边税收征管互助公约》，加入该公约后，我国可以通过网上平台与其他国家和地区进行信息共享，研究跨境公司总体的运转模式，把企业逃避税款行为降到更低的水平，创造良好的税收环境。

## 三、"一带一路"背景下"走出去"企业面临的税收问题

政府在企业"走出去"中起到了引导的作用，它可以通过政策的制定来引领企业"走出去"，为"走出去"企业指引方向，所以政府如何制定相关税收政策显得尤

其重要，特别是税收的相关政策可能会直接决定了一个企业是否能够"走出去"，能否在东道国持续经营下去，甚至是企业应纳的税额高低。从政府层面来看，企业面临的税收问题如下。

## （一）税制设计问题

在我国税收制度中关于优惠税种的结构不完善，税制结构是以增值税和所得税为主，虽然还有关税、资源税等，但是数量和优惠力度远没有增值税和企业所得税的多和大。从整体来说，关于优惠税收没有建立一个较为完善的系统，导致许多优惠政策没有发挥它的价值，使国家战略不能达到预期的效果。我国的企业所得税也存在一定的不足，对境外所得采用的限额抵免法并不利于我国企业投资到国外，加上不同国家的企业所得税的税率不同，为避免双重课税采取的方法也不同。这样的双重影响甚至是多重影响可能会增加企业的税收负担。

综上，各个国家在税制设计、税收待遇等方面各有不同，加上我国自身税制设计不够完善，使得我国企业在"走出去"过程中存在着许多问题。

## （二）签订税收协定问题

### 1. 签订的税收协定没有全面覆盖

在"一带一路"沿线国家中还有13个国家没有与我国签订税收协定，这说明我国的税收协定并没有全面覆盖"一带一路"沿线国家，这不利于我国企业"走出去"，只有税收协定的全面覆盖才能让企业在国际上更具竞争力、更能站稳脚跟，才有助于我国实现经济结构的转型与升级。

尚未签订税收协定的13个国家中有与我国贸易密切的柬埔寨、缅甸等，这些与我国来往密切的国家需要尽快签订税收协定来使"走出去"企业享受更多的优惠政策。虽然在与各国进行谈判与协商中确实会有很多阻力，但是与各个国家签订税收协定是大势所趋，只有这样才能让更多的企业面向国际。

### 2. 内容不够完善

因为我国已经与部分发达国家签订了税收协定，随着国家政策的不断调整，再加上外国的政策更新，所以可能有些协定内容不再适合现在的发展。一直以来，我国的政策导向都是大力吸引外商投资企业，基于此导向，以前更多的是从来源地的角度思考签订事宜，对发达国家和发展中国家采取了不同的政策：前者一般是要求单方面的税收饶让和税收抵免，而后者则更多的是双方提供。随着我国对外投资规模的不断加大，已经慢慢向资本输出国转变，因此在协商签订税收协定时的出发点已经从考虑来源地的相关利益变成维护国家的利益，从协定中的表现来看就是不再有税收饶让和税收抵免的优惠政策。虽然这个变化能够让本国企业得到较好的保护，但是对"走出去"的企业来说就是不利的，因为没有这样的税收协定让企业无法在东道国享受税收优惠，这就会打消本国企业跨国跨境投资的积极性。

3. 利用效果不理想

签订税收协定的意义就在于能够让本国企业在东道国立稳脚跟，享受优惠待遇，降低经营成本。但是在实际中企业的税收协定利用情况并不好，如北京市国税局对281家"走出去"企业开展了走访和调查。调查结果显示，2011—2013年，被调查企业所有境外收入中有将近90%是来自曾经签订税收协定或税收安排的国家和地区，但是在这些企业中，仅有26家企业表示享受过相应的待遇，绝大部分企业可能不知道与其所在的东道国签订过税收协定。[①]这些数据表明我国税收协定的利用率很低，如果我国的企业没有利用过此项规定，那么也就意味着该企业没有享受到应有的税收优惠，这样无形中增加了企业成本，不利于企业在国际上的发展。

（三）税收征管合作问题

税收征管问题是国际合作必须面对的问题，其中税收情报收集是税收征管工作的基础，各个国家建立税收情报收集有利于减少成本、节约时间。虽然我国政府于2013年8月27日正式签署加入《多边税收征管互助公约》，但是依据当中保留条款的规定：我国能够参与的只有税收情报收集工作，不参与涉及的其他工作，对外的网络不够完善。除此之外，对于仅能参加的税收情报收集工作的情况也不容乐观：我国目前与10个国家签订了这项协定，但是没有一个属于"一带一路"沿线国家，这对于推动企业"走出去"起到了阻碍作用。

（四）税收宣传方面问题

从"一带一路"倡议开始实施以来，我国政府对"走出去"企业的税收协定宣传力度不够大，没有根据不同企业所在东道国的不同而进行有针对性的宣传，这就导致许多"走出去"企业不知道东道国的税收优惠政策。同时，税收服务人员对基本理论的掌握不够扎实，这也在一定程度上制约了预想的税收宣传效果。致使部分"走出去"企业在东道国占据劣势，在面临税收争议时，不会利用税收协定进行维权。仍以北京地区企业为例，北京市国税局对281家企业进行调查走访，只有26家称在东道国享受过相应的税收优惠待遇，这充分表明不会合理利用税收协定解决问题的企业仍然存在。

---

[①] 数据来源于中华人民共和国商务部网站。

## 四、"一带一路"背景下"走出去"企业的税收对策

### （一）完善税制设计，以适应国际税收

首先，企业所得税的分国限额抵免方法，应改成适应国际的综合限额抵免，允许境外不同国家和地区的盈利与亏损相互弥补，将境内外的已经缴纳的税款进行汇总，按照不高于在我国实际税负原则予以抵免。其次，不再使用抵免法，抵免法在实际操作中程序繁琐，不便于实施，导致征税成本虚高，这对于大部分处于初期的"走出去"企业来说并不适用，可以用免税法作为我国新的征税办法，对此可以先选用高新技术企业先进行免税法实验，待到成熟时再全面推行。即使不推行免税法仍然采用抵免法，也应对抵免法简化计算程序、提高实际可操作性。再次，加快营改增的完善工作，适当减少增值税的税率级次，对于城市维护建设税、教育费附加等流转税附加尽可能与其他税种合并，以降低重复征税现象。最后，完善出口退税制度，除了国家政策限制出口的项目以外做到彻底的出口退税。

### （二）税收协定的完善

首先，与那些还没有与我国签订税收协定的国家积极磋商，寻找最佳的条件，让双方的利益同时得到保障。未签税收协定的 13 个国家中有许多国家与我国往来密切，只有签订税收协定才能将纳税成本降低，减少不必要的支出。

其次，对于已经签订的不符合现在趋势的税收协定内容，应与各个国家的实际情况相结合，经过协商之后重新修订新的税收协定，保证"走出去"企业的税收风险尽量降低，进一步推动企业"走出去"。同时可以在原有的税收协定的基础上引入仲裁机制，经济合作与发展组织（OECD）国家也添加此条款，这种做法无疑是一条可以解决国际问题的新办法。我国也可以依照此做法引入仲裁条款来维护本国企业在东道国的税收利益，有效解决争议问题。

再次，加大税收协定的执行力度。即使全面签订税收协定，如果我国的企业不能很好地利用甚至不知道东道国的税收优惠，那么税收协定就形同虚设。所以，加强执行力度是在全面签订协定的基础上又一需要重点改善的地方。政府可以定期或不定期对"走出去"企业进行走访调查，查问其税收协定的使用情况。同时，可以考虑专门设立一个针对"走出去"企业税收服务的组织，为企业解决涉税问题、跨国跨境税收争议、税收优惠等相关问题，这个机构可以起到中介的作用。

最后，建立较为完善的税收情报收集系统，系统地搜集来自各个国家的情报，

然后在对情报信息进行分析和整理。随着国际业务的不断增加，应该严格区分境内和境外业务，建立两套人员队伍，这样便于税收征管工作更好地进行。

### （三）加大税收宣传力度

1. 加强税务人员的专业技能

要加强税收服务人员自身专业知识的学习，加强国际税务专业人员队伍的建设。因为国家不同，税收制度不同，所以更要求国际税收人员的专业知识要过硬。政府应该每周或者两周组织税收人员集体对各个国家的税制和税收协定进行系统的学习，做到与时俱进，熟知"走出去"企业东道国的税收优惠政策等，做到能够为企业解答基本的疑难问题，帮助企业在东道国享受应有的优惠待遇。

2. 政府定期举办讲座

政府对"走出去"企业定期举办关于税收协定和政策解读的讲座和培训，让更多的企业能够在遇到涉外税收利益问题时用税收武器保护自己。培养企业主动积极地去提高税收风险防范意识。

3. 建造网上平台

建造网上"走出去"企业税收服务平台，依照国别的不同设置不同的版块，通过搜集别国最新的税收政策来定期更新网上的内容，让企业随时能够查询到想要了解的信息，数据电子化是未来发展的一个大趋势。

4. 电话服务热线

与12366联合开创一个专门针对"走出去"企业税收咨询业务平台，让企业可以通过电话形式咨询业务，做到方便企业。

## 五、小结

"一带一路"倡议的实施为我国"走出去"企业的资本流动和资源配置提供了更多的选择性，同时也对我国实现经济结构的转型与升级起到了重大的推动作用。随着我国越来越国际化，"一带一路"的实施就会显得更加重要，而且其中的税收问题也越来越受到更多学者的重视。所以，通过有效利用税收协定来解决国际争端和税收利益能够让本国的投资获得最大的收益，也能够带动"一带一路"沿线国家经济的发展，让世界经济更加繁荣。

## 参考文献

（1）孙斌. 领军人才献策：税收助力"一带一路"建设[N]. 中国税务报，2015-06-10.

（2）郭瑞轩. 税收服务"一带一路"促进企业"走出去"[N]. 中国税务报，2016-02-03.

（3）中国国际税收研究会课题组. 服务"一带一路"倡议税收政策及征管研究[J]. 国际税收，2015（12）：9-14.

（4）厦门市地税局课题组. 服务"一带一路"倡议发展与税收利益国际协调研究[J]. 福建论坛（人文社会科学版），2016（02）：43-51.

（5）陈展，徐海荣，兰永红，杨琴. 税收服务"一带一路"倡议的有关问题探析[J]. 税务研究，2016（03）：34-37.

（6）王文静. "一带一路"倡议下的跨境税收问题初探——基于公司所得税法和国际税收协定的比较[J]. 财经法学，2016（02）：20-30.

**作者简介：**吴丹丹，天津财经大学税务硕士；李颖，经济学博士，天津财经大学经济学院财政与公共管理系副教授、硕士生导师。